南京晓庄学院高层次培育项目（人文社科类）青年专项：
基于内涵发展的高校二级学院绩效评估研究

基于内涵发展的高校评估策略

潘小宇 著

北京体育大学出版社

策划编辑 力 歌
责任编辑 张 力
责任校对 王泓滢
版式设计 李沙沙

图书在版编目(CIP)数据

基于内涵发展的高校评估策略/潘小宇著. --北京:北京体育大学出版社,2019.8
ISBN 978-7-5644-3212-6

Ⅰ.①基… Ⅱ.①潘… Ⅲ.①高等学校-教学评估-研究-中国 Ⅳ.①G649.21

中国版本图书馆 CIP 数据核字(2019)第 175064 号

基于内涵发展的高校评估策略
JIYU NEIHAN FAZHAN DE GAOXIAO PINGGU CELUE
潘小宇 著

出版发行:北京体育大学出版社
地　　址:北京市海淀区农大南路 1 号院 2 号楼 4 层办公 B-421
邮　　编:100084
网　　址:http://cbs.bsu.edu.cn
发 行 部:010-62989320
邮 购 部:北京体育大学出版社读者服务部 010-62989432
印　　刷:北京虎彩文化传播有限公司
开　　本:710mm×1000mm 1/16
成品尺寸:170mm×240mm
印　　张:19
字　　数:263 千字
版　　次:2019 年 8 月第 1 版
印　　次:2019 年 8 月第 1 次印刷
定　　价:116.00 元

前　　言

20 世纪 70 年代以来，世界高等教育形势发生了很大变化，各国高等教育普遍呈现学生规模急速膨胀、社会需求日趋多样化、教育成本持续上扬、办学经费愈加短缺的状况。对此，各国政府开始要求检验高等教育的办学质量、办学效益，检验公共资源的投入是否“物有所值”，如美国、英国、法国、荷兰、日本等相继开展了高校绩效评价工作。高校的发展模式是一个关系高校兴衰成败的战略问题，内涵式发展作为高等教育生存与发展的必然选择，更是地方院校可持续发展的必由之路；内涵式发展是高校生存与发展的内在要求，也是高校服务地方经济的迫切需要。

可以说，内涵式发展作为以提升质量为核心的高校发展模式，是我国高等教育发展的必然选择。在深入实施素质教育、大力推进新课程改革的大背景下，学校发展和竞争的舞台正悄悄地发生变化，每所高校都面临着重新洗牌的现实。同时内涵式发展也为高校发展提供了新的机遇，更是高等学校可持续发展的必由之路。

本书首先讨论了高校评估政策和对高校发展的意义，在此基础上明确了内涵式发展对高校发展的重要影响，而高校内涵式的发展正是高校评估的侧重点；其次，本书分别从高校办学定位、人才培养目标、学风建设、教师队伍建设、课程建设、创新与实践、绩效制度等细节方面，分门别类地阐述了内涵式发展的重要性和发展方式。

本书是对当前高校内涵式发展的阶段性总结，亦是对高校未来发展方向的一次思考。

目录

CONTENTS

第一章　高校评估政策

从1999年开始，我国高等教育进入了一个快速发展的新时期，招生规模不断扩大。但高等教育的迅速发展不可避免地带来了一些新问题，导致高校建设面临诸多困难。为保证我国高等教育的可持续发展，深化教育体制改革，高等教育必须依靠内涵式发展。这是高校评估工作的着重点。即坚持实事求是，让高校在评估工作中不要做“表面文章”，切实促进高校内涵式发展。

第一节　高校评估政策概况

为了建设中国特色的社会主义高等学校，加强国家对普通高等教育的宏观管理，国家开展对高校的评估工作。对普通高等学校进行教育评估的主要目的，是增强高等学校主动适应社会需要的能力，发挥社会对学校教育的监督作用，自觉坚持高等教育的社会主义方向，不断提高办学水平和教育质量，更好地为社会主义建设服务。普通高等学校教育评估的基本任务，是根据一定的教育目标和标准，通过系统地搜集学校教育的主要信息，准确地了解实际情况，进行科学分析，对学校办学水平和教育质量作出评价，为学校改进工作、开展教育改革和教育管理部门改善宏观管理提供依据。普通高等学校教育评估坚持社会主义办学方向，认真贯彻教育为社会主义建设服务、与生产劳动相结合、德智体全面发展的方针，始终把坚持正确的政治方向放在首位，以能否培养适应社会主义建设实际需要的社会主义建设者和接班人作为评价学校办学水平和教育质量的基本标准。

我国教育评估的历史久远。国内外许多教育学家都认为学校教育评估起源于中国。中国古代的科举制度就是学校教育评估的萌芽，至今已有1400余年的历史。虽然我国的科举制度在隋朝就已设立，成为教育评估的起点，但由于历史的原因，我国的教育评估理论研究和实践活动只能从1978年算起，至今只有四十余年。

一、改革开放以来我国高校本科教学评估的历史进程

（一）高考制度恢复，开启高等教育教学评估探索

1978年到1992年是我国高等教育教学评估的探索阶段。在这个阶段，我国教育评估工作者在学习、借鉴西方现代学校教育评估理论及经验的基础上，开展了一系列高等教育评估理论研讨和实践探索。

1. 国家加强政策导向，开展高等教育评估研究和试点

1977年高考制度恢复后，随着高等教育事业的发展，教育质量评估也被提到政策和法律层面。1983年，教育部召开了全国高等教育工作会议，正式提出要对重点大学进行评估。1985年5月，中共中央发布《关于教育体制改革的决定》（以下简称《决定》）。《决定》第一次正式提出在高等教育体制改革中要对高等学校教育进行评估的要求，指出："国家及其教育管理部门要加强对高等教育的宏观指导和管理，教育管理部门要组织教育界、知识界和用人部门定期对高等学校的办学水平进行评估。"同年11月，国家教育委员会（以下简称国家教委）发出了《关于开展高等教育评估研究和试点工作的通知》（以下简称《通知》），全面部署了对高等学校教育的评估和试点工作。《决定》和《通知》指明了在我国开展高等学校教育评估工作的方向，深化了人们对高等学校教育评估的认识，推动了我国高等学校教育评估的广泛开展。

2. 高等学校献计献策，教育评估专题研讨十分活跃

1985年6月，在黑龙江省牡丹江市镜泊湖召开的"高等工程教育评估问题专题研讨会"，被国内学术界公认为是我国高等教育评估正式开始的

起点。会议就高等教育评估的目的、作用、理论、方法，以及“高等工程院校办学水平评估方案”等进行了探讨。1986 年 12 月，国家教委在成都召开会议讨论了由 1 个部委、35 所工科院校共同提出的学校专业、课程评估的指标体系、标准与方法，以及德育、体育评估的指标体系。同月，国家教委在郑州召开“全国高等教育评估工作会议”，对实施中的高等教育评估工作进行了认真的总结，并讨论形成了《普通高等学校教育评估暂行规定》建议稿。该稿于 1990 年 10 月签发出台。

3. 逐步开展、扩大试点，高校评估进入试验

自 1985 年以来，我国在国家教育行政部门的主导下开展了一系列的评估试点活动。1986 年 6 月，国家教委在西安召开全国高等学校后勤工作会议，部署了对全国高等学校后勤工作的考核评估工作。1987 年 6 月，高等工业学校综合办学水平评估、专业评估、课程评估三个层次的试点工作正式开展。1990 年 12 月，国家教委对评估实践试点工作做了总结，提出了今后高等学校教育评估“逐步开展、扩大试点、深入研究、稳步前进”的工作方针。据不完全统计，到 1990 年已有近 500 所高校分别开展了办学水平、专业、课程的评估试验，试验范围广，成效明显。

（二）依法办学治校，促进高等教育教学评估发展

从 1993 年起，我国高等教育评估进入了全面发展阶段。在这一阶段，高等教育评估受到了党和国家的高度重视，并开始成为我国教育行政部门加强和改善宏观管理、促进高等教育快速发展的有效手段，成为高等学校进行自我调节和完善并主动适应社会发展需要的重要途径。

1. 教育法律接连出台，高等教育评估制度得到法律确认

1995 年 3 月，《中华人民共和国教育法》颁布。其中第二十五条规定“国家实行教育督导制度和学校及其他教育机构教育评估制度”，首次以法律形式确立了学校教育评估的重要地位。1998 年 8 月，《中华人民共和国高等教育法》颁布，再一次明确了高等学校教育评估的法定地位，使学校拥有了更多的自主办学权。国家依法对高校进行宏观调控使高等教育教学

评估有了法制的保障。

2. 高校评估学术组织建立，教育评估科学研究蓬勃开展

1994 年 1 月，在长春召开了“中国高校评估学术研究会”成立大会，建立了全国性高等教育评估研究学术组织。同年，全国性高等教育评估学术期刊《中国高等教育评估》创刊。1995 年 9 月，“中国学位与研究生教育学会评估工作委员会”成立，建立了全国性的学位与研究生教育评估学术团体。在这一时期，我国与各国之间的交流活动也在积极地开展。1993 年 6 月，中美在美国召开“环太平洋国家高等教育评估研讨会”，对教育评价和学校评估等进行了深入的讨论。同年 8 月，中美共同举办了“高等教育评估讲习班”和“中美高等教育评估研讨班”，讲授和讨论了高等学校评估的理论、方法、制度和实践活动等。这些国际交流活动为我国在借鉴国外教育评估的优秀经验上起了重要的作用。

3. 高校评估实践全面推进，教学评估模式不断优化

这一时期在全国范围内开展了有组织、有计划、有步骤的评估实践活动。评估的范围广、规模大，在国内外都产生了重大的影响。1994 年，我国对 1976 年以来新建的本科普通高校开展了本科教学工作的合格评估，到 2000 年评估了 169 所高校。1995 年到 2001 年，国家对进入“211”工程建设的重点高校开展了本科教学工作评估。80 所高校申请评估，共评估了 16 所，其中 14 所通过了评估，2 所暂缓通过。1999 年，国家对以本科教学为主、办学历史长的高校开展本科教学工作随机性水平评估，结论分为优秀、良好、合格、不合格四种。到 2001 年，评估了 26 所。2002 年，在前几年研究和试点的基础上，教育部颁布文件并开始组织实施“普通高等学校本科教学工作水平评估”，将上述的三类评估合而为一，更强调教学基本条件和教学质量。2003 年，教育部在《2003—2007 年教育振兴行动计划》中明确提出实行“五年一轮”的普通高等学校教学工作水平评估制度。从 2003 年下半年开始，开始第一个五年一轮的本科教学评估。2004 年，国家成立了教育部高等教育教学评估中心。中心的成立使我国高等教育评估有了组织上和体制上的保障。2004 年 2 月，教育部颁布了《普通高等学校基本办学条件指标（试行）》，为高校办学和评估提出了基本数据状态要求。2004 年 8 月，教育部修订颁发了《普通高等学校本科教学工作水平评估方案（试行）》，进一步明确了“以评促建，以评促改，以评促管，评建结合，重在建设”的基本原则（有的称之为“20 字方针”）。至 2008 年，完成了对 592 所高校的本科教学工作水平评估。这是我国政府对高等教育的首次全面审视与考量，对我国高等教育的发展具有里程碑的意义。

（三）建构“五位一体”，推进本科教学常态化、国际化

2011 年 10 月，教育部印发《关于普通高等学校本科教学评估工作的意见》。同年 12 月，教育部办公厅下发了《关于开展普通高校本科教学工作合格评估的通知》。这是贯彻《国家中长期教育改革和发展规划纲要（2010—2020 年）》所提出的“健全教学质量保障体系，改进高校教学评估工作”的重要体现，标志着我国新一轮的本科教学评估工作全面铺开。工作评估有五种基本形式：一是开展学校自我评估，二是实施教学基本状态数据常态监测，三是实行分类的院校评估（包括合格评估和审核评估），四是开展专业认证及评估，五是探索国际评估。这就是中国特色的“五位一体”评估制度的新理念、新标准、新方法。同时要求高校本科教学工作必须实现“五个度”，即培养目标的达成度、社会需求的适应度、师资和条件的支撑度、质量保障运行的有效度、学生和用户的满意度。“五位一体”评估制度所秉持的“以学生发展为本位”“学生和用户满意度”“强化质量保证体系”的理念和标准具有完全“国际实质等效”。

2012 年 3 月 16 日，教育部颁发《关于全面提高高等教育质量的若干意见》（以下简称《意见》），标志着我国高等教育教学改革进入新的发展阶段，高等学校教育教学评估工作也将逐步实现常态化、国际化。《意见》第十一条明确指出：要①健全教育质量评估制度，出台高校本科教学评估新方案，加强分类评估、分类指导，坚持管办评分离的原则，建立以高校自我评估为基础，以教学基本状态数据常态监测、院校评估、专业认证及

评估、国际评估为主要内容，政府、学校、专门机构和社会多元评价相结合的教学评估制度；②加强高校自我评估，健全校内质量保障体系，完善本科教学基本状态数据库，建立本科教学质量年度报告发布制度；③实行分类评估，对2000年以来未参加过评估的新建本科高校实行合格评估，对参加过评估并获得通过的普通本科高校实行审核评估；④开展专业认证及评估，在工程、医学等领域积极探索与国际实质等效的专业认证，鼓励有条件的高校开展学科专业的国际评估；⑤对具有三届毕业生的高校开展人才培养工作评估；⑥加强学位授权点建设和研究生培养质量监控，坚持自我评估和随机抽查相结合，每五年对博士、硕士学位授权点评估一次；⑦扩大博士学位论文抽检范围，加大力度，每年抽查比例不低于5%；⑧建立健全教学合格评估与认证相结合的专业学位研究生教育质量保障制度，建设学位与研究生教育质量监控信息化平台。

为贯彻落实党的十八大和《国家中长期教育改革和发展规划纲要(2010—2020年)》精神，提高本科教育教学质量，根据《教育部关于普通高等学校本科教学评估工作的意见》，国家制定了普通高等学校本科教学工作审核评估（以下简称审核评估）实施办法。审核评估指导思想：以党的十八大精神和教育规划纲要为指导，坚持“以评促建、以评促改、以评促管、评建结合、重在建设”的方针；突出内涵建设，突出特色发展；强化办学合理定位，强化人才培养中心地位，强化质量保障体系建设，不断提高人才培养质量。审核评估总体要求：审核评估坚持主体性、目标性、多样性、发展性和实证性五项基本原则，实行目标导向、问题引导、事实判断的评估方法。主体性原则注重以学校自我评估、自我检验、自我改进为主，体现学校在人才培养质量中的主体地位；目标性原则注重以学校办学定位和人才培养目标为导向，关注学校目标的确定与实现；多样性原则注重学校办学和人才培养的多样化，尊重学校办学自主权和自身特色；发展性原则注重学校内部质量标准和质量保障体系及其长效机制的建立，关注内涵的提升和质量的持续提高；实证性原则注重依据事实作出审核判断，以数据为依据、以事实来证明。普通高等学校本科教学工作审核评估时间为2014年至2018年。审核评估范围主要包括学校的定位与目标、师资队伍、教学资源、培养过程、学生发展、质量保障，以及学校自选特色等方面，涵盖学校的办学定位及人才培养目标，教师及其教学水平和教学投入，教学经费、教学设施及专业和课程资源建设情况，教学改革及各教学环节的落实情况，招生就业情况、学生学习效果及学风建设情况，质量保障体系的建设及运行情况等。审核评估重点：审核评估核心是对学校人才培养目标与培养效果的实现状况进行评价，重点考察办学定位和人才培养目标与国家和区域经济社会发展需求的适应度，教师和教学资源条件的保障度，教学和质量保障体系运行的有效度，学生和社会用人单位的满意度。

二、分类指导下的高校本科教学评估制度现状

“十二五”是我国启动实施《国家中长期教育改革和发展规划纲要(2010—2020年)》的第一个五年，是全面总结第一个五年一轮高等学校教学评估之后的又一个教学评估周期。分类指导、多元结合、科学评价成为新的一轮教学评估的必然要求。

(一) 新建本科院校本科教学工作合格评估

至2010年年底，全国有新建本科院校（2000年以后成立）271所，约占全国普通本科院校数（不含独立学院）的34%。新建本科院校已经成为我国高等教育体系的重要组成部分，其办学水平和教育质量，对我国高等教育事业整体发展和建设高等教育强国至关重要。新建本科院校开办本科教育时间较短，基础相对薄弱，其中约有200所没有参加过教学工作评估。因此，对这些新建本科院校开展教学工作合格评估，有利于促进这类学校明确办学定位，改善教学条件，规范办学管理，加快内部质量保障体系建设，提升教学质量，更好地为地方经济社会发展服务。

为此，教育部于2011年12月颁发了《普通高校本科教学工作合格评

估实施办法》，制定了以“办学思路与领导作用”“教师队伍”“教学条件与利用”“专业与课程建设”“质量管理”“学风建设与学生指导”“教学质量”为一级指标和下辖“学校定位”等20个二级指标的《普通高等学校本科教学工作合格评估指标体系》，并以通过、暂缓通过、不通过三种不同的结论作出评价，通过合格评估的高校五年后进入下一轮普通高校审核评估。

（二）普通高等学校本科教学工作审核评估

为贯彻落实党的十八大和《国家中长期教育改革和发展规划纲要（2010—2020年）》精神，以及提高本科教育教学质量，开启审核评估是新时期国家对高等学校本科教学工作的又一次全面检验。为此，根据《教育部关于普通高等学校本科教学评估工作的意见》，教育部于2013年12月制定了《普通高等学校本科教学工作审核评估实施办法》，提出在2014年至2018年间，凡参加普通高等学校本科教学工作水平评估获得“合格”及以上结论的高校均应参加审核评估。同时教育部规定参加普通高等学校本科教学工作合格评估获得“通过”结论的新建本科院校，5年后也必须参加审核评估。

（三）多元结合，开创本科教学评估新局面

1. 学校自我评估

自我评估是高等学校本科教学质量监控常态化的体现，是国家对高等学校教学工作实施监督管理的有效形式。根据教育部要求，高等学校每年都要上报教育部本校本科教学质量报告并向社会公布，以此接受政府与社会的监督。编制并发布《本科教学质量年度报告》，是高等学校开展自我评估、建立健全教育质量保障体系、完善信息公开制度的一项重要工作，是高等学校向社会展示学校风貌和办学特色、宣传办学理念和教学成果的重要途径。发布《本科教学质量年度报告》，可增强高校与社会的沟通，广泛听取社会各方面特别是用人单位的意见和建议，不断提高人才培养的质量，更好地办好人民满意的高等教育。本科教学质量报告不是简单地撰

写一篇作文，而是在充分开展调查研究和校内评估与检测的基础上广泛征求意见而形成的教学质量报告；既有对比性的教学基本状态数据，也有描述性的教学改革举措，突出反映年度教学质量和社会评价。

2. 教学基本状态数据常态监测

教学状态数据是反映高校教学工作运行状况和教育质量的重要依据之一，也是一所高校的办学水平、办学实力的重要体现。建立校级的教学状态数据库，并以此为平台服务于管理工作和教学工作，将更加有利于提升学校的管理水平，增加学校在教育改革中的内涵建设与增强学校的核心竞争力。为了实现院校自我监测与评估机构监督，教育部高等教育教学评估中心建立了“全国高校教学基本状态数据库”（以下简称“国家数据库”）。建设国家数据库是推动高等教育内涵式发展、提高高等学校人才培养质量的重要举措，是实施高等学校教学质量常态监测的重要内容，是建立“五位一体”中国特色、世界水平的高等教育质量保障体系的重要工作。国家数据库依据教学工作内在规律，利用信息和网络技术，用数据反映全国高等学校教学基本状态，通过 udb. heec. edu. cn 以在线方式填报和提供服务。

3. 专业认证及评估学管理与质量监控等七大类

为便于填报和分析使用，数据以表格方式呈现。国家数据库具有强大的数据分析、统计与生成功能，能够满足不同层次、不同类型用户的需求。国家数据库服务高等学校建立本科质量常态监测机制，能加快高校管理信息化建设，促进管理、决策的科学化；服务国家实现对高等教育质量的常态监控，能提高政策制定的科学性、有效性；服务地方教育管理部门完善区域内高等教育质量保障制度，能制定具有针对性的政策法规；服务社会公众了解高等教育客观信息，能对高等学校人才培养质量进行监督和评价。

专业认证是由专业性认证机构对专业性教育学院及专业性教育计划实施的专门性（specialized）认证，由专门的职业协会会同该专业领域的教育工作者一起进行，为其人才进入业界工作提供预备教育质量保证。专业认证评估则是对与公众健康、安全、生命财产等问题密切相关的专业进行的认证或评价，如医药、卫生、工程、法律、师范等。这类专业的从业人员的职业能力必须有一个确实的质量保证，即从业人员必须有一个经过严格的专业教育认可的专业学位（professional degree）。专业认证评估通过认证对达到或超过既定的教育质量标准的专门职业性教学计划进行认可，并协助专门职业性的教学计划进一步提高教育质量，从而向公众提供专业教育质量的权威判断。专业评估是以专业为对象，依据评估标准，利用可行的评估手段，通过定性与定量分析，对专业进行价值判断的过程。它既是对高校各种专业的教育质量的评判，也是高校办学水平评估的重要组成部分。目前，我国已加入《华盛顿协议》，代表我国工程教育已迈出了重要的一步，表明我国工程教育将采用与《华盛顿协议》具有实质等效的人才培养国际标准；意味着我国工程教育专业认证体系和认证结果将得到《华盛顿协议》签约国家的认可、采信；证实经过我国专业认证的工程类学生具备了国际质量标准的合格身份，同时也为我国实施职业工程师制度、我国职业工程师的国际流动，以及我国制造业总体实力和国际竞争力提升打下基础。

4. 国际评估

国际评估，这里是指学科国际评估，主要是邀请某一学科领域的国际权威专家在了解学科各方面发展情况的基础上，对学科的国际定位作出评价和建议。通过学科国内评估，可获得社会和学界的认可。而进行学科国际评估，首先有助于学校、教师和学生了解本学科的发展情况、国际地位，从而清楚把握自身定位；其次有助于学科在国际上得到承认，也有利于所创造的成果（人才、技术等）得到其他国家的认同；最后也为学校的整体建设指明方向。学科评估中的指标体系等都是学科建设过程中需要着重关注的内容。学科专家和管理人员的建议是学科建设、发展和评估的重要参考。

三、以审核评估为契机，推进高校本科教学建设与发展

作为院校评估的审核评估是中国特色“五位一体”评估体系中的重头戏，将有600所左右的高校登台竞技。虽然审核评估并不再作出优秀的评价结论，但是以审核评估为契机，对促进学校本科教学建设与发展无疑具有重大作用。有学者认为，第一轮的本科教学工作水平评估着力点在建设上，而第二轮的本科教学工作评估应着重体现在内涵式发展上，体现在人才培养质量提升上。

（一）更新观念，正确认识，提高教育质量

审核评估倡导“对国家负责，为学校服务”和“以学校为主体，以学生发展为本位”的理念。“对国家负责”是因为我国的高等学校肩负着培养社会主义建设者和接班人的重任，教育质量直接关系国家的未来，需要运用评估的手段来评判人才培养的质量，促进学校不断完善质量保障体系建设，提高人才培养质量，满足国家发展需要。强调对国家负责，就是强调无论是评估专家还是学校都要对社会负责，对人民负责。“为学校服务”是评估工作的新理念，这一理念主要体现在三个方面：第一，国家开展高等学校教学工作评估，其出发点是推进高校教学建设，培养造就一大批高素质人才，因此，评估工作归根到底是为提高高等学校教学质量服务的；第二，评估方案的设计体现了遵循教育教学规律、尊重高校实际的原则，引导高校建立健全质量保证体系；第三，评估过程倡导评估专家以服务的精神与学校平等交流。“以学校为主体”则强调审核评估是以学校作为质量保障和评估的主体，要求学校树立主体意识，而不仅仅是评估的对象。高校要按照政府制定的评估方针政策、评估标准和规划安排开展评估工作，并接受政府委托的专门机构组织的评估，具体体现在三个方面：第一，高校自身发展状况是制定评估政策、确定评估考察要素的重要基础和制约因素。要提高评估工作的针对性、实效性，就必须从高校实际出发。第二，评估的目的是促进高校的建设与发展。而高校的发展驱动力在于高

校自身，评估是一种外力推动，促使高校查摆问题，确立改革和发展目标。第三，高校自我评估是提高教学质量的根本保证，专家进行考察与评价要引导高校建立自我完善的质量标准和质量监督保障体系。“以学生发展为本位”是审核评估工作追求的核心目标。以学生发展为本的理念，要求评估工作要促进学校发展，促进教育发展，促进质量提高，归根到底要促进学生的成长和成才。以学生发展为本的理念，要求尊重学生主体价值，使学校在学生学习、交往、发展等方面提供良好的服务。

（二）领会精神，找准问题，开展自我评估

《普通高等学校审核评估实施办法》规定，参加审核评估学校的办学条件指标应达到教育部《普通高等学校基本办学条件指标（试行）》规定的合格标准：公办普通本科高校生均拨款须达到《财政部关于进一步提高地方普通本科高校生均拨款水平的意见》规定的相应标准，生均财政拨款每年不少于 12000 元。

审核评估不再用评估指标体系的表述方式，而是用审核项目确立了学校的定位与目标、师资队伍、教学资源、培养过程、学生发展、质量保障等六个方面。审核要素涵盖学校的办学定位及人才培养目标、教师及其教学水平和教学投入、教学经费、教学设施、专业和课程资源建设、教学改革及各教学环节的落实、招生就业、学生学习效果及学风建设情况，以及质量保障体系的建设及运行情况等。这些审核评估要素及所包含的一系列审核要点都是针对当前高等学校普遍存在的问题和需要发展的目标而设计的，这就需要学校认真查找每一个问题，在充分认识自我的基础上，有重点地开展基于“五个度”的教学建设与发展。

审核评估要求学校根据审核评估办法和审核评估内容及上一次本科教学工作评估存在的问题整改情况，结合自身实际认真开展自我评估，按要求填报本科教学基本状态数据，并在此基础上形成《自评报告》和《教学基本状态数据分析报告》，同时提交各年度《本科教学质量报告》。

（三）深化改革，加强建设，促进内涵式发展

当前，我国正处于全面推进重大领域改革，加速社会主义法治建设，奋力建成小康社会的攻坚阶段。高等学校也正在掀起一场以人才培养为根本任务的综合改革。审核评估犹如一针强心剂，为高校建设与发展注入了强劲的动力。办学质量是高等教育的生命线，内涵发展是建设高水平大学的必由之路。只有牢固树立以提高质量为核心的内涵式教育发展观，强化质量立校意识，准确把握办学定位，优化学科专业结构，完善人才培养体系，充分发挥自身优势，推进体制机制创新，才能实现规模、结构、质量、效益协调发展，全面提升内在品质，不断提高办学水平。由此可见，提高高等教育质量是新时期教育教学改革的主题，是推进学校建设与发展的根本任务，是学校赖以生存和发展的基本保障。通过评估对高校内涵式发展提出了以下四方面对策建议。

1. 以提升教师教学能力为重点，全面推进高校教师的内涵式发展

首先，以中青年教师和创新团队为重点，加速高校高层次人才队伍建设和创新团队建设，培养一大批优秀中青年学术带头人和青年骨干教师。同时，还要注重加强高校教学管理人员、教学辅助人员、思想政治工作人员的队伍建设，提高管理育人、服务育人水平。其次，大力实施人才聚集工程、高校博士后工程、高校创新团队工程和高层次人才创新计划，培育一批以高水平领军人才为核心的创新团队，落实人才强国战略。再次，完善教师管理体制，创新教师工作激励机制，要以职业品质、教学能力、科研水平、实践技能等指标为考核重点，实行严格的教师资格准入制度、教学任用制度，改进教师评聘制度，建立教师正常退出机制。最后，正确引导教师开展社会服务，扩大教师与国家机关和企事业单位的岗位交流，鼓励教师在职提升学历学位，改善教师工作环境，提高教师生活待遇。

2. 以学科建设为龙头，提升学校办学实力

学科结构调整优化应①注重与产业发展、社会就业需求、科技发展前沿趋势相衔接，加快发展新兴、交叉学科，做强做大优势学科，打造支撑

质量提升的学科品牌；②建立专业预警和退出机制，把学校布局结构、发展绩效作为资源配置、专业及招生计划调整的重要依据；③加强分类指导，强化内涵和特色发展，提高人才培养质量，发挥名校带动作用，增强高等教育服务地方经济社会发展的能力；④以扶需、扶特为原则，在重点学科、重点实验室、创新团队等方面给予政策支持。

3. 强化质量评价，建立健全内涵式发展的考核指标体系

要关注和强调培养人才的应用性、科学研究的实用性、服务社会的地方性，坚持促进学校教育系统实现良性竞争、健康有序发展，促进学校教育资源优化配置，促进学校社会职能的有效发挥，促进学校科学发展等基本原则，构建学校内涵式发展的质量评价体系。要以人才培养、科学研究、社会服务与文化传承创新来构建评价的一级指标，以本科生培养、研究生培养、研究基地、科研项目、科研水平、科技服务、教师队伍建设、教育服务、国际化发展、校园文化建设来构建评价的二级指标。在指标数量上，要改变以往重科研轻教学的评价方式，增加人才培养、教师队伍建设和社会服务评价的权重，以更真实地反映学校状况。

4. 强化协同创新，推进开放办学，谋划高校内涵式发展的长效机制

要强化高校联盟意识，积极推进高校之间跨区域、跨学科、跨行业、跨体制的多元化高校联盟建设，发挥高校联盟合作协调机构在学位授予、招生、转学、升学、课程、师资、资料等资源上的协调作用。要增强与所处区域内的地市级政府、企事业单位、科研院所等的合作，增强高校服务地方经济社会发展的能力，在协同创新机制下实现协同教育。同时，要树立国际化发展的理念，大力推进开放办学，争取把国外优质资源引入学校的建设与发展中，提升学校的世界影响力和知名度。

第二节　中外高校评估政策

一、高校评估的模式

评估的模式即评估活动的模型和样式，它是在一定的教育思想理念指导下，对构成评估活动的各要素之间的组织形式的规定，具体规定了评估的目的、基本范围、内容和过程。不同的历史时期和不同的国家，在评估实践中形成了不同的评估模式，而不同的评估模式又内含了不同的价值追求和政策伦理。每一种模式都包含着主体的教育理念与评估理想，蕴含着一定的价值取向。通过对教育发展史上评估模式发展历程的回溯与清理，有助于我们把握评估价值形成与发展的脉络，更清晰地认识评估教育价值的本性及其含义，更深刻地理解评估本身的存在与生命价值及其政策伦理的追求。

（一）西方教育评估的模式

1. 科学取向模式

社会科学领域在形成体系化之初，总是喜欢借用自然科学的种种量化手段，尽力将自己纳入科学的范畴，以标明自己存在的合理性，即有所谓“科学主义”情结。科学取向的评估模式正是这一思维模式下的产物。这一模式大量运用实验和准实验的方法，运用各种可以将事实量化的手段，收集对象的数据化信息，以尽力作出客观的评价。

泰勒模式是科学取向评估的典型代表。泰勒把评价理解为“确定教育目标”，即根据预定目标，通过系统地、有目的地收集资料来判断实际教育活动是否达到目标的程度。泰勒宣称评价是“测定教育目标在课程与教学的方案中究竟被实现了多少的历程”。以目标为中心，通过具体的行为变化来判断教育目标实现的程度正是泰勒教育评估的主旨。泰勒的“目标模式”是教育评价史上的第一个教育评价模式。后来，泰勒的学生布鲁姆及其同事对教育目标又进行了详尽的研究，提出了“目标分类学”，将教学目标分为知识、情感、运动三大技能领域。

围绕着如何促进学生最大限度地掌握知识、发展智能和完成教学目标，布鲁姆提出了诊断性评价、形成性评价和总结性评价三大评价方法，科学化的追求更加鲜明。泰勒模式自20世纪60年代后期发展起来后，在当时影响颇大，以追求目标、测验和实验设计等科学目标为价值取向的评估广为流传。

2. 决策取向模式

决策取向的评估模式是基于评价是“为决策者提供有用信息的过程”这一理念而发展起来的。该模式侧重对评价方案实施全过程的监控和管理。以斯塔弗尔比姆提出的CIPP模式，即决策定向为代表。CIPP模式是由背景评估、输入评估、过程评估和成果评估这四种评估组成的一种综合评估模式。这一模式结构紧凑，逻辑脉络简洁清晰，容易实施，在教育评估理论中占有重要地位。该模式每一阶段都与教育计划或实施中不同的决策相联系，以便及时有效地提供反馈信息，纠正决策偏差。背景评估形成计划决策，容易实施，输入评估为组织决策服务，过程评估则指导实施决策，成果评估为再循环评估提供参考，四种评估各自具有独特的作用，但它们之间又相互配合，共同发挥作用。这一模式以决策为中心，为决策的不同方面提供信息。

CIPP模式的主要特点是把情景、输入、过程和结果综合加以评判，突出了评估的“改进功能”。正如斯塔弗尔比姆自己定义评价那样：“评价最重要的意图不是为了证明（prove），而是为了改进（improve）。”该模式看来，评价能帮助决策者随时修订原计划，改变资源的分配使用方向和方法，提高方案的实际效果。评价的服务方向是以决策者所代表的社会为中心，而不是单纯以教学目标为中心。这里的决策者不仅指教育管理人员，还包括政府主管部门的人员。服务于教育决策，是现代社会发展对教育评价的客观要求。特别是由政府主导的行政性质的评估，其主要目的就是为政府和管理部门的决策提供依据和咨询。1981 年美国教育评价联合委员会对教育评价进行了综合界定：“教育评价是对教育目的和它的优缺点与价值判断的系统调查，为教育决策提供依据的过程。”

3. 人文取向模式

20 世纪 60 年代后期，由于新的教育思想的影响，以科学和决策为取向的教育评价受到责难，不少人反对利用各种标准化的测验将学生划分等级，提倡让每一位学生的个性得到自由发展。实际上，泰勒本人也是认可并鼓励评价目标的多样性的。在这种思想的指导下，人文取向的评估模式应运而生。其中，斯里克文的目标游离模式是体现人文取向的代表。在《评价方法论》中，斯里克文提到了教育评价的两大功能：一是对正在实行中的教育方案和计划进行价值判断；二是总结功能，以发现一些“非预期”的“负效应”或“相反效应”。他主张评价结论的依据是活动参与者所取得的实际效果，而非方案制定者的预定目标。为此，该模式在实际操作中借用人类学的研究方法，强调观察、访谈、问卷等实质性方法的运用，尤其强调观察法的运用，强调观察的背景化和情境化，要求评价者深入到评价对象的活动中进行细致的观察，详细记录活动中出现的任何问题，收集被评价者的看法，以参与评价的人的意图为基础，综合作出评价结论。由于观察得来的信息代表了评价中各类不同的需要，这一评价模式自始至终反映了重视个体需要的多元价值取向，评价不再是单纯的测量技术，而是容纳了伦理的、政治的和教育的各种价值。

4. 参与取向模式

这一模式以心理构建思想为基础，强调评价过程是由所有与评价方法有利害关系的各方共同参与、协商的过程。美国学者斯塔克提出的“应答式评估模式”就是典型代表。为引起人们对一些重要的评估问题的注意，斯塔克提出的“应答式评估模式”把过去的评估统称为“预定式评估”，以便与其“应答式评估”对应。他认为预定式评估多带有预定性质，即强调目的的表述和客观测验，由方案执行人员掌握的标准，以及研究性报告的应用。而应答式评估是“建立在人们以自然方式评价事物的基础上，这就是客观和反应”。与以往预定式评估相比，具有明显的差异，具体体现在以下几个方面：

（1）评估标准不同。预定式评估坚持目标求同观点，以评估者自己的价值观来进行价值评判，实际否认价值取向的多元化，其价值观是单一的，在思维上是收敛的而非发散的。应答式评价坚持价值存异观点，充分尊重所有人的需要，承认价值取向的多元化，其价值观是多元的，在思维上是发散而非收敛的。

（2）评估方法不同。预定式评估采用的是科学主义的方法，如测验、测量和建立指标体系等，操作性强，在判断结论上运用的是定量分析。应答式评估采用的是自然主义的方法，如观察、交谈、采访等，较少依赖正规的信息交流方式，在判断结论时运用的是定性分析。

（3）信息交流方式不同。预定评估的评估事先限制好了信息交流的领域，在此领域中“生产”所需信息，并要求准确、精练。应答式评估则给予被评者以自由的交流领域，并允许不断推销各种有价值的信息。它只要求评估者制定一个观察与商谈的计划，安排各种考察方案的活动，不要求准确但力求有效。

（4）评估者作用不同。从事预定式评估者把自己理解为一种刺激物，而非反应物。他只需要产生标准化的刺激，如考题、测验等，以引起一系列反应，即他所收集的作为评估报告材料的信息。从事应答评估的评估者把方案自然发生的东西，如学生的反应和以后彼此间的对话视为主要刺激物，他既要了解事实又要了解价值倾向，在与被评者的相互作用中，将所得到的信息融合于评估报告之中。

（5）被评者反应不同。人们在预定式评估面前总有紧张感，而难有成就感。评估就好像一把悬空的利剑随时会落到自己头上。在应答式评估中，观察活动是以非正规的方式进行的，人们感受到的是充分的信任和尊重，容易与评估者产生心理相融与共建。在这种评估中，人的生命意义得到体现，人的自主性得到张扬，因而评估本身被赋予了生命活力。

应答评估一经提出就受到了重视和欢迎，因为它强调评估价值观念的多元性、思维方式的发散性，以及方法上的自然主义，具有广泛的民主意识，与西方社会主流意识相吻合。

（二）我国的高校评估模式

与西方国家的教育评价模式有别，我们将我国的高校评估定位于“政治取向模式”。《中华人民共和国高等教育法》明确规定：我国高等院校是一个事业性质的单位，实行党委领导下的校长负责制。因此，中国高等教育在办学、管理和投资体制上，政府仍居于中心地位，发挥主导作用。1990 年颁布的《普通高等教育评估暂行规定》明文规定，高等教育评估工作由各级人民政府及其教育行政部门组织实施，并指出各级评估机构不是民间组织，强调国家教育行政部门对高等教育评估的组织领导，教育界、知识界、用人部门进行的社会评估只是政府评估工作的依靠力量。1998 年颁布的《中华人民共和国高等教育法》第四章第四十二条明确指出：“高等学校的办学水平、教育质量，接受教育行政部门的监督和由其组织的评估。”2004 年正式成立的国家级评估机构——教育部高等教育教学评估中心，则是“直属教育部领导，受教育部委托，专门组织实施高等学校教学评估及各项专业评估工作，履行质量监控的行政职能，是一个行政性很强的事业单位”。并强调，“（高校）开展评估工作是政府转变职能和加强宏观管理的需要，是政府运用信息的、法律的、行政的手段实施宏观管理和目标管理的有效途径。”我国政府主导下的高校评估模式具有如下特点。

1. 行政决策性

教育行政部门作为评估主体具有行政决策性，评估方案由教育行政部门制定，通过评估传达教育行政部门对高等教育发展的意志。在这种环境下，评估主体单一化，评与被评界限分明，评估客体必须接受评估主体的工作安排、评估结论和评估建议。如果不符合标准，就不达标，需要整改。这种评估容易导致部分对评估理解欠深的被评高校为“形象工程”奔忙。高校常年如同建筑工地，大兴土木。在这种轰轰烈烈、热热闹闹的背后，追求宁静与和谐的大学精神和教育规律往往容易被表面文章的喧嚣所淹没。

2. 直接性

教育行政部门直接组织实施各种类型的评估，组织评估专家委员会，选定委派考察评估专家组，审核评估方案，以文件形式批准公布评估结论，接受处理高等学校对评估工作及评估结论的申诉，掌握评估活动的每一个环节。

3. 复杂性

教育行政部门直接参与评估的领导与管理，组织和主持评估活动，负责评估工作的方方面面。评估又糅合进检查与监督，加之高等教育活动本身的复杂性，而各高等学校办学条件、办学水平千差万别。既要坚持统一要求，又要照顾个别差异；既要通过评估传达教育行政部门的意志和社会的要求，又要充分考虑被评估高校自身的特点和意愿，还要考虑受教育者全面发展的培养目标。各种利益主体都有表达自己利益需求的冲动，这就注定了政府行为的复杂性和艰巨性，有时也为评估的负面效应提供了可能性。

4. 权威性

教育行政部门主导下的高校评估，不仅由教育行政部门发动而且最终由其一锤定音，社会影响大，对高校具有很强的指导作用，对高等教育教学工作起着引导和规范作用。特别是在我国的文化氛围和办学体制下，与其他任何非官方团体组织的评估相比，教育行政部门主导下的评估具有无可比拟的权威性。这种官方发动的评估行动势必大量动员公共资源。

5. 两面性

教育行政部门主导的评估对我国高等教育的健康发展起到了积极作用，但也引发了一些争议。有人认为这一模式的评估由少数专家和行政领导控制，社会各方面共同参与不够，评估人员的主体性和被评学校的积极性难以充分发挥，而且，政府只是高校的看护者而非所有者。高校作为教育机构本身的诉求难以全面表达，很容易出现政治逻辑挤压教育逻辑的情况，对于相对独立、自主的大学精神也将是一个严峻的考验。另外，这一模式由于缺乏必要的外部监控，为评估过程的种种腐败现象的滋生提供了土壤，从而影响了评估的社会声誉。

与教育行政部门的高等教育评估相伴随的是社会对大学的排名。自1987年中国管理科学研究院科学研究所对各大学进行第一次排名算起，至今已经有十余个民间机构发布了三十余个大学排行榜，引起了社会的广泛关注。社会民间机构参与高等教育评估在我国虽然时机还不太成熟，但依然具有一定的象征性积极意义，可视为是对教育行政部门主导评估模式的一种补充。

从教育政策角度来看，由教育行政部门主导的高校评估属于公共政策范畴。戴维·伊斯顿认为，公共政策是“对全社会价值作出的权威分配”。学术界一个较普遍的认识是：公共政策的制定与执行是一种政治行为，教育政策作为社会公共政策的重要组成，就其制定与执行本身而言，同样属于政治行为或措施。在社会生活中，作为教育政策的高校评估政策同其他公共政策一样，也是各利益关联群体之间进行价值博弈的现实表达。

具体到我国的高校评估，其价值取向的形成有其客观原因：其一，受现阶段特定国情的制约。高校评估要从国情出发，不同国家的政体、文化传统和经济发展水平不同，高校评估的模式相应地也有差异。我国的高等教育宏观管理体制决定了评估过程中教育行政部门的主导地位，高等教育的国家属性决定了高校评估的政治色彩。其二，受现阶段高等教育事业特定的规模、内涵与运行机制的制约。评估要充分考虑高等教育事业的发展状况，我国高等教育正处于从精英教育阶段转变为大众教育阶段的转型期，面临的矛盾多、困难大，现实的急迫需要往往比未来的长远利益更为人们所关注，这是评估的现实依据。其三，我国高等教育评估理论还不成熟，实践经验还有待积累，评估本身还处于不断完善的过程之中。在这一过渡时期，由教育行政部门推动可以提高效率，扩大评估的影响。其四，社会的传统文化对评估也会产生很大影响，长期形成的求同存异的思维模式也影响着高校评估工作。另外，社会对评估的认识和理解还处于不断深化的过程之中，对评估的各种误解也影响着评估的开展，并导致一些负面作用的产生。可见，这种价值取向反映了特定社会历史阶段的需求，以及特定的教育发展阶段的需求和特定的评估阶段的需求。

二、高校评估的价值

教育政策的伦理价值系指教育政策在伦理方面体现出的价值，在价值表现形式上指的是教育政策伦理价值生成后所表现出的效用。作为一项高等教育质量管理政策，高校评估政策的伦理价值并不是孤立于评估之外的一个抽象的意义，而是内含于评估本质之中，并通过一定的功能得以表达。从某种意义上说评估的本质规定了评估价值的可能空间，评估的功能及其发挥则决定着评估价值的实现程度。同时，高校评估是一种教育评估。通过对评估本质与功能的探讨，我们可以认识评估是如何以其合乎教育本性的方式去履行它所承担的社会责任的。评估价值不可能代替高等教育自身的内在逻辑，也不能自动实现，特别是评估内在的教育价值必须通过一定的功能发挥来实现。评估如果不凭借各种各样的功能来表达和表现自己的利益需求，就无所谓价值可言。因此，离开了对功能的研究，就不可能揭示出评估教育价值的本质。

评估是评估主体对评估客体的一种认知性活动。这种认知性活动在高等教育教学活动中表现出一定的功能，通过功能的发挥起到直接为高等教育教学活动服务的目的。“教育评估的功能是指教育评估活动本身所具有的能引起评估对象变化的功用和能力”，它通过教育评估活动与结果作用于评估对象而体现，是评估本体属性能满足评估主体需要的表现形式，回答的是“评估能够干什么”和“评估对社会和高校和人有什么价值”的问题。

教育活动是一个由教育目标、教育教学过程、教育评估所组成的系统。学校管理也是一个由教育决策、决策执行、反馈控制活动所组成的系统。不管在哪个系统中，作为具有反馈控制功能的教育评估，在整个教育活动中都占有非常重要的地位，它是教育过程中的一个基本环节和学校管理过程中的一个基本步骤。如果没有评估工作，教育教学活动就缺少了一个信息反馈和改进提高的重要环节，不但会使学校管理的决策缺乏科学论证而影响教育目标的实现，降低学校管理的效率和效益，而且会使教育活动本身也残缺不全。从理论上讲，评估虽不直接担负提高学校教学、科研和其他工作水平的职能，但它对促进、保证学校教学、科研和社会服务等工作达到一定的质量与水平具有特殊意义，尤其是通过评建过程可以将人们所期望的某种主导价值渗透到教育教学的各个方面和各个环节中去，引导教育教学向着人们期望的方向发展。然而，作为公共政策范畴，教育行政部门主导的高校评估在促进高校质量发展的同时，其政策本身的缺失及执行过程的价值偏差，都将是这一政策伦理风险产生的可能来源。

（一）评估价值的构成

1. 预期价值

所谓预期，即人们“根据过去的经验对未来作出可靠的推断，从而使我们可以从他人那里获得对不确定性的未来的起码安全感。”而“满足这一客观需要的任务，落在了制度身上”。教学评估作为现代大学制度，能将社会对高等教育的要求和高校自身的主观意志转变为可预期的发展，具有通过评估结果发布、信息反馈、指导整改以引导评估对象朝预定目标前进的价值。衡量一所高校的教育工作和办学水平，首先要看它是否全面贯彻执行了教育方针，是否符合社会当前与长远发展的需要，是否落实了以人为本的办学理念，是否确保了教学的中心地位。高校评估是作出这一判断的最好形式，也是促进高等学校根据自身的主客观条件遵循教育规律办学，并主动地服务社会的主要途径。“评估指标体系就是高校办学的指挥棒。”评估指标体系及其相应的评估标准就是具体的办学目标要求。因此，评估对于引导人们形成什么样的教育思想、办学理念、质量观和效益观具有重大影响，在实践中左右着学校的办学方向，引导着学校的发展走向。

2. 秩序价值

高等教育是一个复杂的系统，是由层次（专科、本科、研究生）、类型（单科、多科、综合性）、能级（研究型、研究教学型、本科教学型、职业技术型）、科类（文、理、工、农、医、财经、政法、师范）、形式（全日制、夜校、函授、广播电视、远程教育）、隶属（教育部属、省属、公办、民办）、地区和风格等方面各异的办学实体组成。高等教育又是教育系统中的一个子系统，其一切活动都是在整个社会大系统中展开。使高等教育主动适应社会需求和人才个体多样化的要求，使充满竞争的差异办学实体和谐共处、相互补充、科学发展，以在不同的层次和各自的领域中充分发展，促使高等教育走多样化发展之路，是高等教育落实科学发展观的客观需要。

高等教育系统不能是无政府主义的，“自由主体的自由不能在混乱的社会中存在”。因此如何促进各高校走有序发展的道路，避免盲目攀高、趋同的倾向，是高等教育发展面临的一道难题。因为“水往低处流，人往高处走”是任何事物的普遍规律，高校也不例外，每所高校都要力争办出高质量和高水平。而长期以来，由于我们并没有真正去研究什么是大学，高校办学观念滞后，对高等教育质量和办学水平的内涵理解不够深刻，加之我国传统文化中根深蒂固的等级观念等一些负面影响，致使我国高校在办学定位上往往会处于一种无序化的状态。而教学评估正是一个引导高校进行秩序重建的过程。

王义遒教授针对我国高校定位难开出的药方之一便是：对各高校进行分类指导和管理，制定不同类型学校的评估指标体系，使各级各类高校有明确的不同奋斗目标，各得其所。正是从这个意义上讲，教学评估具有秩序价值，是我国高等教育在恰当定位基础上的自由秩序的形成路径。

3. 鉴别价值

鉴别价值指评估对评估对象的目标实现的程度、合格与否、优劣等级，以及水平高低的判断和确定的价值。它主要通过对评估对象相关资料的收集、整理、分析、判断的运行机制并凭借检查、比较、判断等评估手段而实现。别敦荣教授认为，各类高校如同一个大家庭，既有社会认可的共同特征，又具有不同的特征。高校评估的功用就是通过社会共同认可的共同标准对具体的各类学校进行鉴定和评价，以寻找出它们之间的吻合度，挖掘出其内在规律，并据此探寻改善高校教学工作的途径。高校评估是对高等学校或其所属单位的社会及教育价值作出判断的过程。通过评估，可以区分各被评对象工作的优良程度，确定被评对象的工作有无价值与价值的大小，具有现实的价值还是潜在的价值，或者衡量它们是否已经达到了应达到的标准，从而分清优劣，对工作达不到最低标准的进行查处或限期整改，对达到标准的办学行为给予鼓励。这样，就能有效地激发和增强各高校的竞争意识，形成一种积极向上的竞争局面，促进学校各项工作按照人们所希望的方向健康开展，并最终促进高校核心竞争力的形成。

4. 激发价值

激发是一种引起需要、激发动机、指导行为以有效实现目标的心理过程。教育评估的激发督促功能，是指通过评估可以调动评估对象的积极性，从而使评估对象产生或形成逼近预期目标而不断进取的内在动力的功能。教育教学行为总是在一定动机的驱使下进行。动机有内部动机与外部动机之分，前者是出于内心对教育行为的渴求，后者是外部的刺激迫使其从事某种教育行为。开展高等学校教育评估，建立适合我国国情的教育评估制度，从管理角度来说就是要建立鼓励先进、鞭策后进的工作机制，激发学校管理者和广大教职工搞好教育工作的内部动机。科学、合理的评估，是对学校教师、干部及管理人员工作成果和工作效率的鉴定与评价，它能给人以某种精神上的满足和动力，增强人们的成就感和紧迫感。因此，评估具有积极的督促激励作用。评估的过程也是相互交流的过程，尤其是对各同类单位的评估，涉及各单位的排名、排序，可以使各单位在横向比较的过程中产生更大的压力、动力和活力，并有利于各单位互相学习，互相交流，建设学习型的组织文化。在这种文化氛围下，高等教育变成了一个为每所高校提供自我展示与提高机会的平台。

5. 调控价值

调控价值是通过教育评估活动促使评估对象自我反省，分析评估对象存在的问题，提出改进的建议和措施，指出评估对象的不足并克服，以确保教育系统的运行处在令人满意的状态。它主要通过教育评估的信息反馈，以及对评估对象、对目标要求指出差距等机制得以实现。

高等教育是一个动态发展的过程。为了使教育能够达到预定目标，主体必须对教育系统的各个组成部分进行调控，使其处于令人满意的状态。调控必须有组织、有计划地收集、分析、利用和反馈信息。高校评估的调控功能主要是通过诊断和反馈信息来完成。评估过程也是分析问题的过程。通过评估，可以充分了解被评单位在哪些方面见长，需要加以巩固；在哪些方面存在不足，需要加以改进。通过反馈信息，使师生明确教育目标和教育目标的达成度，以及教育活动中所采取的形式和方法是否有利于促进教育目标的实现，明白自己的行为是否符合高等教育的规律。学校提出下一阶段的目标，定出下一阶段工作的计划，其重要的依据就是对上一阶段工作的检查与评估，因此高校评估具有诊断调控价值。

6. 反馈价值

反馈价值指评估具有广泛收集反馈信息，沟通学校师生之间，以及学校与社会之间的联系，增进师生对高校办学的了解，以及社会对学校的认可和了解的价值。开展高等学校教育评估是主动适应社会政治、经济、文化、科技发展的需要，是密切学校与社会联系的重要途径。人才培养的实践效果是检验学校办学水平和教育质量的主要标准。高等学校在日常教育活动中也尽量注意到了社会信息的反馈，并必然与社会产生联系，但这种联系毕竟是零星的而不是系统的。开展评估需要动员高校的全体师生，需要吸收社会各界人士参与，并系统地收集社会用人部门的反馈信息，因而能促进师生之间及学校与社会的沟通与联系，提高高校各利益主体关心支持学校教育工作的积极性和主动性。同时，也使得学校能更好地了解社会对高校教学工作的意见与要求，以便有针对性地改进运行状况，在发展过程中满足社会对高等教育的需要。

7. 管理价值

管理价值指评估所具有的传达教育主管部门意图，为决策提供咨询信息和意见，行使上级主管部门对高校行政管理职责的价值。高等教育教学评估是一种制度化的高等教育管理手段。我国的高等院校是教育行政部门下属的一个事业单位，我国的高校评估由教育主管部门组织实施，专家组是受教育行政部门的委派，代表教育行政部门行使权力。评估的结果代表了教育主管部门对学校工作的价值判断，评估的过程也是教育行政部门了解信息、判断实情，对高校工作进行检查、监督和价值判断的过程，从而了解教育方针在高校办学中的贯彻情况和学校举办方的利益的现实表达情况。因此评估具有行政管理的功能。

8. 创造价值

作为一种基于事实判断基础的价值判断，教育评估不仅是验证或传递某种或几种价值，而主要是发现和创造价值。价值是在行动的关系中体现出来的，它并非一种客观的预设。评估过程正是一个通过为评估对象导向和给其运行提供促动力而创造价值的过程，正如杜威所说："评价判断的首要功能和首要特点就是创造价值，即使一种价值作为价值，作为一种给定的价值而成为一种物理的存在。"所以，在高校评估中，评估的价值不全是先前给定的，而主要是在评估活动中通过对各利益主体关系的动态调节创造出来的。这也是我国高校评估提出"以评促建、以评促改"的意义所在。如果离开了"建"和"改"这些过程性的行动，静态的评估是难以承载价值的。

（二）评估工具价值的发挥

评估功能的发挥是评估实现其价值的外显方式。评估功能回答的是"评估能够干什么"的问题，而"评估实际上干了什么"则是评估功能发挥或实现的结果或状况。从这一角度来看，评估的伦理价值为评估的工具价值发挥提供导向。

1. 功能发挥的条件与效应

（1）影响评估功能发挥的因素分析如下：

①评估技术和手段。“工欲善其事，必先利其器”，这个“器”就是技术和手段。技术和手段是评估进行的基础条件，也是影响评估功能发挥的基础因素。它包括评估方案与内容、评估程序与实施。评估方案与内容科学合理，评估程序完善规范，才能保证评估功能的有效发挥和价值的实现。我国高校教学评估指标体系的科学性还有待加强，评估方案的区分度还不高，分类指导体现得还不够，评估信息搜集的方法比较陈旧，评估程序还不尽完善，评估过程的透明度还不高，这些都制约了评估正面功能的充分发挥。

②评估体制。评估体制是评估功能发挥的直接制约因素，良好的体制环境才能确保评估正面功能的有效发挥，并对负面功能产生抑制作用。由于传统计划经济体制的影响根深蒂固，我国高校评估还是由教育行政部门主导，缺乏相应的监督和竞争机制。

③评估专家。由于评估的本质是一种价值判断，作为评估实施主体的专家组的素质及其构成，是保证评估结果客观、公正的关键。评估专家在高校评估过程中是代表国家行使评价权力，而“有权力的人使用权力一直遇到有界限的地方才休止”。目前我国的高校评估工作在专家组的素质及约束机制方面都亟待提高和改进，特别是如何建立对专家行为的规范和制约机制，对确保评估功能有效发挥具有重要意义。专家组是由非“天使”的人组成，其行为也必须受外在的监督和伦理约束。

第四，评估文化。评估不仅是一种政策性和操作性的技术，而且还是一个文化过程。评估文化的基本依托也是评估的价值观念和大学的理想与理念。我国高等教育长期以来一直受传统的办学理念和管理思想，以及旧的机制和体制束缚。在近年的社会转型、体制转轨过程中，又出现了一些新问题，如一些学校片面追求经济效益，学校的价值取向扭曲；好大喜功、急功近利的浮躁风气有所增长；学校定位盲目攀比、趋同，升格、扩校、更名等。部分高校借评估之机大搞形象工程。在这样的氛围中，我国的高校评估需要培养先进的评估文化，以文化的力量重塑评估的公众形象，提升评估的内涵品质。

（2）评估功能的效应分析。

评估作用发挥的结果产生了评估功能的效应。需要注意的是，评估功能的效应与评估功能本身特别是对评估功能的期望有别。正如任何一种理性都是有限度的，评估的功能也不是无限的。现代社会，高校教学评估的本质特性及其特殊的作用对象，决定了其在我国高等教育中的特殊地位和作用。人们怀着极大的热情对评估产生了很高的期望，赋予评估越来越多的职能。但人们对评估的期望功能与评估的实效功能往往不一定对等，两者表现出其独特的选择和特点。

①主观性与客观性。期望功能反映了人们对评估作用的一种带有主观色彩的预期，而实效功能是评估活动已经实现了的一种实然性客观存在。

②前瞻性与滞后性。期望功能是人们对评估作用的一种先于评估活动而存在的带有预见性的前瞻，而实效功能则是发生于评估活动结束后的一种事实。

③正面性和多面性。期望功能是从积极的、正面的意义去设想和规划评估活动，实效功能则有正功能、负功能和零功能。目前，社会对高校教学评估存在不同的意见，这反映了人们对评估的认识还没有完全到位，但也反映了实际的评估已表现出负面功能。

④单层性和多层性。期望功能往往是对评估活动外显的、可控的单层面功能的预期，而实效功能则具有多层次性、综合性、潜在性和难控性。

2. 功能发挥的关系基础

评估是一种事实判断基础上的价值判断，而价值判断总会涉及诸多价值主体间的利益关系，总是在一定的关系中展开。马克思认为：“‘价值’

这个普遍的概念是从人们对待满足他们需要的外界事物的关系中产生的。”评估是一个过程，这一过程中的诸因素之间存在着特定的关系，这些关系反映着评估的基本规律。因此，处理好评估过程中涉及的关系，是评估功能有效发挥的基础。

（1）评估与指导的关系。高校评估的目的之一是对被评高校的运行过程进行指导，从而促进其改进工作，促进高校各利益主体的需求关系在高校运行发展中得到很好的协调和表达，更快更好地达到既定的办学目标。从这一角度看，评估是一种指导的手段。在教育评估实践过程中，教育评估的性质决定了其对高校指导的方向和性质。高校的发展需要一个不断修正其路向的导航系统，以确认自己的走向是否偏离了高校作为高层次教育机构的主线，是否在向着非高校的方向发展，这就需要一种定向的力量进行指导。评估正是一种能发挥这种作用的力量。而评估如果离开了对高校的指导，其意义也就受到很大的局限。就此而言，评估与指导是一种相互锁定的关系，正确的指导来自正确的评估，离开了科学的评估，指导便成为一种盲目的指导。评估中唯有做到评估与指导的有机统一，才能促进教育教学过程遵循教育基本规律，从而实现“以评促建”。

（2）定性分析与定量描述的关系。高等教育教学评估是对教育过程和教育效果的性质进行价值判断。这种价值判断，既需要对有关教学问题进行定量描述，同时又需要进行定性分析。所谓定量描述，主要侧重于对事物的测定；所谓定性分析，是对事物性质的判断。从教育评估的历史沿革来看，定量描述是在单纯定性分析的基础上发展起来的，它是教学评估发展的历史进步。但在后来的发展历程中，人们发现教育效果的滞后性和模糊性决定了教育评估不能完全追求计量精确措施，而要定量与定性相结合。仅看数量不成，因为人的素质有时是很难量化出来的；既没有离开数量的质量，也没有离开质量的数量。在高校评估中必须把定性与定量有机结合起来，才能客观、公正地反映教学问题的实质，从而正确指导教育教学工作。

（3）效果评估与过程评估的关系。效果评估是对高等教育教学效果所达到的状态的评估，这种评估亦称为静态评估。其特点是在评估时不考虑对象过去的情况和今后的发展趋势，只考虑评估对象的现实状态，即不考虑条件、手段、过程，“重在收获”。其优点是便于在一个客观标准下进行横向比较。缺点是不利于纵向比较，不易看出评价对象的历史状况和现实的进步，以及今后可能的发展趋势。而且，没有考虑学校人才培养的复杂性，对于教育教学工作来说，不择手段获得某种具有短期效益的所谓“收获”，有可能要付出长远的或者更大的代价。

过程评估是对评估对象发展状态的评估。过程评估亦称动态评估，其特点是着重纵向比较，考察历史状况，注意发展的潜力和发展的趋势，“重在耕耘”，即注重目的达成的手段。通过过程评价可以了解被评者的变化历程，从而发现其发展规律。缺点是不便于横向比较，难以“知己知彼”。马克思认为，“世界不是一成不变的事物的集合体，而是过程的集合体。”因而，事物的全部本质不是静态的“什么”，而是事物丰富、鲜活、流变的过程。科学的评估应该是效果评估与过程评估的有机结合。

（4）相对评估与绝对评估的关系。相对评估是在被评对象的集合中选取一个或若干个作为基准，然后把各种评估对象与基准进行比较。如在评估中，可以确定某一所高校的办学整体水平作为基准，其他同类高校均与其比较。这种评估的优点是能顾及评估对象的情况，但如果某个集合体的基准比较低，就会出现“矮子里拔高个”的情况。绝对评估是在被评对象之外确定一个客观标准，把评估对象与客观标准相比较。绝对评估在评估时不照顾评估对象集合体的整体状况。现行的本科教学工作水平评估就属于绝对评估，它不管重点高校和一般高校办学基础水平的差异，而使用统一的评估指标体系和要求。绝对评估的优点是可比性强，被评者意识到自己与客观标准的差距，从而激励各高校积极竞争；其缺点是没有考虑被评者的竞争起点和社会环境的差异，考虑高校的共性较多，不利于高校个性与特色的培育与发展。

处理好绝对评估与相对评估的关系，做到评估过程中统一性与均衡性的有机结合，是提高评估区分度的重要前提。针对我国高等教育的实际，必须在遵循高等教育基本规律的前提下，制定不同的评估指标和标准，加强分类指导，使绝对评估和相对评估统一在一个过程中，成为既相容又互补、既统一又平衡的对立统一。

（5）外在评估与自我评估的关系。外在评估是指评估者对被评者的评估。自我评估是指被评者本身既是被评者，又是评价者。外在评估与自我评估是教学评估中不可分割的统一体中的两个不同方面。早期教育评估注重测评分等，因而比较偏重外在评估，现代教育评估则更多注意自我评估与外在评估的结合。自我评估的优点是能够消除被评者本身的对立情绪和疑虑，缺点是被评者往往缺乏自我评估的自信心、安全感和评估的技能技巧。自评者往往过高评价自己的能力水平和工作成效，因此评估结果缺乏客观性。评估是为了激活评估对象的自主发展能力。外在评估与自我评估应有机结合，把自我评估作为整个教育评估过程中的预评阶段，这样不仅有利于被评者自己发现问题，改进工作，同时也有利于被评者在自评的基础上，接受和理解评估专家的诊断意见。

（6）评估与建设发展的关系。评估工作不仅是为了迎接评估的准备阶段及专家组进校考察的几天，也不仅是追求评估的结果向专家组讨一个满意的结论，其目的是为高校教学工作把脉，促进高校提高教育教学质量和人才培养质量，“评”是为了“建”。因此，高校评估要贯彻“以评促改，以评促建，评建结合，重在建设”方针，通过评估向高校传递各相关利益主体的价值需求，进一步加强国家对高校教学工作的宏观管理与指导，促进各级教育主管部门重视和支持高校教学工作，促进学校自觉体现国家意志，按照教育规律进一步明确办学指导思想、改善办学条件、加强教学基本建设、强化教学管理，促进教师积极投入创造性教学、学生积极投入创造性学习。

总之，价值是在主体的多重利益关系中得以实现的。高校教学评估中的六大基本关系体现了教学评估过程中诸因素之间的内在联系，它们是教学评估过程中各自统一体的两个相辅相成的方面。现代高等教育与社会的关系日益密切，高等学校的运行与发展、高校内部的教育教学活动，都受到来自多方利益主体的影响与制约。其中代表教育行政部门的政治利益、以金钱为符号的经济利益和以文化为媒介的社会利益都会对高校进行显性或隐性的渗透，教育规律也是在这多种利益关系中得以发挥对高等教育教学活动的指导作用。对高等教育教学活动的价值判断必须综合考虑这些对高校产生作用的多元利益主体的需求，在评估中揭示它们之间的关联机制，协调好高校各利益主体的需求关系，遵循教育评估过程的基本规律，用人才培养的主题统合各种利益关系。这样才能保证评估功能的充分发挥，实现评估过程的教育价值，评估活动自身也可以在开放的关系状态中不断生成与发展。

三、高校评估的历史发展

“观今宜鉴古”。和任何事物的价值一样，高校评估的价值并非孤立存在而是具有其整体属性，有其自身发生过程和生命价值，其中社会性和历史性尤其是历史性是其重要属性。因此，对于高校评估这样一个一直伴随着高等教育质量问题的事业和话语，仅仅作为一种横切面的现实主义关注是很不够的。对中西方高等教育评估历程的回溯与梳理，将在很大程度上决定我们对现实行进中的我国高校教学评估的把握与思考的深度。特别是对于我国目前的高等教育而言，一方面面临着市场经济所导致的高等教育大众化的挑战，另一方面又拖着行政挤压及计划经济体制下形式的思维惯性的历史投影艰难行进，这种时候对自己及“远方的他乡”——高校评估的历史进行回溯以从中寻找理论资源就显得尤为重要。

（一）西方国家高等教育评估的发展历程

1. 近代教育测验的兴起

从 19 世纪中叶到 20 世纪 30 年代，西方学校教育评估主要是围绕学生个体学力测验的客观化、标准化问题进行的测验，如最早始于西欧中世纪的就业资格考试。而对学校或其他教育机构最初的成就评估，则始于19世纪上半叶对学生个体学力水平的测验运动。这一运动开创了以学生测验成绩为依据来评估一所学校教育质量或教学方案的新方法。这种对学校成就进行评价的最早尝试出现在1845年的波士顿。这一年，美国教育学家梅恩（H. Mann）首先在马萨诸塞州波士顿文法学校引进书面考试，以统一试卷来测验学生成绩的做法来代替以往学校对学生学力测验的口试方法。这是教育评估史上的一件大事，因为他首创了运用学生的测验成绩作为评价学校效率或教学方案的主要依据。但成绩评定的客观标准仍然未能得以较好解决。针对这种情况，1864年，英国格林威治医学学校校长费舍尔（G. Fisher）对书面考试的成绩标准进行了专门研究，制定了测量学生考试的"尺度簿"，并规定了按五分制评分的标准。费舍尔的工作是用科学方法研究教育测量问题的最初尝试。由于缺乏精密的分析和科学的依据，费舍尔的工作并未引起教育当局的注意，但它成为五十年后桑代克等人开展教育测验运动的根据。在教育界引起人们对测验问题极大关注的是莱斯（J. M. Rice）的拼字测验，美国人莱斯最早以明确形式提出对教育现象进行测量，并于1897年发表了他对20所学校16 000名学生所做拼字测验的结果。结果表明：8年中每天花45分钟与每天花15分钟进行拼字练习的学生测验成绩并无多大区别。莱斯的这一结论在教育界引起了强烈的反响，有人把他誉为教学测验的创始人。但当时除了少数教育家外，这一研究意见几乎遭到了社会上广大人士的普遍反对。也印证了这样一句话：真理有时未必被大多数人掌握。

1879年，德国心理学家冯特（W. Wundt）在莱比锡大学首创心理实验室。在实验心理学的研究中，冯特等人逐步摸索出了一套区别于前代心理学的测验方法。这套方法对教育测量的发展产生了较大影响，给了教育者一个很好的示例，于是教育学家们开始运用心理实验方法实验教育，利用测验方法检测效果。1904年，美国心理学家桑代克（E. L. Thorndike）发表具有划时代意义的《心理与社会测量导论》一书，标志着教学测验运动的开始。书中宣称："凡是存在的东西都有数量，凡是数量的东西都可以测量。"桑代克是最早以明确形式提出教育测验的人，并带领他的学生着手陆续编制标准测验和量表。在桑代克的努力下，教育测验运动蓬勃开展。这一时期的研究重点在于将测验客观化和标准化，以求科学化。

测验、测量研究的内容和方法对学校及各种教育机构成就的评估产生了重要影响。在19世纪，英国就开始对教育、公共卫生事业等进行评估，开启了以经验方法评估学校和教育机构的先河。这种活动通常是由教育行政部门指定一些委员会来调查大家所关注的地区的一些情况。如1882年，皇家天花与伤寒医院调查委员会在研究后建议传染病医院对所有公民免费开放。但这些活动基本上是凭个人主观印象以非正规的程序进行的。19世纪中叶，美国一些地区开始用学生的测验成绩进行校际比较，并把比较的结果与决定学校校长的任用联系起来。以后，随着各种标准化的测验被编制出来，客观的测验方法迅速地从对学生的测验发展到对学校和教师教学效率的测定。

19世纪后半叶，"美国北部大学和中等学校中心协会"宣告成立，并开始运用同行判断的方法对学校进行鉴定。与此同时，另一类学校教育评估——鉴定，在美国萌芽。由于19世纪末美国的院校发展过快，其中部分院校的教育质量受到了人们的普遍质疑，于是国会要求对院校（college）下一个定义，一些教育协会便开始着力研究鉴定学校的最低标准。1896年，美国北中部院校协会率先提出了鉴定一所学校的五方面要求，并于1901年开始对所属中学进行鉴定。1916年该协会已把鉴定高等院校的工作作为自己的重要任务。从20世纪初叶到30年代，西方学校教育评估的主要对象是学校的教育成就和效率，评估的基本依据是对学生学力测验的数据，评估的主要手段是教育测量，测量的主要内容是学生对教材内容的掌握，其价值取向是以教育本体为主。在追求教育评价科学化的历史背景下，测量被广泛运用于教育评价。

20 世纪 30 年代后，全美范围内设立了六个地区性的鉴定协会，鉴定运动取得了很大发展，并受到了广泛重视与信任，一度成为“对教育机构的适当性进行评价的主要手段”。

2. 现代教育评价运动的发展

教育测验运动使教育计划与指导得以建立在客观性和可靠性的基础之上，从这个意义上讲，“教育测验运动是现代教育评价的起始点”。但随着教学测验运动的不断发展，人们逐渐认识到这种唯科学化教育测验的局限性：教学测验尽管能使考试客观化、标准化，并能对人的能力差异程度加以量化，但把人的能力换成数字毕竟不能测出人的全部，即使是最富有成果的学力测验也不能测得学力的全部领域。如学力结构要素中的非智力因素——兴趣、情绪、鉴赏力等就无法精确量化，而这些恰恰又全是教学过程的重要方面，为精确化的教育测验所无法充分把握。在重视考试与测验的年代，这些重要学力往往被教育者冷落。由于教育测验所显示的伦理缺陷，使教育家们转而去寻求一种更具人性关怀的测定方法。于是，教育评价运动应运而生。

1937 年塞蒙兹发表了《人格与运动的诊断》一书，主张对学力中的非智力因素测量应用评定法、问卷法、交谈法、轶事记录法、自我报道法等，从而从方法论上标定了单纯的人格测量法，教育测量的研究也逐步过渡到教育评价的研究。与此同时，20 世纪 30 年代，美国发生的严重经济危机迅速波及各行各业，工厂倒闭、经济萧条，大批青年因无就业机会而纷纷涌向中学。而中学的课程设置主要是为升学服务，这就使得学生的就业需要与学校的课程设置导向之间发生了尖锐矛盾。有悖于求学者利益需求的教育终究得不到人们的青睐，许多学校关门，班级减少，教员解聘。在这种情况下，美国的一些教育家成立了“进步主义教育协会”。他们边批判旧教育边寻找新出路，在进行学校教育改革探索的同时积极开展学校教育评估。为此，成立了由俄亥俄大学教授泰勒（R. W. Taylor）领导的评价委员会。该委员会提出新课程实验研究的设想：各科课程不是脱离生活而是通过生活来学习，教学方法不再用注入式而用启发式。随后，泰勒把他的评价概念广泛用于帮助教师促进其课程和他们用于课程的测试的发展，并在卡耐基基金会资助下进行了长达八年（1933—1940）的“课程与评价的研究”，这就是教育史上著名的“八年研究”。为了评价八年研究的成果，评价委员会最终提出了一份被称为“划时代的教学评价宣言”的报告，报告中提出的教育评价基本思想是：第一，教育是使人的行为方式发生改变或改进的过程，这一过程是可预期的，这些变化改进的预期就是教育目标。第二，教育计划能够根据对该目标实际完成的分析进行评价，所以教育评价就是一种衡量教育效果达到教育目标的过程，评价目标是否实现或实现到什么程度。第三，人类的行为是复杂的，所以要从各方面进行评价。教育活动的类型和方法是评价的重要样本和对象，它们不仅可分析而且可综合。评价要注意综合性，注重学习的各个领域。第四，作为评价方法仅靠纸和铅笔的测验是不充分的，应采用包括观察、调查、评定等在内的广泛方法。评价的性质能直接影响师生的教与学。第五，教育评价使新的教育主张获得实效，证明评价能有力地促进教育效果。

泰勒认为，在教学过程正式启动前，教育者就要把所期望的学生的行为变化以教育目标的形式规定下来。全部课程只是由学校计划和设计的一系列宽泛的经验，这些经验用来帮助学生使其形成明确的行为结果。而评价就是确定这些课程对行为变化所起作用的程度。

“八年研究”奠定了教育评价的基础，得出这样的结论：当时盛行的课程与测验的内容只是记诵教材的知识内容，极为片面，并不能真正反映学生的全面素质。教育不是灌输知识，而是促进人的全面发展。为此，他们提出了一套以教育目标为核心的依据和课程测验。为把这一思想与早期的测验区别开来，泰勒和他的同事们正式提出了教育评价的概念。根据泰勒的理解，学校教育评价的目的是衡量学校教育活动达到教育目标的程度，教育测量只是实现目的的手段，这种手段应随评估客体的不同而不同。由于根据泰勒的这一理论所设计的教育评估方案和所开展的评估活动有助于发现存在的问题，改进教育工作，因而受到了较广泛的重视与欢迎。鉴于泰勒的工作所取得的巨大成功，这一阶段也常被人们称为教育评估史上的“泰勒时期”，泰勒也被教育界称为“教育评价之父”。

“八年研究”使人们采用一种新的、更全面的观点，而不再用“效率与测验时期”的流行观点看待教育评价。泰勒将教育评价概括为“对预定结果与实际结果进行比较”。教育评价概念的提出，促进了学校教育评估内容的重要变化，极大地推动了院校鉴定这类活动的发展，并迅速在全美采用，对高校评估产生了巨大影响。1949 年，美国成立国家鉴定委员会，协调全国高等院校的鉴定工作。该委员会认为，鉴定的作用在于认可一所高等学校或专业教育计划是否达到了预定的资格和标准。由此可以看出泰勒强调“教育评价的目的是衡量学校教育活动达到教育目标程度”的思想影响。第二次世界大战后，各国大力发展经济，热衷教育投资以开发人力资源，于是各国竞相重视教育评价技术以引导教育实现预期目标，有效服务现实社会。从 1946 年到 1957 年间，泰勒的评价模式深入人心，与其相应的教育评估理论研究得到了很大的发展。其中有代表性的研究成果是泰勒的学生布鲁姆（B. S. Bloom）于 1956 年发表的《教育目标分类学——认知领域》，它对于完善教育目标和教学理论起了重要作用，也为泰勒的教育评价模式提供了理论基础。这一时期，西方教育评估的主要方式是专项评估，如课程、教育计划、学生学习效果等。评估的基本依据是教育目标，评估的主要手段除教育测量外，还包括观察、调查等多种方法，评估注意综合性。

泰勒模式提供了教育评估理论的最初形态和评估的方法论，特别是关于教育目标方面的研究更是反映了教育评价的本质——价值判断，因为教育目标从本质上讲是价值的一种表现形式。通过实践，教育理论与实践工作者又提出了一些新的评估理论，较有影响的有斯塔弗尔比姆（L. D. Stuffebeam）的 CIPP 模式及美国加利福尼亚州立大学评价中心提出的 CSE 模式等。这些模式的提出既丰富了教育评估理论，弥补了泰勒模式的缺陷，也为教育评估理论进入一个新的发展阶段进行了理论反思和实践准备。特别是应答更成为“第四代评价”的先声。这一时期评估的目的总体上强调价值判断是教育评估的关键，无论 CIPP 还是应答式评估等都是为了作出正确的价值判断，在收集评价信息的范围与方法上所做出改进。其在评价史上的意义在于明确了“评价不是为了评价而评价，而必须是为了更好地达到教育目标而进行评价”。

泰勒倡导把教育目标用可测的学生行为目标来表示，它以社会需求为其价值导向。这种价值导向的评估从 20 世纪 30 年代到 50 年代，一直占据着西方世界的主导地位。1957 年，苏联第一颗人造卫星上天，美国朝野震惊。经过深刻反省，美国认识到：科技的落后源于教育的落后。于是，举国上下呼吁教育改革，由此而意识到对学校办学效果的评估至关重要。在这种形势下，学校教育评估的理论及方法得到了长足发展。一些学者重新审视了当时占统治地位的泰勒模式，相继提出了多种新的评价模式。如克隆巴塞等人认为，泰勒理论有很大的局限性，他在批判泰勒理论的基础上，提出了以下新的观点：

（1）评价不仅关心目标及其达成度，还应关心目标是如何达成的；

（2）评价不仅看行为结果，还应看行为过程；

（3）评价结果不应只限于预定目标本身，还应进行纵横比较。

在这种观点的影响下，出现了许多与泰勒模式不一致的评价模式。如“CIPP 模式”“应答评价模式”“差异模式”“医疗模式”“阐释性模式”“对手式模式”“费用—效果分析模式”，等等。据统计，在这一时期，西方出现的各种评估模式有四十多种。

3. 评估的专业化发展

随着评估实践的发展和评估理论研究的深入开展，评估主体的身份定位问题日益凸显。作为一个专门领域，评估应有专门的组织，有供评估者交流信息的平台，有职前和在职训练的机会，有严格的评估标准，这些都涉及评估的专业化问题。为此，人们开始从三个方面推进评估的专业化工作。一是高等学校开设了评估方法论方面的课程，出现了大量的教育评估专业点。到20世纪80年代，仅美国高校就有一百余个侧重于评估的专业点，它们有权授予硕士和博士学位。二是各种专门研究教育评估的杂志、专著纷纷产生，如《评价评论》《教育评价与政策分析》《方案评价新探》《评价信息》《评价与方案计划》等。各种专著的大量出版，更使得教育评估工作者感到“今天的问题不是设法发现评价方面的文献，而是不落后于这些文献”。三是各种评估研究机构纷纷创立。一些国家的大学相继建立了各种教育评估研究中心，如美国的斯坦福评估协会、加利福尼亚大学评估研究中心、西密执安大学评估中心、伊利诺伊大学教育研究与课程评价中心、波士顿大学评价与教育政策研究中心，等等。

理论是行动的先导，教育评估理论研究的深入，极大地促进了评估实践活动的开展。在美国，1949年成立国家教育鉴定委员会（NCA），1964年成立高等教育地区鉴定委员会联合会（FRACHE），1975年NCA和FRACHE合并成立了中学后教育鉴定协会（COPA）。此后美国的高等教育鉴定形成了全国统一的局面。从1975年到1993年的近二十年间，COPA一直主持全美的中学后教育鉴定工作，包括高等院校的鉴定和专业教育计划的鉴定。它对促进美国高等教育的进步、改进和发展高等教育计划起到了极为重要的作用。随着教育评估的发展，COPA的工作由1994年1月成立的全国高等教育鉴定认可委员会（CORPA）所取代。1996年，在全国24所高等院校校长组成的校长鉴定工作组的建议下，美国成立了院校鉴定和专业鉴定的总代表——全国高等教育鉴定委员会（CHEA）。美国高等教育的鉴定工作进入了一个新的稳定时期。

经过了百余年的发展历程，学校教育评估逐渐走向成熟。评估的范围越来越宽广，目的越来越明确，手段越来越科学，形式越来越多样。评估也越来越注重民主化、大众化等伦理主题，成为推动学校教育健康发展的一种重要的科学管理方法。甚至有人认为：教育评估已逐步成为现代教育和现代社会进步的杠杆之一，教育评估已向全方位评估的方向发展。

纵观西方教育评估的发展历程，主要呈现出以下几种走向：

（1）注重教育为本。从强调外部目标导向到注重评估对象的客观需要，评估主要是“目标达到程度的评价和目标是否值得达到的评价”，在人才培养的各个环节和各个方面建立一种出于责任感和事业心的质量意识和教育主位意识，认为教育价值是评估的基本价值，充满了对教育问题的专业关怀。

（2）注重发展为本。从强调教育的工具价值到重视教育主体的发展价值，主张“评估的重点应放在教育过程之中”，并提出“形成性评估”，认为价值判断的结果应有助于决策的科学化并付诸今后的行动，评估应着重调剂、控制、优化教育教学过程，具有较强的问题意识，充满了对教育问题的现实关怀。

（3）注重机制为本。主张构建一种严谨、科学的具有预警功能、自律功能的质量监控体系与运行机制。这种机制一旦确定，便具有严肃的法规性、权威性。

（4）注重多元为本。在评估方式上，肯定发散性，主张多重评估观，倡导自然主义的评估方法，采纳以社会为主的评估组织。这标志着对教育评估作用的认识进入了一个新阶段，更注重与教育发展趋势、教育的实质及社会意识、体制相结合。评估不仅是对学校工作的全方位的规范化督导和评鉴，而且是为了促进学校事业的可持续发展和人才培养质量的全方位提高，不仅要反映某一方面的价值要求，还要考虑评估主体和对象的多元化利益需求。

（5）注意评估伦理建设。自20世纪90年代始，美国教育评估研究已开始涉及评估伦理的程序问题。1999年，美国评估协会（AEA）主办的权威杂志 *New Directions for Evaluation* 发表了关于当前评估面临的伦理挑战专辑，集中研究了评估伦理规范。该协会还正式颁布了《评价人员评估原则指南》，将评估伦理规范置于突出地位。目前，西方公共政策伦理有一种对“契约主义的观点”重新回归、审视的趋势，这对我们探索高校评估政策伦理规范有积极意义。

（二）中国高校评估的产生与发展

1. 中国历史上的教育评估

“开科取士”的科举制度，是中国封建社会统治阶级网罗人才的主要途径。尽管科举制度早已成为历史陈迹，但其经验及教训对今天我们进一步完善教育评估制度仍不无借鉴意义。根据陈澳开的研究，中国历史上的科举制度在一定意义上可以说是学校教育评估的萌芽。他认为：“从某种意义上可以这样说，自从有了学校，就有了管理，就逐步产生了教育评价的思想与评价活动。”公元 587 年，隋文帝（杨坚）为废除为世族所垄断的九品中正制而开设了志行修谨科和清平干济科两种科目，前者用于选拔品行出众的人，后者用于选拔才华出众的人。随后，公元 606 年隋炀帝（杨广）又增设进士科，开科取士，即通过考试选拔官吏，一般认为这是我国科举制度正式建立的标志。科举制度打破了以门阀取人的九品制，开创了以才（主要是文才）举人的用人制度，这可以说是我国学校教育评估的初始。这种以考试为手段测验学生学力并向朝廷推举人才的评价学校毕业生的制度，在当时的历史条件下是非常进步的，具有强大的生命力，历经隋、唐、元、明、清各个朝代，直到 20 世纪初的清末（1905）才在资产阶级的维新运动中被废止。这种持续了 1300 多年的科举考试，是我国历史上历时最长的评价及选拔人才制度，实质上就是一种关于学生学力的检测、评价制度。其突出特点是制度齐全、方法完备、等级分明、标准严格。它在我国从隋代到清末漫长的历史时期的人才考评与选拔上起了积极作用，这一工具理性色彩浓厚的制度既深刻地影响着中国教育的发展走向，同时也对世界上多个国家的公职人员的录用考试产生过较大影响。例如，日本在 7 世纪的《大宝律令》中就开始采用这种制度。此后，从明治维新到第二次世界大战之前的高等文官考试，以及现在的国家公务员高级职员考试制度中，仍然保留着科举考试的影响。19 世纪后期起，许多西方国家也陆续建立了文官考试制度，以打破门第和名人推荐的限制，扩大资产阶级进入国家行政部门的通道。如1855年英国建立了“文职人员事务委员会”，采用竞争性的公开考试招募文职人员；美国于1883年成立了“文职人员事务委员会”，规定担任公职必须经过考试；意大利则在宪法里规定，国家行政机关官员需通过考试录用，并规定各级各类学校的升学、毕业，以及获得就业资格，均须经过国家考试。

20世纪初，科举制度废止，西方教育测量理论很快传入中国，推动了我国现代学校教育评估理论研究的开展。1922年，美国教育测量专家麦柯尔（W. A. Mecall）应中华教育改进社之邀来华讲学。在他的指导下，北京大学、北京师范大学、燕京大学、北京女子高等师范学校、东南大学等院校开始编制用于学校的教育工作测验，共编了40多种。之后不久，中国学者王书林、陈选善分别撰写出版了《教育与心理测量》及《教育测验》。在实践方面，1926年，时任中华教育改进社总干事的人民教育家陶行知先生，研究编制了在我国现代学校教育评估史上具有重要影响的《乡村小学比赛表》，同年发给全国乡村小学试用。《乡村小学比赛表》实际上是具有中国农村特色的评估量表，其理论依据是陶行知的乡村教育理论——生活即教育。应当强调指出的是，当时在国际上还没有公开出现评价学说的情况下，陶行知提出全面评估乡村小学的量表确实是一个创举。陶行知先生的研究被称为“中国八年研究”，集中体现了陶行知的教育理想和评估思想。总的看来，从20世纪20年代到30年代中期是中国现代学校教育评估研究比较活跃的时期，这个时期可以称作中国现代学校教育评估的萌动期。但是，从20世纪30年代后期起，由于外敌入侵，时局动荡，救国图存成了头等大事，教育评估无暇顾及，学校教育评估从此中断。

2. 中国高校评估的新发展

尽管学校教育评估在我国的历史源远流长，我国古代的教育史即蕴含了丰富的教育评估思想，但是我国高等学校教育评估理论研究和实践活动的全面展开，却是1985年前后的事。自20世纪80年代以来，我国的教育评估发展可划分为两个阶段。第一阶段是从20世纪80年代到1990年，是我国高等教育评估的“制度建设”时期；第二阶段是1990年至今，则是我国高等教育评估的规范化时期。

1985年5月，中共中央发布《关于教育体制改革的决定》（以下简称《决定》）。《决定》中第一次提出在高等教育体制改革中要对高等学校教育活动进行评估的要求，指出：“国家及其教育管理部门要加强对高等教育的宏观指导和管理，教育管理部门要组织教育界、知识界和用人部门定期对高等学校的办学水平进行评估。”《决定》的出台，标志着我国高等教育评估工作的真正开始。同年1月，原国家教委发出了《关于开展高等工程教育评估研究和试点的通知》，全面部署了对高等工程教育的评估研究工作与试点工作。当时有87所高等院校参加学校和专业的评估，这被学者认为“是中国高等教育评估的起点”。

自改革开放以来，国家针对计划经济体制下形成的“国家集中计划、政府直接管理”的高等教育管理体制进行改革，逐步形成“政府统筹规划、宏观管理，高等学校面向社会自主办学”的体制。“政府要转变职能，简政放权，由对学校的直接行政管理，转变为运用法律、经济、评估和信息服务，以及必要的行政手段进行宏观管理。”在这样的背景下，高校评估作为转变教育行政部门对高等教育进行宏观管理的重要手段，被提上议事日程。20世纪90年代后，我国高等教育改革与发展也迎来了一个新的发展时期，国家出台了一系列促进教育发展的纲领性文件和重要法规，并将高等学校教育评估列为改革与发展高等教育的主要政策措施。1993年2月，党中央和国务院发布《中国教育改革与发展纲要》（以下简称《纲要》），从转变政府职能，建立新型高等教育运行机制的高度出发，提出了实施高等教育评估的方针。《纲要》指出：“在高等学校实行‘211’工程试点，调整布局、优化结构，实行联合办学和加强督导、评估等一系列政策。”并要求“各地教育部门要把检查评估学校教育质量作为一项经常性任务”，“对职业技术教育和高等教育，要采取领导、专家和用人部门相结合的办法，通过多种形式进行质量评估和检查”。1995年3月，《中华人民共和国教育法》颁布，其中第四十四条规定："高等学校的办学水平、教育质量，接受教育行政部门的监督和由其组织的评估。"再一次明确了高校评估的法定地位。1999 年 6 月，中共中央、国务院发布《关于深化教育改革，全面推进素质教育的决定》，提出要"加强对高等学校的监督和办学质量的检查，逐步形成对学校办学行为和教育质量的社会监督机制及评价体系，完善高等学校自我约束、自我管理机制。"这些文件及法规直接推动了高校评估工作的发展，高等学校教学评估逐步进入经常化、正规化轨道。同时也预示着我国高校评估的行政运作方式——评估既然由教育行政部门启动，教育行政部门自然成了评估的最大利益主体。

从 1993 年 11 月始，国家和省级教育主管部门本着"以评促改，以评促建，评建结合，重在建设"的原则分批开展了高等教育评估工作，出台了一系列评估计划安排，颁布了一些评估方案（指标体系）。1994 年，原国家教委在全国范围开展了两项较有影响的教学评估工作：其一是运用基础课程题库对 100 多所高等学校的大学物理和基础数学的教学质量进行了检测；其二是下达了《普通高等工业学校本科教学工作评估方案（试行）》，并对 9 所工科院校进行了教学合格评估试点。从 1995 年起，除继续做好以上评估工作外，还分类开展高等学校教学工作的评估检测，对办学历史较长、水平较高的重点大学进行教学工作优秀评估，还对介于两者之间的高校进行随机性水平评估，结论分为优秀、良好、合格、不合格四种。1999 年，已对一所高校进行了试点评估。2001 年，教育部又对 25 所此类高校开展了试点评估。2002 年，在四年的研究和试点基础上，教育部颁布文件并开始组织实施"普通高等学校本科教学工作水平评估"。2003 年，教育部宣布，对高等学校开展"五年一轮的评估制度"，并将过去的合格评估、优秀评估与随机评估三种类型合并为一种评估类型，简称"一合一模式"，统一使用《普通高等学校本科教学工作水平评估方案》实施评估。评估结论分为优秀、良好、合格与不合格四种，并强调达到优秀的高等学校必须具有鲜明的办学特色。

20世纪80年代以来中国高等教育评估兴起的原因有四：一是反思历史、重建秩序的需要。改革开放以后，人们看到了中华人民共和国成立以来中国高等教育发展上的起伏和失误，感到有必要认真反思和评价过去的高等教育政策和实践，以探寻中国高等教育发展的客观规律。这种整治、重建工作成效如何，需要作出价值评判。二是高等教育改革实践的要求。改革是一个探索的过程，需要在实践中不断探索和完善，只有及时总结，才能减少失误。由于评估具有系统收集信息、检查改革与发展目标是否达成、对教育工作过程及质量作出科学价值判断、为科学管理和决策提供依据等功能，因此日益受到决策层和实践界乃至社会各方面的关注。三是国外高等教育评估发展的影响。从20世纪80年代初开始，中国陆续译介了国外有关高等教育评估的文章及专著，邀请国外教育评估专家来华讲学。这些来自“远方的他乡”的评估经验在我国广为流传，引发了国内高校领域对评估的热情与冲动，这也是我国高校开展评估实践的一个重要导火索。四是高等教育大众化阶段质量保障的需要。随着高等教育大众化的进程，人们不只是要求普遍接受高等教育，而且希望能接受好的教育，教育质量问题逐渐引起人们的关注。广大高等教育工作者越来越意识到评估在高等教育质量保障中的重要性，在引进和学习国外评估理论和经验的基础上，评估实践活动在全国有组织地展开。从我国现阶段高等教育评估的提出与兴起来看，它是源于教育行政部门意愿，直接产生于教育行政部门行为，“是一种政府指导下的专家行为”，评估“体现了国家的教育价值观和价值标准。从这个意义上讲，专家考察被评学校，代表了国家长远的、根本的利益，也代表了国家的意志。”因而在评价模式的形成与构建方面，确立了教育行政部门强力指导的基本倾向。在评估的价值关系中，教育行政部门的利益表达是主要的，评估主体的价值诉求必须借助于教育行政部门的力量。这种教育行政部门主导的评估是由我国高等教育宏观管理体制所决定的。

（三）比较中的启示：评估政策伦理问题

通过以上分析，我们不难看出，如何评价和衡量高等教育质量是“困扰”各国高等教育发展的一项核心议题。无论社会对教育评估的认可与接受程度如何，也无论我们对于教育评估价值的理解程度怎样，评估都无可争辩地成为各国对高等教育质量进行监控与管理的有效手段。而评估总是通过“人”来实施的，是由人所进行的一种价值判断，不可避免地涉及人与人、人与社会的关系问题，这就自然离不开“评估伦理”的调节。正如沃斯特所说，教育活动既然与外在社会各种因素有着千丝万缕的联系，那么，任何与之有关的评价就不可避免地带有政治和伦理意义。

1. 中西方高等教育评估的区别

我们看到，高等教育评估作为社会及教育行政部门配置教育资源的方案，其所面临的要求也越来越高、越来越复杂。这种要求不仅体现在表层的教育评估方案和技术要求上，同时体现在深层的支撑教育资源分配的伦理价值基础上。因此，我们迫切需要对支撑教育评估政策的伦理价值基础进行审视与选择。而从教育政策伦理价值维度来看，由于各方面原因，我国的高等教育评估与西方国家的评估存在明显的区别。

（1）评估的价值取向有别。西方国家以多元的群众意愿为基础，价值观具有一定的发散性，它从通过教育测验来选拔适合教育的学生，发展到评判教育活动是否达到预定的教育目标，进一步再发展到通过评估改善教育决策、促进教育改革、推动教育进步、提高教育质量，体现较强的教育本位倾向。我国的高等教育评估强调增强高校主动适应社会需要的能力，发挥社会对学校教育的监督作用，价值取向的集中性较强，注重教育管理部门的意愿，教育行政部门本位和社会本位倾向突出。西方国家主张学校在社会舆论激励下自我调节和改善，强调发挥高校的自主性；我国的高等教育评估在“以评促改”的原则下主张为学校改进工作、深化改革提供依据，为教育主管部门改善管理提供依据，评估的主要目的是检验“三个符合度”，体现了一种教育行政部门与教育相结合的基本意向。

（2）评估的组织形式有别。评估的价值取向与组织形式高度关联。西方国家主要由民间具有一定权威性的中介学术机构或团体组织进行；我国的高等教育评估主要由教育行政部门组织实施，因而评估活动比较注重体现教育行政部门意志，评估的主体是教育行政部门。

（3）自我评估的地位有别。西方国家的自我评估是被评对象在评估前的自我鉴定，被评对象在认识自我方面有优先地位，在改进工作方面有他人不可替代的作用，学校内部人员的积极性得到广泛调动；我国的高等学校的自我评估是指学校内部自行组织实施的评估，是教育行政部门组织评估的补充。

中西方学校教育评估的发展史昭示我们：从评估的对象来看，它从针对学生个体学力的评估，发展到对学校课程的评估，进一步再发展到对学校教育计划、教育内容、教育方法、教育管理、教育质量的评估；从评估的手段分析，它从推崇各种标准化、客观化的教育测量，发展到提倡采用观察、调查等手段进行定性分析，进一步发展到广泛收集信息，进行解析论证，作出价值判断的定量与定性相结合的方法；从评估的形式上说，它从总结性评估，发展到形成性评估，进一步再发展到背景评估、输入评估、过程评估、成果评估等多种评估；从评估程序分析，它从只按照教育测量的结果来测量教育工作的优劣状况，发展到依靠评估者的观察调查教育效果是否符合教育目标，进一步再发展到评估者与教育活动参与者广泛接触，共同确定评估内容和实施方案，以便对教育决策作出修正，对教育方案作出判断。从评估的价值取向来看，从以教育本体为主发展到社会需要为主，直至人的主体需要为主。

2. 中西方教育评估实践的启示

从中西方教育评估实践的发展过程中，我们可以得到以下启示：

（1）评估是一个不断自我超越的动态过程。评估不是一种被某种外在力量预先规定好了的潜在固定本质，而是一个在实践中不断生成的事实，是一个动态发展着的存在。教育理论界一般把西方教育评估划分为四个阶段：第一阶段为“测量时期”，时间在19世纪末至20世纪30年代，其标志是“测量”理论的形成及调研技术的大量运用，评价被简化为“测量”，追求的是教育客观化；第二阶段可称为“描述时期”，时间是20世纪30年代至50年代，其特征是对测验结果进行“描述”，并力求教育标准化；第三阶段称为“判断时期”，出现于1950年至1970年，价值判断是其主要标志，评价者不仅要运用测量手段去收集各种信息，还要根据一定的价值取向进行评价；第四阶段教育评估出现于20世纪70年代后期，强调评估是一种“心理建构”过程，提倡价值多元、全面参与和共同建构，力图实现教育民主化。而前三阶段评估存在着共同的弊端。

①管理主义倾向。把被评对象及其他一切相关人都排除在外，评估者与被评者之间缺乏对话与沟通。如果出现了问题，评价意见一定指向被评对象。管理者与被评者关系有失公允，被评者处于“受压迫”状态，只有迎合管理者的需要。这种管理主义倾向导致了价值的单一化，“客观”的评价结果难以被具有不同价值观的人所接受，评估主体与对象之间缺乏对话和沟通，双方往往难以合作。

②唯科学化倾向。20世纪60年代曾有人预言：“公式化的方案评价是一时的冲动，不久就会消失。”虽然这一预言后来被证明是错误的，但现实中确实存在教育评估科学化和精确化的倾向，忘记了“科学方法”“实证技术”只是认识和评价事物的一种技术性手段，而不是全部。评价过于依赖“数的测量”而忽视“质的研究”，使得评价活动缺乏必要的灵活性和弹性。只重视硬件而忽视软件，忽视学校内部人的积极性的充分调动。

③为评价而评价的倾向。评估的价值最终要依据它对改进学习、教学和管理，改进社会生活的质量的实际和潜在贡献来判断，而非仅仅满足评价者个人或团体利益需求。评估过程本身并不是目的，而是一种改进和提高的手段。但人们实际中往往看重的是评估的结果，重视评估给学校带来的声誉。这种认识上的偏差，使许多学校在评估过程中不是主动寻找差距与不足，而是尽量掩饰缺点与不足，甚至弄虚作假应付评估，千方百计拔高自己。

针对前三阶段评估的不足，第四阶段评估在实证基础上引入了定性方法，并注意评估过程中评估双方的互动作用及动态分析。其贡献在于“把评价过程的特点与评价对象的理论要求成功地协调起来”，强调价值判断是教育评价的关键，评估政策伦理问题进入了评估政策制定及实施过程。教育评估出现的这种新特点，向我们展示了评估理论及实践发展的新趋势。

（2）多元化是高校评估的发展趋向。从教育评估发展的历史来看，从无到有，从单一到多样，其发展趋势十分明显。

①评估过程由封闭转为开放。泰勒模式以目标为出发点和最终归宿，组合成一个封闭的环路。CIPP 模式及应答模式则不再局限于目标本身，而将各种环境背景、外部因素都纳入评价过程，呈开放式的网络。

②评估内容由片面转为全面。起初的教育评价只评价学生的学力，然后发展到评价课程，以至进一步发展到对教育活动的方方面面做全方位的评价，评价的内容更为全面。

③评估功能由单一转为多样。通过测验来选拔适合教育的学生，发展到判断问题、改进教育以创造适合学生的教育，从总结性评价发展到注重评价的形成性作用。

④价值观念由收敛转为发散。泰勒模式中，目标成为统一的评价尺度，而应答模式则要求根据被评对象的需要作出判断，价值观念由一元转为多元。1972 年埃贝尔在《教育评价理论》一书中指出了教育评价中传统见解与进步见解的不同。传统见解认为教育评价的目的是了解和检验教育结果，进步见解认为评价的目的是促进教学工作，把学生培养成有创新精神的进步型新人。

⑤评估手段由定量到定量与定性相结合。从推崇各种客观的、标准化的测量，发展到提倡观察、交谈等定性分析，再进一步发展到广泛收集信息，在此基础上进行解析论证，作出综合价值判断。

⑥评估主体由单一走向多元。在评估者与被评者的关系上，起初大都是单一评估主体，评估者与被评者之间存在明显距离，缺乏自由、民主、

平等的氛围。随着评估的发展，评估主体已由一元走向多元，评估不只是由少数专家和教育行政部门领导控制，而是由评估双方的人员共同参与，同时还要接受来自社会的监督。评估逐渐成为由专业评估人员、教师、学生、管理者和社会共同参与的交互过程。

（3）教育性的价值意义是高校评估的内在追求。西方教育评估的显著特点在于“由注重追求客观性到同时注重追求教育性的过程；由着重强调鉴定、选拔学生到不断改进教育、创造适合受教育者的教育的过程”。由于高校活动的基本内容是教学、科研，教育的对象是人而非物，高等教育的效果主要是通过毕业生的质量水平体现出来。而人才培养质量又由人的基本素质、课程教学水平、教师能力和社会环境等多种因素决定，同企业的生产活动有着明显的区别。因此，高校评估要根据高等教育的特质而进行。通过评估的反思机制，帮助高校不断地反思教育教学过程中的问题及改进方向，以时刻保持清醒的头脑和独立的自我批判精神，不断提高教学质量水平。评估是服务于高等教育及其管理，促进高校遵循教育内在规律健康发展的一种有效力量，正如有评论者所说：“教育性的价值意义是其实质性追求。”

（4）以对教学的评估为发展主线。虽然现代社会赋予了高等学校教学、科研、社会服务三大职能，但高等学校与其他社会机构的根本区别在于它是“以教学方式进行的高素质人才培养活动，科研和产业发展都是在教学的基础上发展、衍生的”，“大学在保证培养人才和发展科学的同时，利用科技优势，开展社会服务，是应该积极扶植的，但其目的应是有利于培养高质量的专门人才。”教学是高校最基本的职能，正因如此，对高等学校的评价就必须突出教学这一主题。纵观教育评估的发展历程，始终以对教学的评价为主线而发展。随着教育评估实践的不断发展和理论研究的不断深化，教育评估的范围和领域不断拓展，从当初单纯对教学的评估发展到对教师、学生、管理人员、学校整体工作的评估。促进学校教学基本建设，改善办学条件和校园环境，深化教学体系改革，确保教学中心地位在学校的落实以培养高素质人才，是各历史时期教育评估也是高等教育评估的共同的核心价值理念和必然趋势。

（5）高校评估政策伦理问题进入了人们的视线。全球范围高等教育从教育行政部门管理走向公共治理，对高等教育评估理念及评估体系提出了新要求。从教育评价发展历程来看，经过一百多年的发展，高等教育评估已进入尊重利益相关者价值共建的“第四代”阶段。各种形式的评估都充分尊重多元价值倾向和多主体共同治理。公共治理视野中的高级评估，不再是一种缺失公共伦理关怀的冰冷的管理举措，而是具有公共利益关怀的涵盖伦理与能力的文化体系。在这种新的评估体系中，不同利益相关者均有不同的权利和需求。评估强调的是各利益主体间的平衡与协同。因此，公平正义成为评估应遵循的基本价值原则。无论是伦理研究者还是政策制定者，都开始关注评估政策的伦理化，试图从伦理学的角度构建“好的”评估政策，而非仅仅关注评估的实效性。

3. 教育评估在政策伦理方面的挑战

从全球教育评估的实践历程来看，教育评估曾经历过或正面临着以下政策伦理方面的挑战：

（1）高校评估理解与执行的价值理性偏差。对于高校评估，人们往往是将其视为一项教育质量监控与管理的手段和工具。评估指标体系的所谓科学性及评估鉴定的科学性和可操作性技术往往容易引起高度重视，而评估的价值判断及评估作为一项公共教育政策的伦理品性易被人们忽视。以我国首轮高校评估为例，评估政策及其执行的缺陷之一便是政策本身的伦理价值没能有效彰显，致使评估中暴露出较多的形式主义、资源浪费、好大喜功，甚至弄虚作假等道德伦理缺陷，从而影响了高校评估政策的公信力及其科学性。

（2）高校评估政策伦理的失调。平等、公正、诚信、民主、高效和可持续发展是高等教育评估的生命力所在，是高校评估应遵守的基本伦理规范。如果教育评估缺乏专业伦理的规范，必然会导致紊乱现象。世界各国高等教育评估实践中所出现的为社会所诟病的种种“乱象”，无不与评估专业伦理规范缺失有关。我们看到，高校评估中表现出的职业操守的沦落，往往即是裹挟在评估伦理规范的缺失之中。随着时间的推移和这种现象的蔓延，评估实践中人的心理心态会因此失衡。在这种群体失衡的心理心态下，缺乏专业伦理匡正的评估中的病态行为就会固化为群体默认的潜规则，不仅危害评估本身的公信力和品位，从长远看，还会危及高等教育的质量甚至整个社会风气。

（3）高校评估政策伦理运行机制不健全。反思过去及当下高校评估政策伦理失调现象，我们认识到：通过短期内的强化而实现普遍的高校评估政策伦理价值理性是不现实的，因为特定时期的社会及文化环境对当时的价值观的影响并非可以完全实现量化，而且也非完全可以控制的，也就是说，评估制度的变革并非一蹴而就。我们看到，许多时候，高校评估政策本身并非没有体现伦理的规范精神，只是规范系统和实施效果不尽如人意。究其原因，除了政策本身的缺失之外，更多的是伦理的运行机制不畅。高校评估作为一种价值判断实物活动，专业伦理贯穿于评估信息获取、处理及评估结论等评估实施全过程。评估专家的职业操守、评估对象的心理心态、评估过程的监控机制等均是影响评估政策伦理表达的因素。高校评估实践中存在的功利主义、管理主义和形式主义盛行的弊端，与评估政策伦理运行机制密切关联。

（4）高校评估政策伦理多元价值观中公平与效率的矛盾。从治理理论视角看，高校评估是高等教育质量治理的一种方式。高校评估中涉及众多利益相关者，不同的利益相关者在评估过程中的利益需求与表达机制各不相同。从理论上讲，“公共性”是高校评估政策伦理的逻辑起点，公平与正义是确立高校评估政策的核心与基础，平等的关切则是高校评估政策社会至上的美德。作为一项公共政策，高校评估的价值选择从效率导向论、公平论、统一论再到超越论，无不体现着评估价值观的进化与演变过程，其主线则始终围绕效率与公平而展开。

由于不同地区和不同类型的高等院校发展水平及差异的客观存在，高校评估要主动适应高等教育的差异化存在而走分类评估与指导之路。而我国首轮高校评估用同一指标体系和同样的程序考察评价所有本科院校。虽然统一的标准在政策制定及执行效率上有优势，但其公正性则难以保证。此外，高校评估政策的制定与执行不可避免地存在“精英优势”。精英集团的利益和价值偏好往往得到更充分体现，非精英集团和个体的利益的忽视便成为可能。因此，高校评估政策实践中公平与效率的冲突在所难免。从教育政策伦理的维度看，高校评估政策的理想价值目标是公正，并以超越公平与效率之间的“卓越超前”为目标，以引导不同类型的高校在各自的层次中追求卓越，以走出“同质化”发展的误区。

第三节　评估政策对高校发展的意义

从政策伦理角度，政策主体总是根据自己的价值标准选择“有用的”或者“好的”政策方案。因此，价值问题是教育政策伦理必然关涉的主题。历史的回溯与反思告诉我们，在高等教育评估的发展历程中，评估及其价值具有内在连续性和继承性的同时，随着实践的发展还具有价值取向上的超越性和更新性。杜威认为，价值不是“已然”的存在，不是“静观”的对象，而是要通过智慧指导行动而使之成为存在的对象，“价值是智慧行动的结果。”高校评估的价值也是作为评估主体的教育理论和实践者“智慧行动的结果”、价值与评估主体的利益趋向具有密切关联。评估的价值取向决定了评估主体对于评估活动的意义追求，这种意义追求中内含了人们的大学理想和教育理念。不同的评估主体持不同的教育目的观，站在不同的立场、处于不同的利益需求可能产生不同的价值取向。随着时代的进步与发展，高校评估及其价值理念也随之与时俱进。“社会本位”和“个人本位”是高等教育目的的两种最基本的价值取向。本研究倡导的是一种“以人为本”高等教育目的观下的高校评估教育价值取向，因为无论是政治需求还是教育需求最终都是通过教育实践过程中的“人”得以表达的，“以人为本”是考察高校评估政策的必要伦理维度。黑格尔说：“真正的思想和科学的洞见，只有通过概念所作的劳动才能获得。”

高等教育是以人才培养为核心主题的特殊社会实践活动，人的问题是高等教育质量管理政策的核心。从政策的产生到政策的执行，以及政策问题的出现与解决都是围绕人的发展需要进行的，教育政策活动的目的是从认识和实践上解决“人是什么”和“人应当如何做”的问题，因此可以说教育政策是以解决人的问题为己任的。作为一项高等教育质量管理政策，高校评估是一个价值实体，其中包含着一整套关于人的发展及人与人关系的价值观，其本身是以人性为基础而不断演化的一种质量管理方式，“以人为本”的真理应成为高校评估政策伦理的旨归。

毫无疑问，高校评估活动首先是一个个体教育范畴。因此，一个好的评估政策，必定首先要遵循教育基本规律，以超越公平与效率之争的人的全面发展为要旨。唯有促进人的全面发展和高校卓越发展的高校评估政策才是道德的和无争议的，教育价值也就自然成为高校评估政策伦理的基本价值。以下，即是沿着高校评估政策伦理教育价值取向的思路所作的探索：

一、高校评估政策伦理教育价值的含义及构成

高校评估政策伦理的根本目的是人的发展和人的解放，是“善”“道德”“正义”“好”的体现，这是高校评估政策伦理教育价值的主旨。

传统的评估理论总将评估的正当与否赋予科学主义的解释，认为评估活动的关键在于评估指标体系是否反映了目标的内在逻辑，以及评估的技术线路和手段是否符合科学的规范。这是在价值中立的认识论中对教育活动所作的片面理解。实际上，从最一般的意义上说，人们都希望实践活动能体现实践主体的目的、满足主体的需要，因此人的活动总会体现一定的伦理价值取向。日本学者庆伊富长认为：“大学评价的最终目的在于更好

地发挥大学的机能——进行教育和研究。换句话说，它的目的在于提高、改善教育和研究的水平。”我们认为，评估的目的在于对评估对象作出合目的、合逻辑、合理性、合意义同时是合正义的价值判断。价值是表征主客体相互作用及其关系的哲学范畴，按照杜威的说法：价值不是已然的存在，不是静观的对象，而是需要通过智慧指导行动而使之成为存在的对象。他还认为，价值哲学的逻辑起点不是价值，而是价值判断；价值哲学的核心问题不是价值的本质，而是评价；评价判断的对象不是给定的已然存在着的价值，而是通过某种行动才有可能成为存在的价值。

评估政策伦理的教育价值，是对高校评估活动主体与客体之间需要与满足关系的伦理概括。这种价值，既要关注人与社会的未来利益，以未来目标导向，同时又要关注人与社会包括高校和评估自身的当下需要。当前现实是立足点，因为未来不是一个等着我们去的静态的地方，而是一个靠当下的力量不断追寻的动态的过程，是一种需要不断探寻的理想境界。

（一）高校评估教育价值的含义

为了探讨和确定高校评估的核心价值及其根源之所在，为揭示并显现评估教育价值的真实内容及其独特性格做好理论铺垫，避免就事论事的解释，我们试图在一定哲学视界的观照下从发展的角度对评估教育价值的含义做出解释。

马克思在《1844 年经济学哲学手稿》中提出了“两种尺度”理论。按照流行的解释，“物的尺度”意指客观对象自身的性质，“人的尺度”意指主体本质力量的性质。高校评估活动究竟体现出什么样的本体性质和伦理品性，我们可根据这“两种尺度”去寻找一些启示。

马克斯·韦伯在分析人类社会活动的合理性时，对人类社会活动价值理性做出了颇具经典性的注解：将人的活动划分成“工具合理性行动”和“价值合理性行动”，也就是常说的工具理性和价值理性。事物的价值有内在价值和工具价值之分。内在价值指某事物能直接满足作为主体的人的某种需要的价值；工具价值指事物对于达到主体的某个目的具有工具作用的价值。高校教学工作评估作为一种社会活动，在价值取向方面的合理性——评估的合法性与有效性，实际上体现了其教育价值作为价值理性与其管理价值作为工具理性的统一。二者的背离和割裂则往往导致现实中评估活动实践的种种矛盾和冲突。

教育领域的评估一开始是作为一种考试工具出现的。我国古代用考试的方法选拔人才的科举制度与设立专事巡视京外学务的“视学”规程等，都是属于教育评估初始活动的内容。教育评估的最早萌芽是与学校和管理联系在一起的工具性服务活动。

从价值观最初时期（20世纪初到20世纪30年代）来看，评估的主要对象是学校的教育成效，评估的基本依据是学生学力测验的数据，评估的主要手段是教育测量。对教育评估作用的认识主要体现在逐渐的发展过程之中。评估实践从“测量学生学力”到“评价学校教育”的进展，体现了对评估作用认识的最初形态。这种源于学校内部的教育测量而形成的教育评估，孕育了一种基本的评价倾向。即以教育本体为主，测量仅仅是对其的认识与判断而已。泰勒时期，评价活动与教育目标被有机联系起来，评估“从单纯的测量工具变成了具有教育意义的活动。评价的产生源于人们对教育教学活动的进一步了解和认识的需要，源于促进教育质量和教学水平提高的需要”。教育评估被赋予了全新的意义。这个时期，评估从测量中分离出来，开始具有方法论意义之外的“目标性”含义，服务于课程和教学。克隆巴赫则把评价广义地定义为：为作出关于教育方案的决策收集和使用信息。他认为评价并不是只调查某一教程有效还是无效，而是要确定教程需要改进的具体方面。根据克隆巴赫的观点，评价的重点应该放在教育过程之中目标达到的程度。克隆巴赫的观点在教育评价界产生了广泛的影响。

但教育评估自产生之日起的本体意义，仍然决定了教育评估作为学校教育管理方法的工具性质。马西亚·蒙特考斯基（Marcia Mentkowski）特别提出：评估是一种手段而不是目的，不管是进行教学机构层次的评估还是课堂教学中对个别学生的评定，都不仅仅是为了评定自身的原因在收集信息，评估必须以目标为核心去进行。他说："我们的工作始终围绕着我们的价值和目标——我们要用这种信息去准备做什么的目标。"在日后教育评估不断发展的过程中，关于教育评估的研究和实践，不断赋予教育评估新的意义，使其理论内涵日渐丰富，更从不同的角度证明了教育评估作为一种手段或工具的不可替代的重要作用。现代社会，教育评估为教育管理服务、为决策服务甚至评估为政治服务的趋势日益明显，教育领域的评估被视为转变教育行政部门教育管理职能的重要举措，其工具性职能得到了充分发挥。然而，教育领域的评估是一种以追求教育性意义和教育精神为主旨的价值行为，管理始终是服务于教育教学活动的一种手段。高校评估既是管理手段又是一种伦理价值行为。

从泰勒的"教育评价宣言"把评价与课程和教学计划的目标联系起来，将价值判断的内涵注入教育评估起，评估即脱离了单纯的教育测量工具而成为一种价值追求的行为。评估尺度也就不再是一个单纯由外部设计出来的带有"全盘计划"性的抽象的绝对标准，而是一种通过实践不断生成的具有生命力伦理关怀的"生存逻辑"；不是一条单一实体化的终极界线，而是一个关系化的"意义视界"；不是一种纯静态的理论思维方式，而是一种实践的动态思维方式。在早期课程教学中，从对学生的"心理测量"开始向"教育测量"发展，教育评估作为一种教育性活动的意图就逐渐明晰。

1975 年，比贝首次明确指出了教育评价的本质即价值判断。他强调评价要对教育活动的价值作出判断，包括对教育目标本身作出判断，使评价活动有助于决策的科学化，对实际工作具有指导意义。比贝关于"价值判断"的提出深化了教育评价的内涵，使评价的另一主要特征"价值判断"受到关注。事实上，任何一种评价不可能只是对信息做简单的白描，而总是包含着主体对一定价值关系及其后果的预见和推断，没有价值判断的描述是认识而非评价。随着教育评估研究和实践的不断深入，教育评估是一种价值判断活动的观点得到了越来越多学者的认同。比如，以泰勒的基本观点为代表，形成了一种对教育评估作用的本质看法：在教育评估的标准上，以学校的愿望为主，以实现学校的内在需要为主，以有益于学校的发展为主；在教育评估的方法上，逐步趋于客观化和综合化，体现了一种以教育为本、促进教育全面发展的认识。克龙巴则提指出了“评价是为了改进”的观点，强化了教育评估的价值性意义。斯克里文提出了形成性评价的概念，把评估的功能从教学过程结束后的总结性功能延伸到教育教学过程之中，认为评估应着重用以调节、控制、优化教育教学过程。

20 世纪 80 年代以来，以古巴和林肯为代表的教育评估的“共同建构”理论成为瞩目的热点，这种主张更是意在消解评估标准本身，而强调评估活动中人的价值的交流和实现，把教育评估作为评估主客体追求多元价值的共同发展的过程，并且开始有意识地形成评估的反思机制。通过评估的反思机制，高校可以不断地反省和思考教育过程中的问题，从而时刻保持清醒的头脑和一种独立的批判精神，使高校不断地超越和进步。

纵观教育评估发展史，可以看出其显著特点是由注重追求客观性到同时也注重追求教育性的过程；是由着重强调鉴定、选拔学生到不断改进教育，促进人的自由、全面发展的过程；是由追求绝对长远整体性计划到长远与当下并重，不断赋予评估以生命价值的过程。正如桥本重治所说：“教育评价，顾名思义，就是在教育中为教育而进行的评价。”

我们认为，尽管按照高等教育的功能来考量大学评估的价值有社会价值和人的价值，但促进高校自身和高校内部的人健康发展的价值及关注评估本身生命的价值应该成为评估最基本的价值。因为“无论是功利追求还是道德追求都是为了人，虚幻的道德不是目的，合理的全面发展的人，才是最终目的”。人是社会政治、经济和文化的唯一资源，人的培养是高校的本体功能，人理所当然是高校评估的目的，是高校评估的价值根源；而评估的母体是评估开展的基础，是评估价值的承载者，缺乏生命活力的评估难以完成传递主体价值的职责。斯塔克在对“应答评价模式”下定义的时候说："如果教育评价更直接地指向方案的活动而非方案的内容，如果它能满足评价听取人对信息的需求，或者在反映方案得失长短的评价报告中更能反映人们不同的价值观念，那么，这种评价即可称为应答评价。"这一定义旨在突出人的需要在评价过程中的作用，进一步明确了教育评价人文品性和评价本身的存在价值。以古巴和林肯等人为代表创立的"第四代教育评价理论"即认为评估就是对被评事物赋予价值，评估本质上是一种心理建构。他们强调"价值多元性"，提倡在评估中充分听取来自不同方面的意见，把评估看作是由评估者不断协调各种价值标准间的分歧、缩短不同意见间的距离、最后形成公认的一致看法的过程。这是一个有积极生命意义的构建过程。

对于高校而言，教育价值是本体的和内在的，社会价值是外在的，人的价值是终极的，教育的一切目标最终只能通过促进人的素质全面和谐发展得以实现。而一切价值的实现都依赖一个具有切实性生命意义的评估实体。社会价值在现实中体现为外部世界尤其是国家政治对高等教育的要求，教育价值在现实中体现为教育发展的规律，这是实施高校评估应遵从的外部和内部的双重尺度。"培养是教育的根本职能，是教育的本质所在"，"在人、教育、社会的三维关系中，人处于最基本的地位，人的发展是社会发展的最终决定力量，而且人也是教育与社会发生联系的中介。因此，人是人、教育、社会三维关系中的核心，也是世界的最高价值。"高等教育作为教育体系中的一个阶段，理应高扬"人是教育的最高价值"这一主题。赫钦斯就旗帜鲜明地指出："教育的目的，不在'制造'基督徒、民主党员、共产党员、工人、公民或者是商人，而在培养人类的智慧，由此而发扬仁性，其目的是人格，而非人力。"哈佛大学的特许状规定了哈佛的使命是"在各个学科领域发现新知识；保留、解释和重新解释现有的知识；帮助学生掌握方法、知识、机能和探究问题的习惯，这样他们将终其一生不断地追求学问，领导社会向前发展"。评估作为一种引导和调控高等教育教学活动，促进高校改革发展与创新的重要力量，其目的归根结底是为了人。是为了人的全面素养的提升和人自身价值的实现，并通过人而关联国家政治及社会。用这一人本主义的价值理念指导评估实践，必须明确要通过评估促进高校建立一种反思的机制，促使高校办学行为更好地体现国家意志和社会要求的同时，又时刻保持清醒的头脑和独立批判的精神，把人当作社会的主体来对待与培养，把国家政治意愿和社会需求融入人才目标规格之中，从“实践活动中的人”出发，按照“人的尺度”设计和开展评估活动，把尊重人的主体权益，促进人的自由、和谐、全面发展作为高校教学评估的终极价值追求。因为无论我们提出的任何一项教育目标，最终都是依赖人去实现的，最终也都是为了人，而要完成这一神圣使命，评估本身一定要充满人性化的生命活力。唯有具备生命活力的自由开放的处于不断更新状态的评估才能承载人这一教育的最高价值。

然而，正如马克思所指出的：“一个阶级是社会上占统治地位的物质力量，同时也是社会上占统治地位的精神力量。支配着物质生产资料的阶级，同时也支配着精神生产的资料。”高校作为一个精神生产领域，不可能是一个完全自由自治的世外桃源，高校的小文化不可能完全脱离社会的“大文化”而存在，国家政治顺理成章地要对具有国家属性的高校进行穿透。因此，无论是高校的自由发展还是人的自由发展都要考虑当下国家政治的因素，要准确地把握高校教学评估及其教育价值，必须将其安放到社会政治及高等教育的整体中去定位与认识，并置身于评估主体社会性、历史性的现实实践关系中进行综合思考，而不能就教育论教育和就评估论评估。

富兰（Fullan M.）说：“学校的改变必须同时自上而下和自下而上，不可能各自为政只从机构和个人做起。”祁型雨在其博士学位论文《利益表达与整合——关于教育政策的决策模式研究》中，从价值哲学的视角，探讨了教育政策的价值主体、价值客体及价值实现三者之间的关系，并指出，教育决策的实质即是各利益主体把自己的利益诉求投入决策系统之中，教育行政部门对复杂的利益关系进行调整，对社会公共利益进行权威性分配的过程。高校评估作为高等教育领域的一项整体改革行动，关涉不同利益相关者的现实利益，必然会遭遇来自社会和整体教育领域的各种力量的规制。如果没有社会和教育系统整体的支持，单凭高校自身难以为评估教育价值提供生存沃土。

（二）高校评估教育价值的构成

根据高校评估含义，可将其教育价值按照手段和目的的关系分为两类：手段型价值（外在价值，包括“工具价值”和“技术价值”）和目的型价值（内在价值，包括“贡献价值”和“自由价值”）。因此，高校评估就有了从低到高的四个教育价值环节。

1. 技术的价值

评估最底层的价值是技术的价值，也就是使用价值。这种价值与善恶无关，是操作性的，可以适应于任何一种目的，而评估的任何一种目的的达成都少不了它。高校评估如果离开了一定的诸如数学形式等自然科学范畴所具有的量化与预测等理性技术手段的支撑，是没有办法开展的。但技术手段以追求物的最大价值为取向，如果离开了善的目的，先进的理性技术就其本身来说完全可能被错误地利用，从而破坏高校总体的价值追求，使评估非但不能促进甚至会阻碍和误导高校的健康发展。可见，如果不把更高的目的价值作为前提，不将评估技术教育学化从而使其体现教育目的的要求，评估的技术价值有可能表现出无价值甚至是负价值。

2. 功用的价值

评估较技术价值更高一级的价值即功用价值，也就是高校评估本身是针对某个善的目的设立而产生的价值，即哈贝马斯所阐述的“有目的的合理行为”的价值。评估操作技术的设计者在设计技术时，会将个人的经验、知识观念、价值取向，以及对高等教育评估的理解等蕴含在评估技术当中，赋予评估技术性因素以功用价值意义。但这种潜在的价值意义不会自动实现，而必须在评估实践中通过不同利益主体间的互动产生。功用价值与技术价值往往难以决然分开，如果一项评估政策安排在实践中的表现是低效或无效的，也就谈不上伦理正当性，那这一政策就是不可接受的。因此，评估的效益也是评估政策伦理价值诉求。从一定意义上，技术本身也是一种有目的的活动，是针对某个目的而对手段的评价，带有一定的伦理性。但有一个标准有助于区分两者：看目的是仅仅适合于高校眼前的需要，还是与整个高等教育的发展趋势相适合；是着眼于现时功利还是追求长远理想，或者是把当下功利与长远理想目标相结合。

3. 贡献的价值

较工具价值更高一级的价值观是超功利性的精神需要方面的目的性追求，即对真善美的追求，也就是贡献的价值。对真理和智慧的追求是不计利害的，它植根于人的天性和高等教育的本性，“精神价值是高等教育的基本属性”。高校评估所揭示的是教育价值主体与教育价值客体之间的价值关系。这种价值关系的实质则是“人和社会对教育的需求”，而人和社会对教育的需求有功利的、道德的、审美的三种类型，相应的有三种评估的内容及方式。因此，科学的评估必须要同时满足真、善、美三个条件。真即评估必须理性和实事求是，评估方案必须科学合理，对被评对象信息的把握必须全面、真实，评估的程序必须统一、规范，评估结论必须有较高的区分度；善即评估的目的必须合理，评估政策必须是社会广泛接受的“好的”政策，必须是为了促进被评对象的健康发展，评估者要给予被评对象更多的人文关怀；美即评估的实施程序必须与评估目标相吻合。评估的真、善、美三个方面相互补充、有机协调：“真”是科学的评估的基础，“善”是评估的伦理本质，“美”是科学的评估内在要求，“只有实现真善美的标准，教育评估才是科学的”。

4. 自由的价值

高校评估的最高一级的价值观，就是对自由的追求。自由所构成的一切价值中的最高价值，是建立在自由之上的至善，即“作为善的全体”的“终极价值”。“之所以真善美三种价值中的每一种都值得我们为之献身，正是因为每一种都体现了人性的自由。所谓至善就是人类一切自由的完满实现，它是我们为之永远追求而不得的终极目的和终极价值。”高校评估是人们凭借一定的工具性手段创造并实现价值的活动，要实现其至善的目的离不开技术的和工具的手段。因此，必须确保评估方案和实施程序的科学规范性并贯注一定的价值理念，使它们更适合于教育自身的理想目标，以教育自身而不是政治或道德或经济为目的，即促进高校自由发展和人才培养目标的实现。正如黑格尔所说的，“最丰富的东西是最具体的和最主观的，而那把自己收回到最单纯的深处的东西，是最强有力的和最囊括一切的。最高、最锋锐的顶峰是纯粹的人格，它唯一地通过那成为自己的本性的绝对辩证法，既把一切都囊括在自身之内，又因为它使自身成为最自由的——仍保持着单纯性，这个单纯性是最初的直接性和普遍性。”黑格尔在这里所谈及的当然是他心目中的“上帝”或“绝对精神”，但我们可以借用来理解现实的高校评估的终极价值关怀。正是在对自由自觉的高等教育发展目标及人的目标文化的追求过程中，评估的技术价值和工具价值才得以实现，评估自身的内容文化和实施程序文化才得以表达，评估活动才得以彰显自己的主体性存在并获得自身生命价值意义。

虽然至善是高校评估的价值指向和一切自由价值的总和，评估的价值实现的路径是不断地扬弃低层次的价值而趋向于高层次的价值，但价值指向和实现路径落实到具体层面，并不能代替评估本身，更不能代替高等教育的发展逻辑。作为一种有效的和正义的评估，最明智的选择是遵循教育评估本身的逻辑和高等教育自身的内在规律，通过对评估自身内在教育性的充分发挥，做到既“在世俗”又“不唯世俗”，立足现实，面向未来，在世俗化的活动中尽量追求超越性的“天职”，“在适应中超越，在服务中引领”，关注评估的当下存在和生命价值，在对评估自身的不断完善和内在功能的发挥中实现其价值，而不能因为太重的社会使命感以精神救世主自居。“世界不是一成不变的事物的集合体，而是过程的集合体。”对于高校评估政策伦理的教育价值，我们所关心的不是静态的“什么”或“什么”的本质，而是其丰富、鲜活、流变的过程。伦理的“好的”高校评估政策虽有理想目标的引领但其教育价值不是现成而是生成的，它总是面向未来、向着新的可能开放，而不会是最终完成于某一确定的凝固状态。

二、高校评估政策伦理教育价值的属性分析

（一）价值的内在与外在之分

据英国《新哲学词典》介绍，在传统的研究中，“假如 Y 是好的，它自身就是值得追求的，而不需要涉及别的什么，那么，Y 就具有内在价值。这样，体育锻炼作为健康的手段是有益的（有外在价值）；而健康自身就是好的（有内在价值）。”这显然是从“目的与手段”的意义上划分内在价值与外在价值，在此价值被划分为手段价值和目的价值，而且目的价值被当作因其自身而值得追求的内在价值。

根据价值的“关系说”，价值并不是事物的存在和属性本身，而是它们同主体的关系内容，“是对象的属性对满足主体需要的效用性或有用性”。任何价值都只是在关系中存在，它绝不可能单独地“内在”于主客体任何一方，也不可能脱离一定的主客体关系双方而单独地“外在”。因此，价值并不是由某种外在的本质规定好了的潜在预设，而是一个在关系中生成的具有生命意义的动态逻辑。要确立严格的“内在价值”和“外在价值”概念，首先要注意这二者的区别，“什么（性质的）价值”和“什么东西（客体）的价值”。由于衡量对象的价值尺度是主体的需要而非客体的属性，价值的“内在”与“外在”的界限并不在于客体，而在于主体。这就好比“右（左）侧通行”的交通规则中，“左”和“右”的方位并不取决于马路本身，而是取决于行人一样。

价值虽然离不开客体的属性，但客体的哪些属性能满足主体的需要从而具有价值性则取决于主体的需要结构。因此，“内在价值”与“外在价值”的区分，只能以适合于主体的内在尺度或外在尺度，或满足主体的内在需要或外在需要为其含义和标准。从客体方面来说，不论它是什么，只要它满足的是主体的内在需要，就有内在价值；满足的是主体的外在需要，

就有外在价值。而且主体的这种需要结构不是一成不变的，是可以随着时间和环境的改变而变动的，过去的外在需要有可能成为现在的内在需要。在这个思路中，“内在价值”并不是指人和人的本性中所“固有的价值”，而只能是指“人满足人的内在需要、符合人的内在尺度”的意思，“外在价值”也不是指“人与人关系中发生的价值”，而是指满足人的外在需要、符合人的外在尺度的意思。因为价值不是一个静态的可以供人反复使用的固定模式，而是一个开放的模式，其所内含的价值与意义永远处于不断的增量或减量的变化之中。

“教育如果不想流为庸俗的活动，应先着重教育活动的内在的、非工具性的价值，然后才谈到教育活动的外在的、工具的价值。”叶澜教授在回顾了四十多年来教育价值取向的变化过程后认为，当代中国教育价值取向偏差主要表现为：在教育行政部门的教育决策中历来只强调教育的社会工具价值，忽视教育在培养个性、使人的潜能得到尽可能发展方面的价值；总是要求教育出即时的、显性的功效，忽视或者轻视教育的长期效益。从我国教育实际来看，重视外在社会价值、忽视内在教育价值是长期以来存在于各级各类教育中的深层次问题。在工具理性的支配下，传统的教育评估也往往被视为一种由理性假设、教育事实资料收集到检验和鉴别的工具理性作用过程，本真的“教育”从评估中被剥离了出来，评估中不见了“教育的主体”，“不见了对人的发展和教育进步的具体研究，而只剩下对‘评价’和‘评价指标’的追求”，不见了“对话和交流”，不见了“批评和质疑，标准成了目的，通过标准成了唯一的导向”。这种目中无人的评估关注的只是学校中的“他者”的事实，而忽视主体的价值因素和教育自身的“我”的内在品性。学生素质发展的复杂性和丰富性及高校的个别差异性被泯灭，教师教学、科研的自主探索精神和自由发展空间被忽视，评估自身的存在意义和生命价值也得不到体现，从而丧失了高等教育评估中最有意义、最根本的教育价值，缺乏生命价值的评估本身也无力承载更多的政策伦理。

（二）高校计估教育价值的双重属性

根据“需要—属性”论，教育价值关涉人的需要与教育属性两方面，缺一不可。如扈中平认为教育价值指的是教育活动的属性、特点、功能、效果与教育活动主体之间的关系，它表明教育活动过程及其结果对教育活动主体需要的适合或满意程度。王坤庆明确提出把教育现象作为客体，人为教育价值是指作为客体的教育现象的属性与作为社会实践主体的人的需要之间的一种特定的关系，对这种关系的不同认识和评价就构成了人们的教育价值观。从教育价值的实现来看，教育价值是教育功能对社会、个人的教育利益需求及其对社会和个人发展的满足与否、促进与否的关系。评估教育价值的承担者是评估活动实践及其功能，承受者是社会、个人及其生存发展的需要。教育功能是教育价值的条件与手段，教育价值则是教育功能存在的依据或目的。现实中的个人和社会正是通过教育的特有文化传承功能，从前人、社会、别人那里获得自己所需要的文化养料，从而站在前人的肩膀上凭借社会力量和个人智慧实现和创造价值、表达利益需求。在这一过程中，人是一切价值关系的主体，是价值的存在和源泉，而社会是价值关系中的客体。在教育价值关系中全部价值的实现，都必须以现实的人的价值实现为基础，所有价值都体现着“人的价值”，价值是人追求的自身本质，解放人、完善人、提升人是教育活动的根本宗旨。当今时代明确地向教育包括高等教育赋予了“为一个尚未存在的社会培养新人”的职责。促进人的全面发展，为了人的素质提升，是现代高等教育的内在核心价值。在评估关系所涉及的所有矛盾中，面向社会长远需要培养高素质人才是最基本的矛盾关系。而这一矛盾关系的解决，又依赖一个具有内在生命活力的价值评判系统。正如毛泽东在《矛盾论》中所指出的，“事物发展的根本原因，不是在事物的外部，而是在事物的内部，在于事物内部的矛盾性。”高校发展的本源性动力是基本教育价值的矛盾关系，促进教育价值在高校的实现是高校评估的内在本质规定，而评估自身也正是在这一过程中拓展视域、丰富内涵，张扬生命的活力，不断走向自由和自觉的境界。

从组织文化的视角看，现代高校作为一种文化系统，其发展的“内在道路”是“竭力使自己从纯粹的手段上升为自在的目的。”在此过程中产生了高校的双重功用：外在的社会性与内在的教育性。外在的社会性提示高校作为实现社会目的的手段，只有在服从或服务于整个民族或人类生存发展的需要时才有意义；内在的教育性则强调高校作为一个边界相对确定的学术组织，有其自身的目的和相对的存在价值，它有着任何“自组织”所必须具备的自调性、自律性特征，是具有内在的规定性和相对独立目标的本体。理想的社会应是适合人的自由自觉发展的社会，应创造一个适合人的自由自觉发展的教育；理想的评估应有利于促进高校自由自觉教育秩序的生成。高校评估的作用相应地体现为两个层面：促进高校的办学行为体现国家的意志和社会要求，促进高校努力按照自身的内在规定良性运转，以使高校在对社会事物的“主动介入”与“必要超然”之间保持平衡，从而确保高校作为教育性学术组织相应的自由自觉空间。由此，产生了评估的两维价值取向：社会价值取向和教育价值取向。

高校评估的社会价值取向，是从社会作为价值主体的价值追求角度而言的。它要求通过评估向高校传达社会所倡导的主要价值原则，同时还必须使高校的办学行为服从社会主导价值观的引领，以促进高校社会功能的进一步发挥，积极介入社会事务更好地履行其社会责任。

高校评估的教育价值取向，是从学校作为价值主体的价值追求角度而言的。它要求通过评估最大限度地激发高校自身的潜能，使高校自主、自由创新与发展的能力在现有条件下尽量充分地施展出来，保证高校作为教育性学术组织在实践中的创新活动与现实社会保持必要的距离，从而充分发挥其培养个性张扬的人才、传承和创新学术的本体职能，满足教育主体的内在需要。

社会价值取向体现着评估的工具理性，教育价值取向反映着评估的价值理性。高等教育固然是“加速社会变化的工具”，但这一工具作用的大小和好坏，要以“促进人的精神发展为判断标准”，“教育通过发展人的精神带动人类社会朝向一个更好的目标发展”。高校的社会功能，主要是通过其智慧上的原创性及培养具有批判精神和原创能力的人才以提升社会理智与精神品位来实现，人及人的生命价值是两种价值取向的联结点。因此，科学的评估在引导高校按内在教育规律办学的同时，也主动地适应了社会需求。

价值取向意味着价值主体在衡量事物价值的过程中确立了相对有利于自身利益的价值目标，其深层动因是人们的利益与需要。利益与需要有近期和长远、局部和整体之分，而高校所追求的主要是社会的长远利益和人类的整体利益，就如金耀基所说，“不夸大地说，大学之发展方向关乎一个国家的文明之性格。我们对大学不应采取一种狭窄之工具主义的观点。”因此，科学的评估应该引导高校超越狭隘的功利性，在关注当下社会现实需要的同时保持一定的理想主义色彩，对未来负责。

高校评估的目的是建立高等教育价值主体与教育客体之间的一种关系，评估中要求确立“价值事实是主体性事实”的观念，以把握教育价值关系运动中教育事实本身的特征。而社会需求并非全都合理有效，大学应在服务当下社会的同时，保持与社会生活的适度距离，对社会需求作出理性审视，并为社会文化作出价值定向。因而，要实现评估对高校的促进目的就必须同时考虑社会的现实需要和作为价值主体的高校自身本能的需求，以教育价值为基点实现两者的有机联系和统一，引导高校在面向社会需求的同时彰显主体性。立足现实，放眼未来；立足教育，放眼社会，以培养高素质人才为己任，在追求自身合理性和完善性、实现自我价值的基础上实现社会长远目的。因为“真正的教育价值，应该是在未来的期盼中，让现在决定未来”。

三、高校评估政策伦理教育价值的人本取向

两千多年前的齐国政治家管仲提出：“夫霸王之所始者，以人为本。

本理则国固。”说明这位具有哲人思想的政治家视以人为本为建立和巩固霸王之业的根本原则，表明了对人的价值的充分肯定。从价值层面上说，以人为本不只是管理事务和行为的原则，而应是人关于自己独立人格的自觉理念，这一理念应是教育活动的基本理念。人是驾驭物质力量的主体，教育的本质特点在于根据社会的要求和人自身发展的需要不断发现、开发和展现人的本质力量，因而人的价值是教育价值的直接体现和结果，无论是社会价值还是教育自身价值都是通过人来关联的。

无论从社会与自然的关系，还是从社会与人的关系，马克思哲学所坚持的中心观点都是：人是社会的主体。“只有从人是主体的观点去认识和理解社会，才能把握社会的真实本质。”联合国教科文组织总干事费德里科·马约尔在1994年关于“发展问题”的巴黎国际会议上指出：“人既是发展的第一主角，又是发展的终极目标。”联合国教科文组织的《教育——财富蕴藏其中》对此阐述道：“教育应当促进每个人的全面发展，即身心、智力、敏感性、审美意识、个人责任感、精神价值等方面的发展。应该使每个人尤其借助于青年时代所受的教育，能够形成一种独立自主的、富有批判精神的思想意识，以及培养自己的判断能力，以便由他自己确定在人生的各种不同情况下他认为应该做的事。”这就为“以人为本”的高校评估价值观和高校发展观提供了坚实的思想基础。

“以人为本”并不是一个虚空的抽象概念，而是人们按一定的价值观念对不同价值目标所作出的行为方向的选择。本书中的高校评估价值观的意蕴表现为几个具体的方面。

（一）高校评估的目标主体是人

随着以人为中心的高校评估价值观的确立，高校被自觉地理解为“人本身”，“高校发展”中的“高校”可以用“人”来代替，“高校发展”与“人的发展”实质上可以等同：高校发展就是人的发展，就是为了人的发展，就是为了全面地促进人的解放。正如康德所说，“人只有通过教育才能成其为人”，“人完全是教育的结果”。陈至立在北京高校调查研究时曾经强调：教育以人为本，在高校就是以学为本，以学生为中心，促进学生的全面发展；要承认学生的发展变化，了解学生，理解学生，服务学生，引导学生，教育学生，依靠学生，相信学生；要以学生的需求、创造、智慧和力量，汇成整个学生工作的基本点。

“一切目的，都是人之目的，在宇宙万物中只有人具有目的意识，只有人才为自己确立目的。”如前所述，所有价值都是相对于人而言的，都是为了人并服务于人的，人是价值关系的唯一主体。从作为评估对象的受教育者来看，他们既是评估的对象，又是评估的目的和最大受益者，是评估的真正主体。在任何社会，作为受教育者的学生的个体需求常常是与社会的主体需求密切相关的。促进高等教育教学实现个人需求与社会发展需求的统一，是评估教育价值的集中体现。而作为评估对象的高校教师，既是评估的具体承受者，又是评估活动的主体。教师的积极性和主动创造精神既是确保评估教育价值实现的根本，又是评估活动本身得以顺利开展的前提条件。

（二）高校评估的责任主体是人

所谓“责任主体”，即是对高校评估承担责任的主体。在“实体化”的高校评估观的支配之下，高校评估是一个由先定本质和抽象实体支配的过程；在“物化”的评估观的支配之下，高校评估是一个受机械的因果规律支配的过程。在这两种情况下，评估过程中的人都成为某种外在权威支配的被动客体。既然人是一个被动的、无自由意志的客体，那么，他就无须也无能力为其后果承担任何责任，由此所导致的后果便是整个高等教育运行和发展中“责任主体”的缺席。如此，高校评估过程中所出现的任何问题都可能成为必要的“学费”，评估自身发展也因而动力不足。随着以人为本的评估观的确立，具体的人成为高校评估中占主体地位、起着主导作用的因素，其行为和决断直接对评估进程产生重大影响，其行为与评估质量及命运息息相关。这就决定了他必须相应地对评估工作承担责任，并对自身行为的结果负责。这种责任内在地要求人们树立这样一种理念：高校评估的命运及高校的办学质量就掌握在高校人自己手里。因此高校评估及办学质量所面临的最大对手在很大程度上就是高校人自身。

评估作为一种价值判断的评估，是由专家组具体实施的。在价值判断过程中，评估专家是主体，而被评高校及高校内部的人是客体。专家的需求状况、经验智慧和“直觉判断”，对于提高评估价值判断的有效性起着重要作用。评估的根本宗旨，在于促进教育价值在高校内部教育教学中的全程落实，从而确保受教育者的身心自由发展，素质得到有效提升，成为能主动把握自己并积极适应社会的健全人格者。

评估专家作为评估政策的具体执行者，是评估工作的灵魂，在价值判断中处于主体地位。评估过程应充分发挥专家组的主观能动作用，专家组的责任意识对评估教育价值的实现发挥着极其重要的作用。为此，必须以相应的专业伦理规范指导和约束评估专家的评估活动，加强责任意识建设，建立一支懂得教育、熟悉教育实践和具有教育评估理论水平同时极具责任感的专家队伍，使专家的权力与责任对等。要在充分尊重专家人格的同时，建立对专家行为的问责机制。这种问责机制，不是对人的一种限制，而恰恰是为了确保专家的主体作用得到充分发挥，也是为了维护高校评估政策的伦理品性，促进评估本身的可持续发展。正如马克思所说：“历史什么事情也没有做，它‘并不拥有任何无穷尽的丰富性’，它‘没有在任何战斗中作战’，创造这一切、拥有这一切并为这一切而斗争的，不是‘历史’，而正是人，现实的、活生生的人。”唯有评估过程中的利益主体确立了对高校发展及评估工作的责任意识，各评估主体才会在评估过程中表现出自我的目的性、自为的自律性、能动的创造性和自由的伦理超越性。

（三）高校评估的价值主体是人

价值关系是人所独有的一种属人的关系，实践着的现实的人与价值是一种相互锁定的关系。价值不是一种远离人之外、与现实的人无关的“客观存在”，任何价值与人具有同一性，离开了主体或具体的人，就无所谓价值，也无所谓价值评判。因此，只有从评估价值主体即“实际活动着的人”出发，以人和人的主体尺度为核心，展现人的评估实践，才可能把握高校评估价值的本真，揭示评估价值的实质及其演变规律。这是高校评估价值的“属人性”。

高校评估价值的属人性，决定了主体的尺度是评估价值的立足点和根据。所谓主体的尺度，包括主体自身的存在、本性、地位、结构、特性和作用，特别是主体自身的目的、利益、需要、素质和能力等因素。由于任何价值均是以作为主体的人的尺度而不是客体的尺度为转移的，因此，把握价值应立足于主体，着眼于从主体本身的存在、本性、目的、利益和需要等出发。当然，评估价值关系的任何主体都是具体的和历史的，处于历史的生活实践之中。因此，主体的尺度并不是一种静态、固定、僵化的尺度，而是一种因不同尺度而不同、随不同尺度而变化的动态过程。

评估价值又是一种多向度、个性化的非同一性关系，其根本特性在于属人性、主体性。而世界上并不存在绝对同一的主体，主体生活实践的具体性、历史性，决定了评估主体价值需求也是具体性、历史性、多向度、个性化的。

评估既是一个呈现价值，又是一个创造价值的过程。在评估实践中，作为主体的人是信息和行动的发出者、追随者和执行者，也就是说，评估活动是评估主体根据自己的需要创造价值的过程。人本主义学者马斯洛指出：“教育的功能，教育的目的——人的目的，人本主义的目的，与人有关的目的，在根本上就是人的‘自我实现’，是丰满人性的形成，是人类能够达到的或个人能够达到的最高度的发展。说得浅显一点，就是帮助人能够达到的最佳状态。”促进教育目标在高校发展中的落实是高校评估的主旨，是在以人为本的评估价值观指导下的具有伦理关怀的高校评估。评估追求的是教育的长远目的，将人格的发展定位于高等教育目的的最高层次，使高校发展真正成为促进人的自主发展和人格完善的过程。人由此而成为高校发展的“价值主体”。正如马克思所指出的：无论如何教育活动和教育机构只有遵循着一个最高目的才有存在的理由。把高校评估理解为人追求和创造自身价值的自觉活动，并因此使评估的“属人性”、评估的人文意蕴和人文向度充分地彰显出来，高校评估所意指的就必然是评估主体追求和创造自身价值的活动，评估过程就必然成为主体的自我超越和自我生成的价值实现过程。

评估的价值不在评估主体的人的活动之外，而只存在于主体的历时性评估活动之中。它就是评估主体的人的评估活动的结果，同时也赋予了主体的评估实践活动以目的、目标与意义。高等教育教学活动永远处于向未来开放的生成过程之中，高校利益主体及其主要利益尺度也是历史地生成、创造着、处于一种变动的过程之中，评估价值主体的各种利益关系，也只能在主体的历时性活动中生成。因此，高校评估的价值实际上也是高校评估对于自身把握水平的一种标志，是高校评估自我存在与发展状况的一种刻度。

随着这一系列人本化的基本观念的建立，种种与此不相适应的传统的办学观念都失去了存在的合法性。主体、人的内在伦理尺度提供了评估实践活动的目的、方向和动力，并对评估的具体实施过程进行自我调控。“以人为本”便成为评估的本质属性，高校评估由此获得人性化的本质和伦理品质，这是我们确立评估教育价值取向的基本依据。

四、高校评估政策伦理教育价值的目标追求

目标是行动的方向，高校评估既是一种教育事件，也是一种由特定目的所引领的教育行动体系。评估的伦理品性及其价值都内含于一定的目的之中，并通过对特定目标的追求而得以现实表达。评估的目的是评估政策制定者为评估活动所设定的行动方向及努力目标，所谓评估的教育价值也就是评估活动主体按照一定的意图遵循一定的伦理目标所产生的结果。清晰地确定评估教育价值的目标，是避免将评估手段目的化而“模糊了更大的目的”，是确保评估伦理品性生成及其能力有效发挥的前提。目标既是

一种对活动主体及过程的“任务规范”，同时又是对行动理想及方向的一种指引，并使行动主体“最大限度地获得实现该理想的能力”。据此，我们可以得出高校评估教育价值三个层次的伦理目标追求。

(一) 教育规范是高校评估的基本伦理目标

存在于现实社会情境中并服务于社会的高等学校，其整体运行与发展必定受到在现实社会中实际运作着的政治、经济、文化等多种力量的规制与约束，必然要遵循和反映现存的社会秩序。而作为学校的高校是一种根据培养人的目的而建构起来的组织环境，这种环境显然不是被动地反映社会现实。叶澜先生认为，“教育与社会的联系并非只是直接的、简单的吻合，而是需要通过一定的转化机制”，教育尚需对社会的各种可能影响其走向的显性与隐性的力量进行“过滤”。而这种“转化机制”和“过滤”的措施就是对学校教育环境的控制，正如杜威在《民主主义与教育》中所说，“成年人有意识地控制未成熟者的教育，唯一的方法是控制他们的环境，让他们在这个环境中行动、思考和感受……学校仍然是一种典型的环境，设置这样的环境以影响成员的智力的和道德的倾向。”这种对教育环境的控制并不是对学校师生的压制，其出发点和目的是通过对教育环境的“施化”和“净化”而构建出一种有利于人才成长的秩序；另外，高校作为一种有别于其他社会组织的教育性学术机构，为了确保学校内部各项事务的规范有序运行和办学的质量水平，必定要有一套相对严密涵盖教育教学各方面和各环节的行为规范体系，这些基本规范为学校整体办学行为及学校中的行动主体的行为提供了行动指南并划定了一个边界。无规矩不成方圆，“人只能通过社会秩序来发展自己的个性”，按照一定的规范办学也是高校之所以为学校的生命线。这些基本规范是高校共同体长期积累所形成的类经验，而不是高校个体的直接经验。它反映的是高等教育发展历程中教育智慧的结晶，是教育教学工作效率得到保障的一整套行为策略与技术，也是高等教育教学工作秩序建立的形式化基础。促进教育规范的建立和教育教学工作秩序的形成是高校评估的首要和基本政策伦理目标。

学校是现代社会发展起来的一种规训机构。所谓“规训”，是一种把个人既视为操练对象又视为操练工具的权力的特殊技术，它既是一种控制性力量又是一种生产性力量。这种规训权力的具体实施主要凭借两个方面的手段：一是通过对时间和空间的操纵来推行，二是通过使用层级监视、规范化裁决与检查等简单手段。规训是一种对所有人而言无处、无时不在的具有创造性的控制力量。与此同时，所谓人的“主体性”，只可能是观念领域的一种理想化状态，人的原初的、不受限制的自主性只会越来越少。

学校中的各种规则与规章制度等所构成的规范性秩序作为一种制度性存在，反映着国家对学校教育的期待与正式要求及教育本身的规律，它在学校内部形成了一个相对封闭的教育性空间。在这个空间，教育教学的规范秩序得以建构，学校中的纪律权力得以实施，其中的“行动者”的行为受到显性或隐性的约束。作为高校中的行动者，学生、教师和管理人员在学校的教育教学行为都有相应的规范性要求。这种规范性要求表现为教育教学的内在规定性对高校内部人员行为的规约，是保证教育教学活动正常运行与健康发展的必要条件，也是按照教育规律办学的基本前提，是高等教育教学活动走向自由境界的必由之路。教育活动中的主体虽然可以在一定范围内根据自己的目标与意图自由行事，但由于教育教学活动是有目的和有意识的“类”活动而非纯粹个性化活动，因此教育教学活动中主体的自由又是受到诸多限制甚至是被“决定”的，学校中任何个人的行为必然要受到教育教学情境脉络的引导和规限。不受任何束缚的自由在现实中是不存在的，如果没有基本规则对办学行为的这种引导和规限，按照教育本身的内在规律办学和自由发展就变成了空中楼阁。同时学校中的行动者也许并非被动地接受体制性规范的约束。在一定教育理念的引导下，作为教育活动主体的学校中的行动者的批判性反思与自主意识会对各种规范与纪律产生解构与重建的改变力量。

我国高校由于长期运行在与社会边界不清的环境中，教育的基本规范秩序在我国高校还没有有效建立。因此，高校教学评估的最基本价值就是确保高校中的“行动者”遵循基本教育规范，根据高等教育的一般规律、按照高等教育教学本身的游戏规则办学，在高校内部建立起一整套比较完整的教育教学工作基本规范和制度系统。通过这些规范和制度，高校的教育教学活动和整体运行基本能保持一种秩序和稳定的状态，使高校办学行为具有连续性，从而使高等教育教学活动中的主体能够根据以往的经验对自己的教育教学行为进行调整，并在此基础上经过一定的积累逐步形成高校自身的办学传统和特色，获得自身的核心竞争力。正是在这个意义上，我们说评估指标体系就是高校教学的“一个重要指挥棒”。这也是高校评估技术和功用价值的体现。

当然，高等学校内部的规范和制度与一般社会组织的规范与制度是有别的。在评估规则的制定及实施过程中一定要考虑高校的特点：一是高校教师的劳动形式具有很强的独立性和个别性，学生的教育教学也要因材施教而促进个性发展，因而高校内部的教育教学规范带有一定的抽象化和模糊性，一味地追求具体化和精确性往往容易造成对学生个性发展和教师创造性的压抑；二是高校的教育教学工作规范通常具有一种引导性的指向形式，而非禁止性的强迫形式；三是不同类型和层次的高校，所处的社会环境和具有的办学基础，以及社会服务的面向和人才培养的目标有别。对其教育教学工作的要求也相应地要体现分类指导原则，不应“一刀切”。

（二）教育自由是高校评估的深层伦理目标

虽然评估的基本伦理目标是促进高校办学行为的规范运行，但这种规范和秩序本身并非高等学校的最终目标追求，而是实现更高层次目标的基础，是长远价值理想实现的前提。高等教育是立足现实并以追求人类理想与长远利益为主旨的，评估应在引导高校遵循教育基本规律形成基本教育教学工作秩序的基础上促成高校志存高远。高校评估应确立一种富有张力的长远的眼光，这种眼光的获得，离不开高校评估的长远性的理想目标追求。苏霍姆林斯基在论及人的信念的时候说，“精神力量来源于人对于一种最神圣的东西的尊崇”，“一个对什么都不信仰的人，既不可能成为精神上的强者，也不可能成为道德上纯洁而刚毅的人。”做人这样，评估对高校的目标也应如此。高校评估也应该有自己独特的理想与信仰，有自己的深层伦理目标。我们认为，评估政策伦理价值在本质上体现为两个基本层次：一是促进高校以教育内在规律为基础建立教育教学工作规范与秩序，体现的是评估的“技术价值”和“公用价值”；二是在规范与秩序的基础上追求具有长远价值关怀的“教育自由”，二者分别体现的是评估的“贡献的价值”和“自由的价值”。这里所谓的“教育自由”又有两层含义：一是作为教育目的的内在教育自由，二是高校自身的外在自由诉求。

高等学校作为一种社会分工体系下的高层次教育性学术组织，人才培养是其基本价值和主体职能，也是高校之所以为高校的立身之本。促进人的主体价值的实现和人的自由解放是高等教育目标的根本。而“人的主体价值的最高标志就是人的自由而全面的发展”，用马斯洛的话说，就是使人“更真实地成为他自己，更完善地实现他的潜能，更接近他的存在状态，成了真正完善的人，人成为目的本身。”“每个人的自由全面发展是一切人的自由发展的条件。”一切人要自由发展，就必须关注每个人的自由发展。而每个人的自由发展又是千差万别的，根据每个人的能力、性格、气质和所处的环境条件大不相同。因此，关注人的自由发展，就必须关注人的主观内在的感性的丰富性和个人本质力量的完整性，并把这种丰富性和完整性视作是一个自由社会的“条件”，以实现“化民成俗”“建国君民”的社会教化目的。

从高校自身而言，唯有建立了自由探索的大学理念，才能摆脱受政治和经济利益随意摆布的状况，从而凭借探究知识、创新文化、培育国民性格等方面为国家奠定真正的精神基础。高校教学评估正是一种可以唤醒我国高校自由探索精神的制度，使高校认识到自己在社会历史进程中的主体性，打破传统的高校完全依赖教育行政部门和校长个人的办学状况。从宏观理念和趋向来看待高校教学评估，能影响高校的运行与发展，是学术权力走进高校引导高校办学的表征，是高校获得内在的自由的一种外部促动力，是高校从完全依赖教育行政部门逐步走向靠实力和声誉生存的自由自觉发展的契机。

（三）生命价值是高校评估自身的存在伦理

高校评估的价值主体的品质根源于评估实践中的价值性：一方面，评估实践活动是教育价值产生的根源；另一方面，价值又是评估实践活动本身的内容，引导着评估实践活动发展的方向。高校评估是现代大学制度中不可或缺的一个有机组成部分，而不是长在高等教育头上可以随意剪裁的“长头发”。评估本身即是高等教育教学工作的一个环节和过程，而不仅仅是为了某一个外在的目的。因此，评估价值的目的包括具有外显的功能性目的与内隐目的，借以升华评估本身。这种自在性的目的是评估实践对于评估自身及其价值世界的“根据”意义所在，是评估自身存在的生命价值追求，是高校评估政策伦理价值生成与实现其功能性目的之根基。

我们所谈论的高校评估不只是一个被概念化和虚化的评估，而是一项生存着的有价值的政策实践活动。高校评估教育价值正是评估实践活动的结果。评估是一种以实践活动作为自身本源性生存方式的存在者，而评估实践活动作为评估本源性的存在方式，是以一种现实的方式展开着自身的存在。高校评估实践活动是评估主体（包括评估组织者、评估实施者、高校）在其自身生存发展需要的驱使下，用自己的实际能力去改变现存的教育功能关系，使之适应与满足其生存发展需要，造就一种新的教育价值关系。评估的现实的存在不能被逻辑化的概念所虚化。评估教育价值的基础是评估本身，而不是评估的概念。评估要把自己从其他事务中分离出来，就要不断发展自己的自我意识并借以强化、提升自己的精神品质。

在高校评估实践过程中，评估的存在绝不是摆在那里的“现成存在者”，而是显示为一种“生存”的过程，显示为一个具有生命力的不断生成的开放流动过程。评估过程中的所有行为和表现都不应看作是孤立的“个别行为”，而应是在表演一套规范的行为和态度，是在体现着一种内在的精神张力。雅斯贝尔斯认为：“生存”（Existence）乃是指示现实的字眼之一，它意味着，一切现实的东西对我们之所以为现实，纯然因为我是我自身；我们不仅是存在于此，而且我们已被赠予我们的实存（Dasein），已被赠予作为实现我们本源的基地。高校评估应有内在的精神，评估的存在意义有社会存在和个体性存在，后者是为了唤醒评估的自我意识。因此，我们认识高校评估的实践形式及其观念不能局限于物化性质和基于短视目光的实用性特征。除了促进高校发展的外在功利性动因外，评估还要关注民主、正义、自由、社会公共伦理等属于非实用层面的自身“生态环境”的规范与观念。因为他们不仅有着推动高等教育进步、促进评估教育价值实现的动力作用，更是直接培养、提升评估自身品位和境界的精神资源。实际上，高校评估实践活动是一种文化性活动，而不是一种纯物质力量的施展，它还应有自身的精神家园。高校是精神的圣地，高校评估也应有自己的精神与文化。高校评估与其他社会实践活动应有一个边界，评估的政策伦理价值源于评估的“自我创生”“自我超越”“自我解放”的精神，这种精神同时也是高校教学评估的最为根本的价值维度和精神边界所在。高校评估的生命力就在于其价值主体在价值判断活动中的自主自立和互信互助。依靠这一边界可以维护高校评估的尊严与神圣，以保护高校评估应有的高贵精神不为世俗和流行时尚所腐化和侵蚀，也不会因为一时的挫折和失误而心灰意冷导致自我放逐。对于高校评估来说，这个终极关怀就是高校对“教育自由”的追求——促进人的自由发展，以及高校自身的自由发展，并实现评估自身的自由。教育自由只有通过教育秩序或在教育秩序中才能存在，而且只有当教育秩序得到健康发展，教育自由才可能增长。因此，为了实现对教育自由的追求，就必须遵循教育的内在规律，建立基本的规范秩序，凸显评估的教育性，用“价值定向”思维取代“决策定向”思维。如果没有长远价值和神圣世界对现实中的评估实践起着平衡的张力，一味追求评估的现实功利价值，评估本身将有可能演变成对高校发展的一种误导。实际中的我国首轮高校评估政策实践之所以受到社会的一些误解甚至非议，主要原因之一恐怕也就在于关注理想的长远意义还没有得到应有的体现，评估自身也缺乏应有的自由与自觉，独立性不强。

第四节　当前评估局势与发展趋势

2015 年 10 月 27 日，由教育部学位与研究生教育发展中心主办、湖北省教育厅承办、华中科技大学协办的第四轮学科评估指标体系专题研讨会在华中大召开。经大量调研形成的共识，第四轮学科评估指标体系制定拟设立“师资队伍与资源”“人才培养质量”“科学研究水平”“社会服务与声誉”四个一级指标，主要框架与第三轮基本保持不变。根据学科发展基本规律和研究生教育综合改革精神，考虑对指标体系进行以下完善与创新：一是更加合理地确定资源类建设成效与产出指标的分量；二是加强人才培养质量评价，系统关注培养过程、学生在学、职业发展“三维度”质量；三是优化科学研究水平评价，更加注重学术发表、科研贡献等成效的结构质量，强化分类评价；四是丰富声誉与社会服务评价内涵，鼓励服务社会和特色发展，如单列社会服务指标，采用“代表性案例”反映学科特色成果对地区经济、社会贡献评价等。教育部学位中心评估处处长林梦泉就加强分类评估、加强公共数据库建设、加强“绑定参评”、完善评估后分析服务等进行了说明。

教育部学位中心评估处处长林梦泉全面介绍了第四轮学科评估的改革思路。他强调学科评估是对一级学科整体水平进行评估，属于“排名性评估”“选优评估”，不同于教育行政部门组织的“合格评估”。学科评估是非强制性、非行政性的评估，主要关注学科水平状况和人才培养质量，注重成果、成效评价，与合格性评估一般涉及过程、条件等方面评价不同。

2015 年 10 月 29 日，教育部学位中心副主任王洪岐说明了学科评估服务大局、服务高校、服务社会的三大目的；强调了学科评估属于非强制性、非行政性的“选优评估”，不同于教育行政部门组织的“合格评估”；介绍了第四轮学科评估的改革思路是坚持“质量、成效、特色、分类”导向，保持原有基本框架不变，根据新的形势，重点就资源类指标分量、人才培养质量评价、科学研究水平评价、社会声誉评价、分类评估、公共数据建设、评估结果发布与后续服务等方面进行改革创新。改革创新之处主要在以下四个方面：一是师资队伍中将“青年人才”单列，着重考察队伍的结构质量和可持续化能力；二是人才培养中加强在学质量评价，进一步丰富国际化指标，引入毕业后职业发展质量评价；三是科研评价中优化学术论文评价方式，分类评价论文质量，体现学科差异；四是学科声誉中增加社会服务贡献指标，采用“代表性案例”评价，体现不同类型高校对区域经济、社会发展的贡献。

教育部学位与研究生教育发展中心评估处处长助理任超就学科评估指标体系进行了具体解读。他指出第四轮学科评估指标体系仍以“师资与资源”“人才培养质量”“科研成果”和“学科声誉”四个一级指标为基本框架。改革创新之处主要有：在师资队伍方面，“青年人才”单列，着重考察队伍的结构质量和可持续化能力；在人才培养方面，增设“学习成果”指标，增加对学生在学期间国际学术交流的考察，进一步丰富国际化指标，引入毕业后职业发展质量评价，纳入学生创新竞赛获奖情况；在科研评价方面，改进学术论文评价方式，分类评价论文质量，体现学科差异；在社会服务与声誉方面，增加社会服务贡献指标，采用“代表性案例”评价，体现不同地区、层次学科特色发展。

教育部学位中心评估处处长林梦泉首先阐述了学科评估的定位。他指出，学科评估是水平性评估，将继续坚持“自愿参评，不收取任何费用”的原则开展。他介绍，为做好下轮评估，学位中心做了大量前期准备工作，包括委托课题研究指标体系，初步调研，等等。他强调，下轮评估将根据国家研究生教育改革精神，遵循教育规律，按照注重“质量、成效、特色、分类”的思路，目的是要推动学科服务需求，提高质量，促进学科内涵发展。随后陈燕详细介绍了第四轮学科评估指标体系改进的重点，即进一步加强人才培养，强化学生为本；依据国家新的精神，完善科研评价；加强社会服务贡献与特色评价；加强国际化评价；强化结构质量；进一步淡化规模，强调质量。教育部学位中心评估处处长助理任超着重介绍了学科自检平台建设情况。与会代表围绕人才培养质量、科学研究水平、师资队伍规模、社会影响和声誉等第四轮学科评估的指标体系改进，进行了深入的交流与研讨，并结合学科发展的特色和趋势，以及学科评估的导向和诊断作用，形成了一系列改进建议。评估处处长助理任超详细介绍了第四轮学科评估指标体系发生的变动，包括人才培养指标分量加重、师资队伍与资源指标降低权重、学术论文指标的数据来源调整、学科声誉指标数据增加对企业的调查、社会贡献指标采用案例描述和专家评审法、加强国际化指标等六个方面的变化。教育部学位与研究生教育发展中心评估处处长林梦泉介绍了第四轮学科评估指标体系制定情况，重点仍围绕“人才培养质量”“师资队伍与资源”“科学研究水平”“学科声誉与社会贡献”四个方面展开。在人才培养质量方面，将考虑进一步利用学位论文抽查情况，包括利用抽查通过率等指标加强质量评价。在师资队伍与资源方面，将以质量为核心，加强“人均”概念，避免以规模取胜；在科学研究水平方面，将考虑加大产出性成果的权重，包括高水平论文、具有重要影响的原创成果、专利技术、国家级重要奖项等，加强绩效评价；在学科声誉与社会贡献方面，将扩大调查范围和优化专家的选取方式，进一步提高调查的科学性、公正性，并考虑要体现学科对中央、地方行业建设、科技发展方面的贡献，鼓励分类、特色发展。

以下是一些评估体系的相关指标：

1. 师资队伍与资源相关指标

（1）评估更加合理地确定资源类指标分量，关注建设成效与产出，确定高校办学条件资源类指标在评估中的比重，引导促进高校更加关注建设成效与产出。对高校支撑平台的考核中，有可能对高校重点实验室、基地、中心重点评估，如国家重点实验室，国家工程技术研究中心，国家国际科技合作基地，国家教学重点中心，国家级“2011 协同创新中心”，国家野外监测站；省级重点实验室、基地、中心等。

（2）在评估的专家团队指标中，将“青年人才”与“高层次人才”分列，来反映队伍的结构质量和可持续能力。“高层次人才”包括如院士、长江学者、国家杰出青年基金获得者、千人计划入选者、万人计划领军人才、科技创新领军人才、国家教学名师、百千万工程领域人才、百千万工程国家级人选、创新群体带头人、创新团队带头人、国家级教学团队负责人等；“青年人才”指标可以选用45岁以下的优秀青年人才（万人计划青年拔尖人才、青年长江学者、青年千人、教育部新世纪人才）。

（3）评估有可能取消“专职教师数”指标，强调队伍的结构质量，将通过“生师比”指标，如分别统计博士、硕士生师比等，来考察师资充分性。

2. 科学研究相关指标

（1）评估将优化和完善学术论文评价，突出结构质量，借鉴国外评估经验，采用分类评价论文质量，体现学科差异的方法。如对于理工类学科，创新ESI高被引论文指标的分档使用，并适当考虑中文期刊应用情况；对于人文社科等学科，推广第三轮评估计算机学科《A类期刊目录》的做法，统计A类论文数；对于艺术、体育等发表论文数较少的学科，仍采用统计人均发表论文数的方式，且合理考虑学术发表指标的权重。

（2）注重科研质量考察，重视并引导高水平论文的发表。随着我国科研论文发表量一跃成为世界第二名，新一轮的学科评估的重点将转到高质量、有代表性论文上。同时，会参考可反映论文水平的相关数据库指标，如ESI高被引论文数或A类期刊与会议论文数等。

（3）增加可以反映科学研究水平的多样化指标，完善评估体系。专利转化和科研获奖也一定程度体现了高校科研水平，所以统计已转让或应用的发明专利与国防专利。国家自然科学奖、技术发明奖、科技进步奖、教育部高校科技成果奖（科学技术），省级科技贡献奖/科技功臣奖/科技成就奖、自然科学奖、技术发明奖、科技进步奖也是重要的方面和趋势。

增加从绩效考核角度评估科研项目。在新一轮的评估中，可能会评估科技部项目（如国家973计划、863计划等国家级项目）、军队及国防科技项目、省部级横向等科研项目；从国家级项目、经费数及师均总经费的比重角度，综合评估高校科研绩效情况。

3. 人才培养质量相关指标

（1）加强人才培养质量评价，建立“培养过程质量”“学生在学质量”“职业发展质量”三维度立体人才培养评价模式。“培养过程质量”可以从教材质量、课程与教学质量、学生国际交流等方面来考察。“学生在学质量”可以根据学位论文质量、在校生代表性成果、授予学位数等来评估。“职业发展质量”则可以引入毕业后职业发展质量评价，开展用人单位问卷调查。

（2）按照国际趋势，加强在学质量评价。一是增设“学习成果”指标，体现学生在学期间取得的学习和科研成果、竞赛获奖、创新创业成功案例、突出社会贡献等；二是增加对学生在学期间参加学术交流的考察。

（3）进一步丰富国际化指标，在考察境外访学生、来华留学生的基础上，增加对学生参加国际会议和中外合作办学情况的考察。

4. 学科声誉相关指标

丰富社会声誉和贡献评价内涵，增加社会服务贡献指标，体现不同地区、层次、特色发展，鼓励特色发展，借鉴国内外学科评估经验，根据学科社会服务特色发展的贡献情况，采用“代表性案例”评价方式，以体现不同类型高校对区域经济、社会发展的贡献情况，鼓励引导不同类型、地区学科向特色高水平发展。因此，可以借鉴世界大学排名方式，“社会服务特色和贡献”从制定政策法规、发展规划、行业标准提供咨询建议；推进科研成果转化和产学研结合，为地方经济社会发展服务；推动科学普及，开展社区服务；担任国内外重要社会兼职，为引领学科和行业发展作出贡献方面考察。“同行与行业声誉”则可以由同行专家和行业人士根据学科的学术声誉、社会贡献、学术道德等印象，进行主观评价。

第二章　高等教育内涵式发展

中华人民共和国成立以来，我国高等教育的发展主要是通过高等学校的数量增长和规模扩大来实现的，是以外延式增长为主的发展模式。这种外延式发展模式的主要缺点是高校、系科专业在各省区重复设置、平均用力、小型分散、低水平重复、效益不高、质量不高等。特别是最近几年来，随着高等学校的大规模扩招、“大学城建设”“教育产业化”等，这种外延式发展模式的弊端显得更为严重。外延式增长过程中存在的这些弊端，需要通过改革，走内涵式发展的道路来解决。我国的高等教育在进入大众化阶段后，必须树立科学的高等教育发展观，提高质量，走特色办学的内涵式发展道路。

第一节　高等教育内涵式发展的提出

近十多年来，我国高等教育发展呈现出学校数量迅速增加，在校学生数量迅速扩大，办学条件得到很大改善的局面。教育部实施了一系列的高等教育工程，如“211”工程、“985”工程，促进了高等教育的快速发展。但高等教育快速发展的背后也存在了一些潜伏的危机，如：政府对高等学校管得过宽；很多大学都是举债发展，经济压力大；高等教育大众化之后，生源质量必然相对降低；师资队伍数量和质量存在不足；高校的信誉在下滑等问题。在此困境中，我国的高等教育必须提高教育质量，走内涵式发展道路。

一、何谓内涵式发展

内涵，是指概念所揭示的事物的本质特征，即事物的质的规定性；而外延是指概念所反映的本质属性的全部对象，它说明概念所反映的事物"有哪些"，即概念的量的规定性。所谓"内涵式发展"，就是要抓住事物的本质属性，强调事物"质"的发展。内涵式发展是世界知名大学的成功经验，其始终把提高质量、培养创新型人才作为核心追求。走内涵式发展之路也是我国大学坚持改革开放、学习借鉴世界一流大学发展经验的理性选择。大学的内涵式发展应以科学发展观为指导，从自身校情出发，按教育规律办事，实事求是，量力而行，形成适合自身发展的管理、师资、学风等方面的特色。

内涵式发展是相对于外延式发展所提出来的，如果说外延式发展关注的是学校规模量的扩大，那么内涵式发展就是一种追求质的办学；如果把外延式发展看为粗放式发展，那么内涵式发展就是一种精细化发展；如果把外延式发展看为同质发展，那么内涵式发展就是特色发展；如果把外延式发展看为一种模仿发展，那么内涵式发展就是一种创新发展。

二、内涵式发展是提高高校质量的必由之路

（一）传统外延式发展为主的模式亟须变革

2006 年我国高校毕业学生为 431 万人，待业 91 万人；2007 年毕业学生为 495 万人，待业 173 万人；2008 年毕业学生为 559 万人，待业 173 万人；2009 年毕业学生有 611 万人，待业 196 万人。以上数据说明我国的大学生已相对生产过剩，即供给大于需求，供需矛盾突出。这种情况还会对农村地区的中小学教育产生消极影响。相当一部分农村中小学生及其家长对考大学的兴趣和热情已经有所减退。大学在他们的心目中已经失去了往日的魅力。大学毕业生相对生产过剩还会导致社会不稳定因素的增加。同时，高等教育的膨胀还会使原来已经紧张的教育经费更显不足。国家拿不

出更多的钱来发展高等教育，许多穷人家的子弟可能因为贫穷而失去上大学的机会，或者因为贫穷使大学学习受到严重影响。高校的盲目扩招和高收费使高校的贫困学生激增。贫困生问题已成为高校一个不轻的伤痛。高等教育的盲目膨胀，必将导致质量受到影响。当下政府应加大高等教育经费投入力度，减少扩招数量，提高高校办学质量已刻不容缓。

（二）提高质量是国际高校发展共同趋势

在第二次世界大战后，西方发达国家的高等教育经历了大约 30 年的发展，在 20 世纪 80 年代以后进入了以提高质量为中心目标的时代。法国在 1984 年通过的《高等教育法》中强调，“法国政府认为，高等教育现代化的核心是提高教育质量”。1984 年“美国高质量高等教育研究小组”指出：“倘若美国高等教育沉湎于不求进取的状态，倘若允许追求高校文凭而不学习，那么各级教育都会深受其害。”因此，“高等学校要全力以赴地提高教育质量。”一些高等院校缺乏质量和效益意识，盲目追求数量目标和经济利益。一部分高校领导认为：发展就是数量、规模的扩大，就是学校的升格，就是大兴土木、扩大占地面积，很少提及甚至不提质量，更有甚者鼓吹数量发展，质量就应该受影响。效益、质量问题长期得不到重视，盲目上热门专业，造成很大的资源浪费。

（三）提高质量是高等教育发展的核心任务

在《国家中长期教育改革和发展规划纲要（2010—2020 年）》中指出：“提高质量是高等教育发展的核心任务，是建设高等教育强国的基本要求。到 2020 年，高等教育结构更加合理，特色更加鲜明，人才培养、科学研究和社会服务整体水平全面提升，建成一批国际知名、有特色、高水平高等学校，若干所大学达到或接近世界一流大学水平，高等教育国际竞争力显著增强。”根据这句话，我们不难推想今后我国高等教育发展将以全面提高质量为重点，提高人才培养质量，增强科研水平，优化高等教育结构。高校也将改变千校一面的现象，办出各自特色，走内涵式发展之路。

三、内涵式发展实施途径

（一）管理：内涵式发展的保障

管理出质量，管理出效益。国内外高等教育的经验表明，高等学校要办出水平，办出特色，必须重视学校的管理工作。提高管理水平是推进高等教育内涵式发展必须认真研究和解决的重要课题，而提高管理水平必须把转变管理观念作为切入点。

1. 从策略管理向战略管理转变

内涵式发展是一种创新型的发展模式，高等学校的决策者必须从战略高度，从高等教育全局的高度进行前瞻性的研究，统筹兼顾、科学谋划、合理安排。高等教育的决策者不能把目光仅仅停留在事物性、形式性、表面性的工作，而要考虑学校的长远发展问题，提出明确的学校战略性发展目标和完善的战略发展规划。这样可以凝聚广大教职工力量，让大家众志成城、同心同德、目标明确地去工作。因此，高等学校走内涵式发展，必须有自己明确的战略目标和完善的发展规划。

2. 从重视数量的管理向重视质量的管理转变

高等学校的决策者应当清楚，扩大规模是发展，提高质量是更重要的发展。重视质量发展，办出特色是走内涵式发展道路的核心。然而，以前的政策导向多是倾向数量和规模，而忽视了质量和实效。

（二）师资：内涵式发展的关键

教育大计，教师为本。师资队伍建设是高等教育实现内涵式发展的关键。正如清华大学前校长梅贻琦先生所言："所谓大学者，非大楼之谓也，而大声之谓也。"这句话对现在高等教育学校的内涵式发展具有重要的指导价值。师资对大学发展的影响已经是一个共识。大师是学校的瑰宝，全体教师发展则是学校发展的典型表现。教师不仅依靠自己的课堂教学直接影响着学生，而且通过自身的治学态度、治学精神、治学方法间接触动着莘莘学子。具备良好教风，善于钻研、严谨求实、敢于质疑、学术造诣丰厚的教师就是大学校园内最具说服力的文化活标本，是学生仿效学习的榜样。

高等教育的内涵式发展，必须有一支特色的教师队伍。特色师资队伍必定是一个有特色的团队，既有领军人物，也有中坚力量；既有主攻学科方向，也有标志性的研究成果。高校教师应有学问，要学识渊博、学术水平高。“名师出高徒”绝不是一句空谈。有数据显示，美国 92 位获诺贝尔奖的科学家中，有 48 人曾在前辈诺贝尔奖得主指导下做过学生或从事过研究。剑桥大学卡文迪许实验室之所以能成为诺贝尔奖得主的摇篮，一个重要原因就是在那里的学生能得到诺贝尔奖得主的言传身教。例如，该实验室的汤姆逊教授，一生共培养了 17 位诺贝尔奖获得者。中国近代物理学奠基人叶企孙教授终生奋斗在教师岗位上，培养了一大批致力于科学救国的栋梁之材，在 1999 年获得“两弹一星”功勋奖章的 23 位科学家中，有 9 人是他的学生，2 人是他学生的学生，还有 2 人的事业也与他有着密切的关系，包括中国科技界“三钱”中的钱学森和钱三强、“原子弹之父”王淦昌、“航天之父”赵九章、“光学之父”王大珩等。“我们的大学只要有一批敬业、乐业、爱才、识才且热心育才的高素质教师，就一定会人才辈出、事业兴旺。”

（三）学风：内涵式发展的氛围

高等教育经历了以规模扩张为标志的外延式发展之后，逐步进入以深化内部改革、实现科学发展为目的的内涵式发展阶段。在高校整体推进内涵式发展的新形势下，学风建设工作也必将被赋予新的使命。首先，良好的学风能够建立稳定的教学秩序和良好的学习氛围，为学生系统学习科学文化知识、掌握专业技能、步入社会立业打下坚实的基础；其次，良好的学风可以帮助学生形成坚强的意志品质，能够使学生进行自我教育、自我管理、自我约束、自我激励、自我调节，具备较强的社会适应能力；再次，良好的学风能够影响学生树立正确的学习观念，养成勤学善思、善于钻研、开拓创新、终身学习的好习惯，成为顺应时代的新型劳动者；最后，良好的学风可以有效提升学生的思想道德素质和科学文化素质，使学生能够把自我价值的实现和社会责任结合起来，成为引领和推动社会发展的人才。

优秀的校园文化既对学风建设具有导向作用，也为学风建设提供载体与保证。内涵丰富的校园文化会对学生产生持久而深远的影响。在它的浸润下，无须刻板的说理，学生便能够感受和体验到一种无声胜有声的教育力量；在它潜移默化的熏陶下，学生才会积淀起深厚的人文底蕴，拥有广阔的胸怀和视野，激起学习和创造的激情和渴望，从而在校园内形成崇尚科学、追求真理、勤奋进取、勇于探索、大胆创新的良好学术氛围。

科技文化活动是丰富校园文化的生动展现。活跃的科技文化活动是校园文化的一道亮丽风景，是学生课堂学习的有益补充，学生对这类活动的参与热情、参与面、关注程度等可以从侧面反映出学校的学风状况。通过历届学生传承的品牌活动更能够生动体现学校的内涵和特色，凝聚全体学生的认同感，推动整体学风的提升。

（四）特色：内涵式发展的路径

大学内涵式发展应各有千秋、各具魅力、各领风骚，突出个性化发展观念，依据自身的文化积淀、学术传统、学科特色，以及地区和行业特色，依据自身的办学条件和当地经济社会发展现状对大学发展所提出的要求，形成本校发展的个性化的指导思想，确定工作基本思路和重点。近十二年来，在我国大学规模不断扩张的过程中，存在着办学目标、学科结构趋同现象。一些地方高校片面向综合性大学看齐，与地方经济社会发展相脱节，没有特色，缺乏个性，导致发展水平不高、发展后劲不足。当前经济发展、市场需求迫切要求大学从千校一面转移到个性化发展的思路上来。特色立校、特色兴校、特色强校是高等学校走内涵式发展的关键。目前国内外一些知名大学已经形成自己的个性化发展特色，比如：牛津大学的导师制，哈佛大学的学分制，中国人民大学的“人文”特色，兰州大学的西部“地域”特色。这些特色都为学校的生存和发展注入了持久的生命力和提供了广阔的发展空间。

教育部高等教育司前司长张大良指出：“各个高校自身要科学定位，各个高校要坚持特色发展，确立符合自身实际的发展目标，在国家高校分类体系当中找到自己的位置，要结合服务面不断调整，确立学科专业建设、人才培养类型等方面的发展内容，增强服务国家和地方经济社会发展的能力，真正做到合理定位。如果我们现有的2263所高校都能够注重合理的定位，办出特色，我想我们就有希望形成一个百花齐放、各具特色的高等教育体系，形成百舸争流、充满活力的高等教育的格局。”我国高等教育走内涵式发展之路，办出特色的另一个表现就是把服务地方发展作为学校本身发展的切入点。要立足自身实际、立足地方需要，让高校成为繁荣地方文化、促进地方经济发展和社会进步的一支力量。

目前，我国大学千校一面的现象比较突出，学校毫无个性，存在特色不明显，部分专业与社会实际脱节、服务能力不强等现实问题，做好服务地方工作无疑是一条走高校内涵式发展的有效路径。

四、高等教育内涵式发展的客观环境

我国高等教育历史相对较短，大体经历了恢复与创建、缓慢发展、蓬勃发展和创新发展四个阶段。几十年来，中国高等教育经历了从无到有、从小到大、从弱到强的成长过程。经历了几十年的蜕变，我国高校已经进入了以质量提升为核心的内涵式发展阶段。质量成为评估、评价和衡量学校资质的重要标志。2005年，前教育部长周济在全国高等教育招生计划工作会议上指出，高等教育工作的战略重点要进行转移。把高校发展从规模数量扩张转移到质量的提高，走内涵式发展的道路势在必行。高等教育的内涵式发展，满足我国目前社会形势的需要，主要表现在以下三个方面。

（1）中国经济和社会的发展需求。中国经济在近年来始终保持一个高速发展的状况，经济全球化成为时代最显著的特征。高新技术进步对产业结构调整导致劳动力市场和产业人才需求及人才的能力要求发生显著变化，从而产生大量的对高教育程度的需求，由粗放型的发展需求转向对高等教育的内涵式发展的需求。

（2）发展和谐社会的要求。经济发展和社会需求导致人们对高等教育数量及教育质量的高要求。如何增加高等教育的教育供给，即保证高等教育的规范性、科学性、可持续性发展，成为摆在我们面前的一个紧迫的课题。而教育和谐就是努力实现人们现实存在的教育需求与教育供给之间的均衡，内涵式发展模式无疑对解决该问题有着举足轻重的作用。

（3）教育公平性的要求。随着社会的发展，人们对教育的需求层次不断提高。“一张文凭”和“高学历”已经成为越来越多人追求的目标，因为它直接关系人们的职业选择、经济收入、社会地位及人们知识型文化消费需求的满足程度和满意度。然而伴随着高等教育如火如荼地展开，也显现了种种矛盾，即社会对高技能人才的强烈需求与高校毕业生就业弱势的矛盾，入校人数的激增与教育质量受影响的矛盾，毕业生就业难与用人单位招不到可用人才的供需矛盾，高等教育多样化需求与院校间千校一面的“趋同化”趋势的矛盾等。因此高等教育的内涵式发展成为必然。

五、高等教育“内涵式发展”的现实诉求

纵观我国高等教育发展形势，总结出如下发展特点。

（1）东行西效，高等教育发展呈现区域梯度推进的特点，呈现以点串线、以线带面、由东向西逐级推进的发展趋势。第一阶段，高等教育发展的重点在东部经济发展较快地区；第二阶段，高等教育发展开始强调多种类型，区域逐步从东部向西部拓展开来；第三阶段，高等教育全面铺开，高等教育与地方社会经济发展和人民群众生活联系密切。

（2）从无到有，高等教育政策法规体系逐步完善。起步时期，我国没有针对高等教育的专门法规，都是在一点一点的修正中伴随着高等教育的发展逐步在实际过程中出台并完善的。国家法律法规、地方性法规和政策性文件和体系建立，是保障高等教育健康有序发展的关键。

（3）自外而内，高等教育发展重点逐步转向内涵建设。高等教育从萌芽到扩张的发展阶段，不同程度地留下“外延扩展”的印记。从 1980 年到 2000 年的二十年间，教育部和地方教育部门出台的文件和政策，一直比较关注高校数量的增长，以满足社会经济发展对人才数量的需求。外延扩张营造出高等教育的极大繁荣发展的局面，但其急速扩张背后又隐藏着巨大的生存危机。人们逐渐用更理性的眼光去重新审视规模扩张后的高等教育并迅速作出判断和调整。

（4）走向多元，高等教育功能开始得到全面拓展。随着高等教育规模扩大，其功能也逐步趋向多元化。这一特性在高等教育蓬勃发展的第三阶段凸现出来。一些院校的科研成果已在经济建设一线得到应用，促进了高等教育科研开发领域的发展。

第二节　高等教育内涵式发展的概念

目前与内涵式发展相关的概念主要有“内涵发展”“软实力”“核心竞争力”“核心发展力”等。其各自既有相同的内涵元素，也有不同的外延侧重。

一、“内涵发展”概念分析

发展是量的积累，更是质的飞跃。发展的根本在于事物的内在矛盾。矛盾的展开既是外延的拓展，也是内涵的丰富。“内涵”与“外延”属于逻辑学范畴，原指概念的两大基本属性。内涵指概念所反映对象的本质属性的总和，即指对象质的规定性；而外延则是指具有该属性的事物对象，即所指对象的范围都包括什么，指对象量的规定性。

在学校改革与发展中使用内涵和外延这两个概念，更多的是从隐喻的意义上来讲的。内涵发展是以高等教育的内部因素作为学校发展的动力和资源。其主要有以下几方面的含义：一是相对于规模发展的质量发展，二是相对于粗放发展的精细发展，三是相对于同质发展的特色发展，四是相对于模仿发展的创新发展。加强课程建设、优化专业结构、贴近市场并提供市场需要的优质教育服务，是内涵发展的主要内容和建设方面。只有软硬兼施、外力与内涵并重、传统与变革并举、做大与做强并行，学校才能真正步入可持续发展的轨道。

二、“软实力”概念分析

1990 年，哈佛大学肯尼迪政治学院院长、美国国防部前部长助理约瑟夫・S. 奈教授在研究国际关系时首先提出软实力的概念。根据他的观点，一个国家的综合国力既包括经济、科技、军事领域的硬实力，也包括文化的吸引力和感染力，以及对外政策、意识形态和政治价值观的吸引力等软实力。

如今，软实力的概念已被越来越多的人所接受，但对其内涵的理解却不尽相同。特别是当把软实力这一概念引入当代高等教育领域之后，更需要我们以多元的视角、超越的思维去解读和把握其丰富的内涵与外延。在这一方面，国内学界及时跟踪和探讨，进行了多角度、多层面的研究。目前，国内学者对高校软实力的理解和把握呈多元视角。有学者认为，软实力是学校的价值理念和内在品质，是学校的整体精神风貌，是学校办学的综合实力和核心竞争力的重要组成部分；也有学者认为，高校软实力是“一种内涵、一种文化、一种能力”，高校软实力是特殊的学校文化，是高校精神、理念、制度、校风、传统等多种因素的综合体现；还有学者认为，高校软实力是一所学校在建设和发展进程中，在实现知识传播与生产、人才培养、科学研究、社会服务等功能时，通过教育理念、办学传统、办学特色、院校精神、发展战略、学术声誉、精神风貌、文化氛围、社会形象等要素综合表现出来的精神力量。

软实力昭示一种崭新的发展路径，在提升综合实力方面开拓了人们认识事物的新视角。学校的软实力主要由六个要素构成：政治力、育人力、创新力、文化力、服务力、信息力。软实力重在一个“软”字，其本质就在于它是基于高校硬实力基础之上的、反映并反作用于硬实力的、具有高等教育鲜明特色的精神要素的合力。软实力蕴含着极其丰富的隐性资源，直接反映高校的办学理想和价值追求，体现高校的现状和可持续发展的潜力，是高校立校和发展的核心动力。这种“软”的力量具有极强的扩张性和传导性，同时又具有独特的文化感染性，并主要通过影响力、吸引力、认同力来表现。提升软实力是高校走特色发展道路的现实诉求和高校突出竞争重围的根本出路。

三、“核心竞争力”概念分析

1990 年，美国密歇根大学商学院教授普拉哈拉德和伦敦商学院教授加哈·默尔在其合著的《公司核心竞争力》一书中首先提出核心竞争力的概念。这个概念的产生与企业的长期竞争有着密不可分的关系。随着核心竞争力的概念由企业领域延伸到教育领域，我国学术界对于核心竞争力的概念有不同的见解。目前学术界代表性的观点可概括为知识观、技术观、资源观和优势观四种。

（1）知识观认为，核心竞争力是以大学基础设施为依托、以大学精神为共同愿景，在办学理念、组织管理、学术团队、校园文化，以及外部资源等竞争力诸要素协同作用下形成的，是大学内部一系列互补的知识和技能的组合。它具有使大学达到国内甚至世界一流水平的能力。

（2）技术观认为，核心竞争力是以技术能力为核心，通过对战略决策、课程设置与实施、组织管理、科学研究及其成果产业化等的整合或通过其中某一要素效用的凸现而使学校获得持续竞争优势的能力。

（3）资源观认为，核心竞争力是主体对大学资源有效运作产生的，是大学的优势资源以自身独有的核心能力为支撑点在履行教学、科研、社会服务三大职能中运作自身资源所形成的整体。

（4）优势观认为，高等教育具有的特色和优势来源于高等教育独特的办学理念、教育方式，是难以为其他教育类型所模仿的，是高等教育长期形成的、蕴含于高等教育内质中的、能促进高等教育资源聚集的、支撑高等教育发展竞争优势的、使高等教育在长时间的内在竞争环境中能取得主动的优势能力。

上述关于学校核心竞争力的认识虽不尽相同，或者还存在质的差别，但至少有一点是共同的，即认为核心竞争力是组织内部富有个性化的、整合的、复杂的能力体系。而关于学校核心竞争力的特征，学术界的观点基本一致，认为大学核心竞争力具有技能独特性、资产专用性、不易模仿性、价值可变性、动态发展性，只是表述略有不同而已。其构成要素均包含技能、知识、组织及环境这四大要素及围绕这些要素而产生的各种关系。作为决定教育组织长时间在竞争中占据优势的核心能力，教育核心竞争力具有以下内涵：一是教育核心竞争力是教育规律与教育实践的有机统一，二是教育核心竞争力是局部优势与整体实力的有机统一，三是教育核心竞争力是继承传统和改革创新的有机统一，四是教育核心竞争力是理性竞争与全面合作的有机统一，五是教育核心竞争力是坚持共性与彰显特色的有机统一，六是教育核心竞争力是追求理想与直面现实的有机统一。

四、“核心发展力”概念分析

核心发展力这一概念是针对经济至上、条件至上、竞争至上的论点而提出的，更符合我国高等教育的发展实际，符合社会整体的发展和时代的要求。目前就核心发展力以下有三种观点。

（1）“源动力说”：核心发展力是高校发展的根本要素，是高校发展的源动力，是一种源于高校内部能促使高校成为自主、自为、可持续发展的文化主体的能力，可以说就是高校这个生命体的DNA。

（2）“优势能力说”：高校以其一定的办学资源条件为基础，通过制定科学的发展战略、教育教学活动、组织管理、科学研究与成果转化、文化建设等要素的优化组合而形成的持续发展优势的能力。就不同的学校而言，核心发展力一般是指“同质更优而异质独占的能力”。具体到学校，核心发展力是在学校整体发展中起核心作用的发展能力，一般表现为创新能力、内部团结协作能力、外部关系协调能力和其他能力。

“基础能力说”：核心发展力是在高校发展过程中长期培育和积淀而成的、孕育于高校发展历史和校园文化、与高校自身牢固融合而难以被模仿和替代的一种基础性能力，是高校可持续发展的关键能力，是最重要、最本质的能力，是高校生存与发展的根本力量。

无论哪种观点，均不难看出，高校核心发展力是基于组织理论提出的。组织实际上是一种能力的整合。高校作为组织具有类企业性，更具有学校组织的特殊性。其核心发展力具有不易被其他社会组织所模仿的个性特征。基于这一组织理论，高校核心发展力提升必须体现组织的文化性、特色性，具有战略性、独特性、系统性、动态性这几大特点。从内涵角度分析，其由八个方面的要素构成，即办学条件、师资队伍、科学研究与成果转化、结构化程度、学校管理、校园文化、办学特色和对外开放程度。

五、几个概念之间的关系分析

尽管与内涵式发展相关概念的表述不尽相同，但其核心内容具有很大的交集。这对于我们更好地理解内涵式发展的内涵要素与结构逻辑关系，具有很强的借鉴意义和比较价值。

（一）内涵式发展与内涵发展

在研究内涵式发展问题之前，我们先来厘清“内涵式发展”和“内涵发展”这两个概念。不少人把内涵式发展说成内涵发展，这是不恰当的。从逻辑关系看，“内涵发展”是相对于“外延发展”的，高等教育的“内涵发展”和“外延发展”是指“高等教育”这一概念的内涵的深化与外延的拓展。从实践层面上说，发展更倾向于表述动态的演变过程，在很大程度上是科学发展观在学校发展过程中的运用与体现，本书所界定的“内涵式发展”是借用概念的基本属性来说明高等教育发展的形式和途径，更多的是从实践层面对高等教育发展内容和发展路径的探讨。内涵式发展是高等教育实现内涵发展的必由之路和必经阶段，内涵发展是高等教育内涵式发展进程的主要内容和核心要义。促进高等院校发展的元素很多，其中质量和效益是反映高等教育内涵式发展的主要内容和主要指标。以质量为主导的发展是对以往以数量为主导的发展的深化，但这并不意味着从数量上限制增长，而是以保证质量为前提的扩张。可以说，内涵式发展反映学校教育发展的本质，符合均衡、协调和可持续的科学发展规律。

（二）内涵发展与核心发展力

高等职业院校的核心发展力与内涵发展，二者之间存在相辅相成的内在关系。核心发展力的本质就是内涵发展。在一定的办学规模基础上，高等职业院校的核心发展力主要依靠内涵发展来提升和增强。高等职业院校只有靠内涵发展，才能具有可持续发展的优势和能力。学校的内涵发展达到更高的水平，其综合实力就会上一个新台阶，学校的核心发展力就会得到进一步提升和增强，进而体现出明显的竞争优势和良好的发展态势。

内涵发展是提升和增强核心发展力的重要途径，二者的内涵具有高度的一致性。其一致表现为两者之间具有明显的因果关系。因此核心发展力的构建与增强，必须以内涵发展作为基础。高校唯有把改革与发展的重点放到内涵建设上，学校的核心发展力才会不断增强。

（三）核心发展力与核心竞争力

核心竞争力的本质是强调外延扩张，而核心发展力的本质是文化，根本使命是培养人，培养有文化的人，追求人才培养质量和社会效益的最优化。这是二者的本质区别。核心发展力与核心竞争力体现为发展上的不同价值观。核心发展力受发展观引领，尤其是科学发展观对核心发展力的引领是高等职业院校健康发展的规律性要求；而核心竞争力受竞争发展观引领；但竞争发展观并非总发展观层次的价值观，而是比总发展观低一层次的价值观。因此，核心发展力较核心竞争力的概念相比处于上位，核心竞争力只是核心发展力的一部分，而非全部。

核心发展力中除竞争力还有合作能力，以及把竞争、合作与其他方面的能力综合在一起而形成的整合力。核心竞争力只是在特定历史时期社会发展大背景下，经济体制与政府决策等因素对学校定位和培养目标的特殊要求。不同时代的核心竞争力包含着不同的内容，而核心发展力的内容更深邃、构架更牢固、功能更完善，是核心竞争力发展的最终指向。核心发展力与核心竞争力是“源”与“流”的关系，二者本质上都将归到“发展”二字上来。

（四）软实力与核心竞争力

随着高等教育规模的扩张，高校之间的竞争不仅表现在教育资源的竞争、发展空间的竞争，也表现在精神理念的竞争、校园文化的竞争。这种竞争不仅表现在“硬实力”上，还表现在“软实力”上。高校中的“软实力”，是构成高校核心竞争力的核心要素，是高校核心竞争力的体现。高校核心竞争力是依靠软实力创造出来的。世界知名大学既要依靠自己的软实力建设而发展壮大，也要依靠软实力去赢得世人的赞誉。当前，高校硬实力普遍得到提升，软实力提升就成为高校核心竞争力的重要体现，是提升高校核心竞争力的制胜之道。同时软实力多属于“隐性资源”，它与内涵式发展目标相一致，可以说内涵式发展就是通过提升软实力来提高高等教育质量的发展模式。

六、高等教育内涵式发展的影响因素和原因

近些年，很多学者对影响高等教育内涵式发展的因素和原因进行了探讨。首先对内涵式发展进行限制的是我国高校行政控制、条款分割、被动适应的学科专业发展体制。行政控制为主的学科专业产生、划分与配置，导致学科专业趋同、培养模式单一、人才规格同一的弊端。高校不能主动适应社会转型、经济结构调整对高等教育多样化的各种需求也成为毕业生就业难的重要原因之一。缺乏接轨国际前沿并结合中国实际的发展体制，我们的学科专业发展在本质上仍处于跟踪型阶段，学科专业陈旧、内容老

化、创新乏力的局面并没有被完全打破。其次是封闭式、超稳态、内循环的师资运行体制。表现为教师队伍整体发展的超稳态、教师来源结构的封闭性、教师资源配置缺乏市场机制平台。最后，定位趋同、分工不明、进取乏力的院校运行机制限制了高校内涵式发展。这个表现在缺乏分类管理的体制、现有财政拨款体制不尽合理、院校公平竞争机制尚未建立等方面。

马陆亭在《高等教育内涵式发展迫切需要制度攻坚》一文中指出：一是在人才培养上，教育与社会的契合影响了高等教育内涵式发展的水平。我国高等教育处于大众化发展的中期阶段，大众化教育阶段处理的是如何培养精英多样化的问题，要重视人的个性和潜能差异；高校办学模式要以体系的完整性促进学校的卓越发展，使研究型大学、行业特色大学、专门学院、地方本科院校、职业技术学院都能有自己的一流目标，探索与之相适应的教学模式、课程体系、教学内容和教学方法，提高人才培养的针对性和质量。二是政府与高校的关系。政府配置高等教育资源的方式行政化倾向严重，导致高校以行政化的方式和逻辑获得高等教育资源，缺失了独立自主的学术愿景和教育目标。教师、学者群体更多地受行政权力控制，学者的自律精神在不断丧失。三是队伍建设上，教师学术与行政的成长发展。高校要放弃“奖官提拔”的重视人才方式，杜绝“以权谋学”现象，行政不能成为学术发展的跳板。四是高校的“建章立制”工作推动高等教育内涵式发展。在政府管理、学校自身运转方面，改革的成果都可以大学章程的形式固定和规范起来。

第三节 高等教育内涵式发展的核心

党的十九大庄严宣告，“经过长期努力，中国特色社会主义进入了新时代，这是我国发展新的历史方位”。在这个新的历史方位上，“加快一流大学和一流学科建设，实现高等教育内涵式发展”是高校所面临的时代使命。高等教育要培养担当民族复兴大任的时代新人，构建新时代一流卓越人才培养体系。用社会主义核心价值观引领学生人生理想的塑造。聚焦国家未来发展对人才素质能力需求，深化人才培养改革，以育人之新适应和引领时代之新。加强实践教育，引导学生理论联系实际，在实践锻炼中增长才干。

高等教育应在服务国家战略中做出突出贡献：①面向世界科技前沿、面向经济主战场、面向国家重大需求，把国家需求转化为师生创新和发展动力；②优化学科结构，提升学科优势，促进创新成果不断涌现，在若干具有重要影响的关键领域、关键技术上取得突破，用一流创新成果服务创新驱动发展；③坚持以改革为动力，激发创新创造活力；④遵循人才成长规律、高等教育发展规律、科技创新规律，构建有利于激发师生积极性和创造性内生动力的制度和机制；⑤以中国特色社会主义文化引领高校文化创新发展，坚守共同精神家园；⑥以文化人，以文育人，营造一流育人氛围，构筑引领社会文明风尚的文化高地。

高等教育应服务经济社会发展，要进一步提升人才供给质量。高校对社会最大的贡献是为经济社会发展提供人才和智力支撑，加强高等教育内涵建设必须把提升人才培养质量作为高校发展的核心。要把质量意识落实到内涵发展、内涵建设的各个环节，渗透进知识体系创新、教学内容转化、学科建设、教材建设、实习实验、保障体系建设等基础建设中；更要将创新活动与人才培养有机结合，构建研究成果转化为教学和学科内生资源的机制，实现研究成果向社会和教学的“双转化”。

一、目前关于内涵式发展核心的几种观点

目前关于高等教育内涵式发展还没有比较成熟的看法，归纳起来，主要有以下几种提法。

（一）“人本说”

内涵式发展就是把学校教育与学生的幸福、自由、尊严、终极价值联

系起来，使教育不仅关注物，更关注人；要了解学生的成长需要，呼应学生的成长诉求，满足学生的成长要求，关注学生的成长质量，使学校不至于偏离教育的本真；同时要更加关注大学的使命担当、大学精神的培育，以及大学制度的构建，要求在办学过程中全面坚持和落实以人为本的办学理念。

（二）“校本说”

内涵式发展是指学校要在硬件改进的基础上进行相关管理与教学改革，提高办学水平与教育质量，办出特色，形成品牌，提升学校的“软实力”，使学校质量、水平、效率、效益，以及办学传统、管理文化等内核得以改进。

（三）“资源说”

要在巩固和加强现有教育资源的基础上，把高等教育的发展从注重数量转变为注重质量。要努力提高教学质量和人才培养工作的水平，办出特色。这是坚持科学发展观，大力推进职业教育快速持续健康发展的必然要求。

（四）“要素说”

是以高等教育内部因素作为动力和资源的发展模式。它是在现有高校数量和规模基本保持稳定的前提下，通过挖掘自身潜力、实施制度创新和优化结构来增强发展能力并形成发展机制，以实现不断改进教育质量、提高办学效益的发展。

二、高等教育内涵式发展的层次与要素分析

（一）层次分析

高等教育内涵式发展是“全面提高高等教育人才培养质量”实践体系的重要组成部分。依据高等教育内涵式发展从现象到本质、从表层到核心的逻辑规律，可以构成多个层次的系统。

从高校内涵式发展体系的层次上看，可以分为高等教育发展内部要素中相对于规模外延的结构布局：质量特色、办学效益等第一层次子系统；高等教育功能要素中的人才培养、产学研结合、社会服务，以及国际交流合作等第二层次子系统；高等教育内涵载体要素的专业课程、师资实训及其办学运行机制等第三层次子系统。以上三个层次的子系统构成一个有机统一的系统整体并且相互影响和相互作用。第一层次子系统是相对宏观的，是政府教育主管部门着重考量的，是当前推进高等教育集约化、集团化办学改革创新，以及推进高校区域特色发展的重要内容；第二层次子系统是相对中观的，是高校领导及院校二级管理者要着重考量的，是高校提升内涵特色质量和学校对外影响力的重要途径；第三层次子系统是相对微观的，是高校二级院系领导、专业带头人，以及专业骨干要着重考量的，是当前提升高校内涵式发展模式的重要因素，也是当前高等教育改革创新的热点与难点。

（二）要素分析

1. 宏观层面

在结构布局上，高等教育内涵式发展要求教育结构的内在合理性。一方面要积极主动地适应经济社会发展需要，改革传统高等教育象牙塔式的结构，突破盲目求大求全的怪圈，实现教育结构类型的多样化；另一方面要遵从教育规律和市场规律，根据地方产业发展的需要及人力资源的供求状况，调整专业结构，以满足经济发展对各类人才的需求。

（1）构建职责分明、特色鲜明的层次结构。高等教育办学多样化是进入大众化阶段以后我国高等教育进一步发展的关键。这种多样化是社会需求和人才个体多元化在高等教育上的客观反映，其实施取决于高校的恰当定位。只有推动高校合理定位、有效分工和相互合作，形成各具特色的人才培养、科技贡献和社会服务方式，才能形成合理的层次结构。高校主要为地方经济发展培养大量技术技能人才，应坚持“职业化”定位，在办学理念和办学模式上，走一条以社会需求为导向，以特色求生存，以培养发展型、复合型、创新型技术技能人才为目标的独特办学路径；应探索通过市场运作，优化资源配置，开展各种形式的高等教育和培训，走规模化发展之路，为地方产业转型升级和企业技术创新服务。

（2）构建优势明显、科学合理的专业结构。高等教育应建立与地方产业转型升级结构调整相适应的专业结构，提升传统专业，充实新建专业，发展特色专业。高校应以专业为依托，以科研为支撑，形成科类齐全、结构合理、效果显著、特色鲜明的专业体系，大力增强人才培养的社会适应性，根据重点发展的产业领域确定重点发展的专业。专业布局设置是内涵建设的核心，高校专业设置的特色性和品牌化直接影响着学校生源质量和毕业生就业竞争力，所以专业建设是高校办学特色的集中体现。面对区域经济结构的转型升级要求和院校之间的专业布点趋同特点，在新一轮发展规划中，高校专业布局必须突出区域性、特色性、错位性，高度融合企业、行业、产业、职业的基本元素，按照“撤并、保改、新增”的原则加强专业建设和改革。现有专业该撤的要撤，该并的就并，保留下来的也必须改革和完善。专业建设与改革的目的，就是要使高校培养的毕业生能够成为行业、企业的首选。

（3）办学质量和特色是高校内涵建设的重点。其中质量是根本，特色是灵魂。教学质量是学校教学工作和其他各项工作的生命线，必须确立质量第一的观念，坚定不移地做到以质量求生存、求发展。办学特色是在办学过程中逐渐形成的，包括人才培养特色、专业特色、科研发展特色和校园文化特色等。高校必须以特色立校、以特色强校、以特色兴校。

（4）高等教育规模与办学效益的辩证统一。规模经济理论认为：当生产规模扩大时，产出增加的比例大于成本增加的比例，便是规模经济；反之，规模扩大时，产出增加的比例小于成本增加的比例，便是规模不经济。教育投入以单位学生成本计算，产出则以毕业人数计算。当毕业人数增加的比例大于单位学生成本增加的比例时，便是教育规模经济；当毕业人数增加的比例小于单位学生成本增加的比例时，便是教育规模不经济。

显而易见，一方面，学校规模过小不能充分利用资源，单个学生分担的资源成本就高；另一方面，规模过度扩张并不一定就能导致效益的同步增长。所以高等教育只有保持规模适度，实现规模与效益的同步增长，保证质量的稳定提高，才能实现效益的良性循环。

2. 中观层面

人才培养，创新人才培养模式是提高高校人才培养质量的关键。高等教育人才培养模式必须坚持以人为本，以学生为主体，以社会需求为导向，努力培养学生的专业能力、就业能力、创新意识和社会适应能力。当前，我国区域经济存在较大差异，创建灵活多样的人才培养模式是高等教育的必然要求。各地高等院校针对区域人才培养需求，探索出一些实用性强且特色鲜明的人才培养模式，如“订单培养”“2+1”“项目化教学”“校企合作”“学工交替”“工学结合”等人才培养模式。各地高校还应继续加大科研力度，创新培养模式，以适应经济社会发展对人才培养的需求。学校在规划学生主体的质量形成轨迹时，应结合不同专业特点，细化人才质量技术和技能标准，强化实现措施，并以此来指导办学。同时要注意培养人才的“特色”。从某种角度来讲，学校培养的人才也是一种社会商品，而“特色”属性则是市场经济下“畅销商品”的重要属性。因此，高校在实施内涵式发展进程中，必须要以“强调学术、重视技能、关注创新、兼顾人文、综合发展”的办学方针来指导学校的建设和发展。

3. 微观层面

(1) 专业课程建设在内涵式发展系统中居于核心地位。专业建设要围绕区域经济产业发展，调整优化专业设置和布局结构，建立动态调整机制，重点建设需求调整旺盛、社会服务结合紧密、人才培养质量高的专业，全面提升专业建设的整体水平。专业建设的过程管理要基于项目化管理和投入，在专业规划设计、专业建设标准、内涵规范管理、对应产业发展和人才需求等方面形成项目化管理和投入的长效机制。要加强专业核心要素建设，深化课程改革，继续推进一体化课程的实施，把企业培训融入实训课程，在职业资格标准与课程开发上实现紧密对接并纳入考核；基于项目化管理，进行国家级、省级、校级专业教学资源库体系建设，推动学校信息化建设。积极聘请社会评价机构，提升专业设置结构和布局分析和毕业生就业与能力测评方面的广度与效度，以此促进专业课程建设的整体发展。

（2）学术文化是高校内涵式发展的根本，是高校赖以生存的核心理念，也是大学校园中隐形的心理环境和良性氛围。学术文化实际上是一种在大学的历史继承与现实发展中酝酿出的独特的心理环境氛围。大学是一个社会组织，也是一个场域。学校的学风、教风和校风，学校文化和环境，学校师生员工的精神面貌和社会舆论氛围等共同构成了这个场域。在学科文化与校园文化的融合中，身在其中的教师、学生和管理者都能感受到这种场域的氛围并自发地建设这个场域和为这个场域提供能量。这里学术文化的“学术”并非指传统意义上的科学研究，基于教学的学术和以学术为旨的服务都是学术的发展点。高校的内涵式发展，要以学术为本，要强调高校内涵式发展的核心价值理念，增强高校学术文化自觉性，促进高校内部强烈的文化氛围，这样才能更好地抵御经济发展市场化给高校发展带来的负面影响。

（3）构建质量文化，加强高校的教育质量管理。实施高等教育内涵式发展，质量是永恒的主题。提高教育质量，要以管理为纲，以学习为网，形成常规管理和分析决策的合力。质量源于管理，对高校学生的教育课程安排、课堂监督、常规检查、活动布置、学业检测等教学管理层面要坚持以学生为本。通过科学合理的数据分析，在研发课程、学术讨论的过程中充分考虑学生的特点并与教学目标紧密结合。在主抓教学活动的同时，要加强教师素质的提高。一方面对教师要强调创新与实践并重；另一方面，要加大对教师的培训力度，开拓教师的学术视野和教育水平。在构建学校新的质量文化，在学术知识体系和能力体系的形成中，要勇于接受新的价值理念，保障学生的素质教育的实施，以人为本、全面育人，全面提高教育质量。

三、高等教育内涵式发展的内涵界定

1. 高等教育“内涵式发展”的概念

高等教育的“内涵式发展”即指高等教育立足自我，通过充分挖掘自我潜力增强核心发展能力并形成科学合理的发展机制，以不断改进和提升高等教育的教学质量、办学效益和人才培养质量，实现高等教育全面、协调和可持续发展。内涵式发展强调的是结构优化、质量提高和实力增强，主要通过内部的深入改革激发活力，对内增强高等教育的自我调整、自我约束和自我强化能力，对外增强高等教育对外部市场的适应力、吸引力和竞争力，从而全面提升高等教育自我发展的综合能力，实现高等教育实质性的跨越式发展。

2. 高等教育“内涵式发展”的内涵

（1）从高等教育内部要素来看，主要表现为规模、结构、质量和效益之间相互依存、相互协调。在教育大众化和国际化背景下，高等教育经历种种冲击，其办学理念、运作思路在急剧变化中难有清晰的定位与走向。实施内涵式发展战略，必须树立和落实科学发展观，转变观念，统一思想，正确处理教育规模与办学效益的关系，坚持规模适度、质量为上，实现规模、结构、质量和效益的协同发展。规模适度是内涵式发展的前提与基础。学校的内涵式发展必须建立在规模效益同步增长的基础之上，实现办学规模与办学条件、办学目标相适应，最大限度地发挥现有资源效益的规模就是适度的规模。质量是学校的生命线，是立校之本、强校之源。在有限的资源条件下，集中人力、财力、物力真正用于提高学校的教育教学质量上，以重点突破带动全面提高，才能真正实现高质量的办学水平与发展态势。

（2）从高等教育功能要素来看，主要表现为教学、科研、社会服务和国际交流合作间互相促进、效能互补。自 11 世纪欧洲创立大学以来，大学社会功能的变化大体经历了单一培养人才、人才培养与科学研究并举，以及人才培养、科学研究和社会服务三项功能兼具的三个阶段。当前，社会服务功能正在成为大学功能中新的增长点和竞争的战略高地。硅谷、剑桥、中关村等迅速崛起的科技园、工业园，无不是凭借大学和科研机构的学科优势、人才优势、创新活力和文化氛围，以科技企业为龙头，以产学研结合为特点，成为世界最有活力的创业基地。而国际交流合作是内涵式建设的重要内容，加强国际交流与合作是高等教育适应经济全球化要求和国家“走出去”发展战略需要的必然选择。从功能角度来说，高等教育的内涵式发展就要推行产学研一体化，提升社会服务能力水平，处理好教育的“国际化”和“本土化”的关系，从而提升我国高等教育的国际知名度和国际化水平。

（3）从高等教育载体要素来看，主要表现为专业建设、师资队伍建设及院校管理体制合理有效、开放灵活。专业建设是高等教育与社会需求的契合点，是实施高等教育人才培养模式和实现人才培养目标的载体，也是高等教育办出特色的关键。在内涵式发展过程中，高等院校必须在已有实践的基础上加大专业改革力度，加快专业建设步伐，突出学科特色和优势，凝聚起社会对高等教育的新共识。

现代管理学认为，管理有三个层次，一是规范化；二是精细化；三是个性化。高校管理的目的是通过科学的管理机制和手段最大化地激活人力资本，从而把成效落到教学质量和办学效益上。在经济全球化、教育国际化和大众化的大背景下，在参与国际竞争的过程中，高等院校应该以开放的心态学习借鉴任何一所高等院校的成功经验，特别是管理方面的科学理念、方式方法等。但也不能生硬照搬、盲目借用，应该根据自身的实际情况定位，塑造良好的管理理念，形成个性的文化品格，在竞争中持续、快速发展。

（4）从高等教育的理想追求和价值判断上看，应注重以人为本，创新校园文化，提升校园文明，培养大学精神。校园文化的本质是对师生的发展需求的把握，是对师生的存在价值给予终极的关怀，从而使师生自然而然地成为这个文化有机体的一部分。不同高校具有不同的文化特质。使高校形成自己独特的学校精神、价值追求和文化品位的过程既是文化熏陶的过程，又是高等教育发展成长的过程，同时也是高校自我实现和价值提升的过程。

3. 高等教育“内涵式发展”的外延

（1）高等教育内涵式发展是发展方式的转变。高等教育内涵式发展不是对过去内涵发展模式的简单重复，而是一种“扬弃”，是事物从一种“质”向另一种“质”的飞跃。以往以数量增长为主导衡量指标的发展观念仅是对“外在”的衡量，仅仅反映规模扩大，不能反映规模扩大的结果。因此，在很长一段时期内高等教育发展将由以规模、土地、经费等外部动力和资源模式向以质量、结构、效益等内部动力和资源模式转型。

（2）高等教育内涵式发展是一个实现高等教育和高等教育的功能拓展与功能转变并存的动态过程。高等教育内涵式发展是一项着眼于未来功能拓展、凝练远期的办学理念和实现可持续发展的长期的、系统的工程。高等教育的区域化、国际化和终身化发展趋势引导高校应始终注意面向地方和区域经济发展、融入地方和区城建设，不断创新，实现功能拓展。同时在学校现有条件下，通过各种途径，充分整合内部资源，深入挖掘和形成学校内部的发展潜力和发展机制，使高校从内部迸发出勃勃生机，形成办学特色，实现可持续发展。

（3）高等教育内涵式发展本质是一种以人为本的自主型发展。在全球信息化、高科技背景下，新技术、新工艺、新产业、新职业将会不断出现，适应发展的专业人才将出现短缺。这就提醒高校积极寻找新的生长点，“以少变应多变”“以自变应他变”，面向社会各行各业的一线培养高素质专业人才。可以说，内涵式发展过程中高等教育将逐渐摆脱外在功利目标的束缚，逐渐向高等教育的本质回归，即回归到发现人、发展人这个使命上来。这个回归以认识人为基础，以尊重人为目标，认识人是为发现人，尊重人是为发展人。当高等教育真正确立和实现发现人和发展人的目标后，高等教育即真正实现自主性发展。

第四节　整体推进高校发展内涵
——构建创新型高校

在日趋激烈的全球化竞争的新形势下，高校只有认清形势，瞄准市场，科学定位，坚持依法办学、开放办学、特色办学，在资源配置方面积极争取政府支持，抓住机遇，加快与社会接轨，立足自立自主自强，力行守正务实创新，追求内涵特色品质，才能不断提升学校的办学水平和综合实力，既为社会发展做出更大贡献，又能提升学校的社会地位，拓宽学校的发展空间，实现质量、结构、规模和效益的协调，加快发展。创新是改革发展的不竭动力。竞争体制下，同一个政策、同一个空间、同一片蓝天，谁不断自我革新和自我超越，谁就会走在前面，就会把握发展的领先权和制高点。办学理念是对学校办学根本问题的理性认识，是一种办学思想、一种办学共识、一种办学氛围，是学校精神内涵的集中概括。在高校自主办学权不断扩大的新形势下，学校的办学理念直接决定学校的发展命运。要创新人才观念，树立“以人为本”的办学理念。人才资源是最宝贵、最持久的能动性资源。高等教育的人才竞争，不仅面临着个体和群体的素质竞争，而且面临着战略层面的竞争。因此，学校要从战略高度认识人才重要性，制定人才发展战略，树立以人为本的办学理念，努力营造有利于人才引进、培养、使用的环境和氛围。

一所学校的发展应当立足于三个背景，即时代背景、区域发展背景和教育改革背景。上海市上海中学在教育综合改革的背景下，提出了构建世界一流的研究型、创新型基础教育中国名校的目标。目前国内关于研究型、创新型普通高中的探索研究还属于一个新的领域。从内涵来看，“研究型”本质上就是营造一种研究的氛围，而这种氛围则基于学生的课题研究和教师的课题研究。“创新型”本质上是构建大量平台，激发学生与教师的不断创新。在这一目标的指引下，高中课堂教学也在呼唤适应时代发展需求的学校课程体系的建设，迎接科技发展等带来的挑战，推进教学方式与手段的多样化探索。

古语云：己欲立而立人。学校领导首先要立身于德，以诚待人，以德服人；要爱岗敬业，笃行创业，精业于勤，取信于绩；要勤政立身，廉政洁身，为民躬身；要理必求真、事必求是、言必求信，以领导的凝聚力、感召力和亲和力，创建人性化的工作环境和生活环境，吸引人才，用好人才，留住人才，为学校新一轮跨越式发展和参与更为激烈的教育竞争积蓄人力资本。要创新管理理念，建立“职权匹配”的管理机制。职权匹配，是现代管理理论中的一条金科玉律。管理有一种无形的力量，但这种力量是通过各级管理者体现出来的。只有适当、适度下移权力重心和管理重心，层层明确职责，层层落实责任，一层对一层负责，增强职能部门在管理中的主体地位和实体特征，才能构建规范、灵活、高效的工作机制，真正提高管理效率。在职能设置上，要切实落实责、权、利三统一，刚性设置组织目标和机构，柔性配置人员，集权民主、分权有序、授权有章、用权有度。在用人机制上，要做到爱惜人才、任人唯贤，用人之长、容人之短，尊重、关心每一个职工，让每一个职工感到自尊、自信和自豪，感到只要自己努力，就有发展空间。在财务管理上，要广开财源，量入为出，规范管理，花小钱办大事，少花钱多办事，集中财力办大事、办实事，从而盘活办学资源，激活人力资本，为学校发展提供动力源泉。在高等教育不断推向市场，生存发展完全依靠自身实力的情况下，高校只有立足内涵、充实内涵、拓展内涵，才能长久立于不败之地。

拓展内涵，要以教学为本，以质量立校。联合国教科文组织在《21 世纪的高等教育：展望和行动世界宣言》中明确指出，教学质量是一个多层面的概念，是一个事关高等院校生死存亡的要害问题。培养高层次、高质量、高水平的人才，始终是学校的根本任务。社会评价一所高校优劣的基本标准，主要是看其所培养人才的数量和质量，以及人才现实的创造力、适应力和潜在的发展力。高校要扎扎实实地突出教学中心地位，全面提高教学质量，写好主题曲，唱响主旋律，打好主动仗。作为目前以培养大专层次的应用型人才为主的高校，要抓好“两块”，提高“两率”，即加强基础性理论教学和实践性教学，提高就业率和“专转本”的升学率。

拓展内涵，要以学生为本，以管理立校。学校要以学生为中心，坚持教育教学围绕学生转，机关后勤围绕教师转，一切工作围绕教学转。增强以学生为主体的素质教育意识，尊重个性，强调知识与德行的统一，培养“为人”与“为学”合于一体的人才。学校管理要创新教育教学管理机制。学校要强调开放，重在引导，促进管理体系由封闭式向开放式转变，管理制度由约束型向激励型转变，管理方式由过程型向目标型转变，管理方法由行政化向民主化转变，监督体系由“末端检验或随机检查”向“过程监控”转变，加快构建激励型管理机制和科学的评价体系。

拓展内涵，要以师资为本，以学科立校。提高师资队伍的整体素质，队伍建设是基础，师德建设是核心，素质提高是关键，结构优化是根本。学校既要抓现有师资的培养提高和潜能的发挥，又要抓优秀教师的引进，加快优师集聚。应用型人才培养，还要加强“双师型”师资队伍建设，提高教师的现场示范能力和实际操作能力，努力建成一支既具有教授的学术素养又具有工程师的动手能力的“双师型”教师队伍。应用型高校必须重视和加强科研工作和学科建设，跳出普通科学研究的框框条条，寻求独特的研究视角，结合应用型教学的特点，加强学科与应用的联系，进行有特色的研究与探索，在相同学科的科研领域，寻求自己独特的研究空间。

一、构建创新型高校组织管理结构

学校管理，要创新教育教学管理机制。学校要强调开放，重在引导，促进管理体系由封闭式向开放式转变，管理制度由约束型向激励型转变，管理方式由过程型向目标型转变，管理方法由行政化向民主化转变，监督体系由“末端检验或随机检查”向“过程监控”转变，加快构建激励型管理机制和科学的评价体系。

（一）坚持以人为本，处理好人与规范化管理的关系

学校管理既要规范又要人本，既要法治又要德治、情治。如过分强调“人本化”管理，“规范化”则被削弱，学校管理就会无序；如过分强调“规范化”管理，“人本”就会被忽视，就会出现师生和管理者思想相悖，学校人心涣散，缺乏活力。师资队伍是高校实施创新创业教育的要素，同时，师资队伍建设也是高校内涵式建设的重要基础。在内涵式发展视域下开展大学生创新创业教育，需要建设一支具有创新创业素养的师资队伍。目前，从总体上来看，“我国高校创新创业教育教师队伍数量严重不足，知识结构不能满足创新创业教育多学科性质的要求，同时，师资资源缺乏整合和统一组织协调”。

基于上述认识，我们在制定学校管理规范时，力求在建立人本化与规范化和谐一致的基础上，正确处理好德治、情治与法治的关系，使其和谐统一。凸显德治、情治的作用和效能，使之与法治相得益彰，提高管理水平与实效。学校领导者和管理者在法治的同时做到以德服人、以情感人，才能最大限度地调动和激励师生员工的积极性、主动性与创造性，实现“以人为本”的和谐管理。学校实行专职和兼职相结合、固定编制和流动编制相结合、相对稳定与动态调整相结合的实践教师队伍管理机制，建立一支实践教学、理论教学和科学研究互通，核心骨干相对稳定，爱岗敬业、团结协作、勇于创新的实践教学团队，才能有力保证实践教学质量。

（二）建立机制，坚持精细化管理

“十年树木，百年树人”，教育教学工作是需要持之以恒、坚持不懈的工作。为此，学校的领导者必须要有明确的思路，宏观的打算，制定出切实可行而又稳定的管理方案。

1. 创建“创新型教师队伍”机制

时代在进步，知识日新月异，高校教师必须不断学习才能胜任教育教学基本工作。“在学习中进步，在进步中创新”是创建创新型教师队伍的基本要求，也是实施创新型管理、创建生态化绿色学校的重要动力和策

略。为了开拓进取与时俱进地实现可持续发展，需要发挥每个教师开拓的创新思维，把创新视为工作过程中不可缺少的重要环节。

2. 建立“创新教学方式”机制

开展教学研究是提高教学质量的重要手段。高校的教学教研组改革势在必行，结合高校不同学科、不同门类实施不同的教学和科研手段，在实际工作中多研讨、多创新，才能充分发挥各科室和各年级教研组及各学科教师的作用，通过听课、评课、问卷调查、集体备课、教师之间的研讨，以及开展课题研究等形式，实现真正意义上的创新。

3. 建立有效性评价机制

为了突出学生的主体地位，打造创新型高效课堂，必须建立与之相适应的有效评价机制。课堂评价是否合理，直接关系到课堂教学内涵创新的成败。

将创新教学质量监控贯穿于实践教学的准备、过程和结果的各个环节，构建学校、学院、学生三级的创新教学质量监控体系。在学校层面，将创新教学质量检查纳入期中教学检查，通过深入实验室开展质量评价、运用管理信息系统进行质量分析，召开教学总结会等对创新教学进行全面总结，在学院层面，每学期通过下达教学任务，开展期中检查和召开年度教学工作总结会，对创新教学执行情况进行全面总结；在学生层面，通过定期召开学生座谈会、学生汇报学习心得体会等形式进行总结。从而实现质量监控由单视角向多视角转变，加强学校整体创新实践能力。

二、构建创新型教育和发展目标

创新创业教育是以学生创业意识、创新精神和创业能力的培养为基本价值取向的一种新教育理念，强调受教育者创新意识和创新精神的培养、创新能力与素质的生成。目前，高等教育教学改革面临的新问题是如何有效地为社会发展提供智力支撑，培养创新创业人才。高校实施创新创业教育陆续取得了一定的成绩，主要包括创业基础课程的设置和普及，学生课外活动的丰富和小部分群体的创业实践，也涌现出了一批大学生创业典型。但高校开展创新创业教育也面临着一些问题。

（1）高校缺乏对创新创业教育内涵的科学把握。创新创业教育在于思维层面和行动层面的创造，在于开拓的精神和态度，以及在社会各领域开拓新的事业、企业或岗位。高校应将创业意识、创新精神和创业能力培养融入人才培养全过程，融入教学、科研及社会服务，从而解决创新创业教育的“时限性”问题。高校应坚持创新创业教育共有原则，开展实践性教学方式，培养学生创业意识的敏锐性、团队合作的协调性、创业风险的承受力及创业能力的综合性，以满足社会对多元化创业人才的需求。

（2）高校创新创业教育与专业教育的融合力度不够。高校应将创新创业教育渗入专业人才培养目标和教学计划，与专业教学体系有机融合。然而，多数高校的创新创业教育局限在提供创业方面的讲座、公选课或依托创业计划大赛的第二课堂上，缺乏实施创新创业教育的整体性设计。高校应挖掘和充实各类专业课程的创新创业教育资源，在传授专业知识的过程中加强创新创业教育，注重培养学生批判性和创造性思维。

（3）高校缺乏系统的创新创业教育理论和实践体系。高校应根据人才培养定位和创新创业教育目标要求，调整专业课程设置，面向全体学生开发开设研究方法、学科前沿、创业基础、就业创业指导等方面的课程，建设创新创业教育专门课程群。同时，高校应注重实践改革，为大学生实验、实习、实训，特别是参加创新创业实践拓展渠道、搭建平台，将创新创业教育理论与实践相结合，真正实现培养大学生创业素质的目标。

三、创新型课程体系的构建

改变实践教学作为理论教学附属课程的方式，注重在实践教学中培养学生的归纳思维。把部分课程的课内实验部分提升为一门独立设置的课程，大大提高了实践环节在教学中的地位。实验教学由传统的向学生传授和灌输知识模式，转变为培养学生的动手创新能力模式，突出了学生的实验主体地位，全面构建了层次化、模块化、项目化的实验课程体系，实现了掌握基本操作技能、独立完成实验、独立设计实验的阶梯化培养。同时，开展培养学生创业意识和创新精神的通识教育。中国计量大学的生物技术专业开设了一批创新创业类课程，对学生提出该类课程的学分要求。例如“大学生创业导论”“大学生创业基础”“创业基础”“网络创业理论与实践”“品类创新”“创业创新执行力”“创业创新领导力”“创业管理实践”“创新创业大赛赛前特训”等，使创新精神、创业意识和创新创业能力培养融入人才培养全过程。指导学生树立创新创业意识，训练学生从新的视角，用新的方法观察、分析、解决问题，有效激发学生的创新思维，增强学生评估科研成果转化为产业化项目的可行性和可操作性，为将来的创业奠定基础。

第三章　高校办学策略

质量是高等教育的生命线，是高等教育改革与发展过程中需要永恒关注的问题。随着我国高等教育大众化向纵深发展，如何保证高等教育的质量，成为当下亟待解决的一个重要课题。据教育部最新统计报告显示，至2015年5月21日，全国高等学校计有2845所，其中普通高等学校2553所（含独立设置民办普通高校447所、独立学院275所、中外合作办学7所）、成人高等学校292所；普通本科院校1219所，包括公办普通本科学校796所（395所本科大学、401所本科学院）、民办普通本科学校141所。统计显示，除了教育部管理的一批国家重点建设的高校和个别部委管理的行业高校外，大多数高校归省级人民政府管理。由此可见，地方高校承担着我国高等教育大众化向纵深发展的主要使命。而在近700所地方高校中，一大批高校是2000年以后由专科院校转型而来。尽管近年来有一些地方院校发展势头迅猛，但也有很多院校面临着办学定位不准的问题，出现了“千校一面”的现象，导致人才培养模式趋同，不能很好地适应区域经济社会发展的需要。因而，要想提高人才培养质量，首要问题就是要进行科学定位。在教育部《普通高等学校本科教学工作合格评估指标》的一级指标“办学思路与领导作用”中将“学校定位”列为20个二级指标之首。2013年12月，教育部启动实施审核评估，制定了《普通高等学校本科教学工作评估范围》，将“定位与目标”列为第一个审核项目，办学定位作为第一个审核要素，其中包含“学校办学方向、办学定位及确定依据”“办学定位在学校发展规划中的体现”两个审核要点。因此，办学定位的科学确立不仅是提高人才培养质量的前提，而且是对我国高等教育改革与发展政策的积极响应。

第一节　高校办学定位

一、办学定位内涵

要想明确办学定位的内涵，首先要弄清“定位”的含义。根据《现代汉语词典》的释义，定位至少包含以下几层意思：一是指确定事物的名位，如《韩非子·扬权》中提出：“审名以定位，明分以辨类”，意思是说要审察名的含义，辨明事物的类别，这里含有定义和划分的意思；二是指一定的规矩或范围，即是说要在一定的时空范围内进行定位；三是指用仪器等对物体所在的位置进行测量，亦指经测量后确定的位置，即要按照一定的价值标准进行评价定位。因此，办学定位指在高校发展与竞争中，从全面和长远发展的角度出发，基于高校的共同愿景、自身条件，以及高校的分类标准面对高校运营的重要方面作出的名位（即角色）确定，以及为此进行的一系列前瞻性战略思考和规划活动。其至少应当包括办学类型定位、办学层次定位、发展目标定位、培养目标定位、服务面向定位等几个方面。

二、办学方向在办学定位中的作用

高等学校在确立办学定位时，首要的是解决办什么样的大学、怎样办好大学，培养什么样的人、怎样培养人等方向性问题，这也是中国特色社会主义大学必须思考和回答的根本问题。办好中国的大学，必须有中国特色。这个特色中最大的一点，就是要坚持社会主义办学方向，以立德树人为根本任务。立德，就是要立社会主义核心价值观这个大德；树人，就是要培养德、智、体、美全面发展的社会主义建设者和接班人。2014 年 5 月 4 日，习近平同志在北京大学的讲话中指出，办好中国的世界一流大学，必须有中国特色；坚持社会主义大学的办学方向，是中国大学最鲜明的特色。因此，办学定位的科学性与特色性都应当在确立正确的办学方向中寻找答案。

三、办学定位主要内容

办学定位的内容是形成办学特色、体现办学方向的重要条件和基础。办学定位的主要内容应包括办学类型定位、办学职能定位、办学层次定位、办学目标定位、培养目标定位、服务面向定位、办学规模定位和办学特色定位八个方面。

（一）办学类型定位

办学类型是指一所大学在高等教育系统分类中所处的地位与作用。综合国内外关于高等教育系统分类的研究，目前我国高等院校的办学类型可以总结为以下几种：按照高等院校的隶属关系可分为部属高校和地方高校两种；按照学术水平可分为研究型大学、研究教学型大学、教学研究教学型大学、技术型大学等；按照人才培养目标不同可分为研究型大学、专业型大学、应用型大学、技术型大学等；按照授予学位的高低可分为拥有博士学位授予权的大学、拥有硕士学位授予权的大学、一般本科院校、高职高专院校等；按照学科门类的多寡可分为综合性大学、多科性大学、单科性大学等；按照办学主体可分为公立大学、私立大学和民办大学等。正是由于高等教育系统的分类标准不一，才导致了不同大学的办学类型定位的多样性。而办学类型定位的多样性的满足，又是实现人才培养质量分层次、适应经济社会多样化需求的重要前提和保障。因此，高校办学类型的合理定位应以客观性为标准，反映高等教育系统内教育的分工和协作关系。

（二）办学职能定位

办学职能定位是指学校在社会发展中所扮演的角色和承担的责任，包括培养人才的类型、科技贡献的方式、社会服务的领域等。众所周知，无论是哪一类型或哪一层次的大学，都有人才培养、科学研究、服务社会、文化传承创新四大职能。其中，人才培养是基本职能，其他三大职能则是高等教育的自身发展规律适应经济社会发展需要的必然结果，是高等教育基本职能的延伸。但不同类型大学职能的侧重点有所不同，如中国科学技术大学作为研究型大学，主要注重对科研成果的挖掘，强调培养学生的思辨能力和创新意识；合肥学院作为地方应用型大学，则十分重视教学功能的发挥，强调培养学生的能力和素质；芜湖职业技术学院作为技术型大学，则比较重视实践育人环节，注重培养学生的专业实践技能。

（三）办学层次定位

高校办学层次的科学合理定位是和谐教育环境建设的内在要求。根据不同的参数标准，高校的层次定位划分标准也不同。就我国大学而言，比较常用的有以下两种：一是根据“高等教育机构分类法”，即借鉴美国卡耐基教学促进基金会按照所授学位的层次与数量，将高等院校分为“副学士学位授予学院、硕士学位授予学院、大学、博士学位授予大学及专业主导机构、部落学院”等六个层次，从而将我国高等学校分为研究型大学、博士型大学、硕士型大学、学士型大学和专科学院；二是根据武书连的“大学分类法”，将高等院校分为研究型大学、教学研究型大学、教学型大学和专业型大学四个层次。层次定位只是对高等院校的一种分类方法，并不代表高等院校人才培养的质量，也不能体现一所高校的办学水平，更不能决定一所高校地位的高低。比如说，北京大学、清华大学等“985”院校和部分高水平的“211”院校是典型的研究型大学；部分“211”院校和地方省属重点学校则属于教学研究型大学，如安徽师范大学等；而一般的本科院校则属于教学型大学，如2000年以来由高职高专院校升级而来的新建本科院校，如铜陵学院、淮南师范学院等；而诸如安徽交通职业技术学院等单科性高职高专院校则属于专业型大学。

（四）办学目标定位

高校办学目标定位是指在科学分析学校外部环境和自身实力基础上，根据一个或一组定位特征合理确定学校在某一高等教育系统中的位置。也就是说确定一所大学在整个国民高等教育系统中所处的位次如何，是一流大学还是二流大学抑或是三流大学。高校的办学目标定位必须具有前瞻性，必须结合本校的实际，凸显特色，这样才能在竞争中脱颖而出，争创一流。同时，在制定办学目标定位时，还应密切关注国家的教育政策，密切联系地方经济社会发展的需求，瞄准时机，把握机遇，促进学校办学目标定位与国家、地方经济社会的发展共生共荣。

（五）培养目标定位

人才培养目标定位是高校办学定位中最关键、最核心的内容，它决定着人才培养的方向、质量与规格。只有明确人才培养目标定位，才能实现人才培养方案的精、准、狠，才能持续提升人才培养的规格与经济社会发展的符合度。这就要求不同类型、不同层次的高校要进行符合自身发展实际的人才培养目标定位。如中国科学技术大学根据自身的办学实际，将人才培养目标定位为“创寰宇学府，育天下英才”；而合肥学院则将人才培养目标科学定位为“地方性、应用型、国际化”，即借鉴德国应用科学大学的办学理念，结合我国的国情和学校的办学实际，积极走地方经济社会发展培养高素质的应用型人才之路。合肥学院在人才培养目标上，强调对学生能力的培养和提升；在人才培养方案的制订上，强调前期充分调研与论证，广泛征求行业、企业人士的意见和建议，确保人才培养方案的科学性。在这种科学合理的人才培养目标定位的指导下，合肥学院取得了一系列的成就与成果，并在国内产生了积极的影响。

（六）服务面向定位

服务面向定位是指高校要找准为社会服务的空间，反映了人才培养、科学研究、服务社会等职能所涵盖的地理区域或行业范围。因此，高校的服务面向定位是由区域经济社会的实际情况及学校的人才培养方向、规格、质量所决定的，由此可以明确一所高校的主要服务面向。一所高校的服务面向从不同的角度看可以有不同的服务面向。按照服务面向的空间范围可将学校分为：①面向地方服务的大学或学院。如合肥学院始终坚持

“为地方发展服务和依靠地方发展”的服务面向定位，积极立足地方，为地方发展服务，专业设置上体现“地方经济社会发展的需求和特点，突出应用型人才培养，办社会满意的教育，办学生满意的教育”，很好地体现了其地方性的服务面向定位。②面向全国乃至世界服务的大学。如中国科学技术大学始终坚持“三个面向”，即面向世界科技前沿、面向国家重大需求和面向国民经济，积极开展科学研究，努力提高学术研究水平和科研创新能力与科研竞争力，积极在世界科技前沿领域和国家重大需求和发展方面攻坚克难，出谋划策。

（七）办学规模定位

办学规模就是办学的规格和格局或人、财、物的总投入和总设备。因此，办学规模可以从外延数量和内涵质量两个方面来理解。从外延数量上看，办学规模是指一所大学的教学、实验等设备和基础资源所能容纳的最大学生数量；从内涵质量上看，办学规模是指一所大学的办学效益，即一所大学的所有人、财、物的总投入和总设备所产生的效益。自20世纪末高等教育扩招以来，我国高等教育的规模迅速扩张、膨胀，使更多的人享受到接受高等教育的机会，使我国高等教育的发展步入大众化阶段。但同时也产生了诸多问题，如大部分高校过分强调扩招，致使大学师资条件、教学场所、教学设备、后勤保障、教学质量等受到影响，造成大学结构、规模、质量、效益的失衡。也有少数大学在扩招的浪潮中坚守了自己的规模。如中国科学技术大学十多年来始终将本科生招生规模控制在每年1800人左右，使得办学水平稳步提升，办学质量赢得了社会的广泛认可。由此可见，办学规模与办学效益是相互联系、密不可分的。一所学校办学规模的扩大可以在一定程度上或在短期内提高一所大学的办学效益，但从长远来看，并不能保证高等教育的规模、结构、质量、效益的协调发展。

（八）办学特色定位

大学办学特色是指在一定的办学思想指导下，经过长期的办学实践逐步形成的比较持久稳定的发展方式和被社会公认的、独特的、优良的办学特征，是一所大学区别于其他大学的特征，是一所大学最具有个性的特点和亮点。大学办学走特色发展之路，是大学的生存战略，更是大学的发展战略。其主要内涵就是要坚持特色建校、特色兴校、特色强校，将特色办学作为高校发展规划的重点、核心。大学办学特色的形成不是一蹴而就的，需要长时间的积累与沉淀。

四、确立办学定位的现实意义

在高等教育大众化向纵深发展阶段，正确的、科学的办学定位是高校改革发展首先要解决的问题，它指导着一所大学的办学理念，决定着大学未来发展战略与规划的制定，决定着大学人才培养目标的规格、方向与质量，是一所高校走特色发展之路，创办一流大学或行业高水平大学首先要谋划的事。因此，高校在走向内涵式发展之路的过程中，在以质量求生存、以特色求发展、以服务求支持的新形势下，如何找准自己的发展方向，确定自身的发展规划与战略，对办学者来说是头等重要的大事。

（一）适应高等教育大众化纵深发展的客观需要

随着我国高等教育进入大众化阶段，大学的规模和速度快速扩张，片面化地追求大学教育的眼前利益，导致高等教育人才培养质量下降、高等教育结构失衡。高校在高等教育大众化的纵深发展的浪潮中，只有在结合自身办学传统的基础上，准确把握国家、社会、市场的发展方向，找准自己的办学目标，谋划自己的发展空间，规划自己的发展战略，才能在高等教育大众化的发展过程中不因残酷的竞争而被淘汰出局，才能在高等教育系统内占有一席之地，才能实现高等教育规模、质量、结构、效益的统一。

（二）促使地方高校特色发展的重要前提

科学定位与特色发展是相辅相成的。科学定位是高校特色发展的前提与基础，特色发展是科学定位的外显与表现。特色发展既是地方院校立足于竞争、实现可持续性发展的关键点，也是学校不断推陈出新的生长点。

地方高校在日益残酷的竞争形势下，必须立足自身，把握时局，适应区域经济社会发展对不同层次、不同专业、不同类型人才的需求，正确找准自身定位，走“人无我有、人有我强、人强我优、人优我新”的特色发展之路。

（三）深化高等教育管理体制的必然要求

随着我国高等教育大众化向纵深发展，我国高等教育由注重规模扩张的外延式发展逐步向注重质量提高的内涵式发展转变。高等教育的转型发展，必然要求高等教育管理体制的变革，即要强化对不同类型、不同层次、不同属性高校的分类管理。但分类管理与科学定位是密不可分的，科学定位是前提，分类管理是关键。

第二节 高校办学定位的确立及实现路径

高校办学定位的确立是一所大学的顶层设计。学校要在政府统筹高等教育的精神指导下，将遵循教育教学规律、人的全面发展规律、区域经济社会发展需求与学校办学实际情况等相结合，实事求是地科学定位。

一、确立办学定位的原则

（一）客观性原则

高校办学定位的确立首先要遵循客观性原则。客观性原则要求在确立高校办学定位的过程中，根据学校的实际情况，对高校未来改革发展作出正确判断。要充分考虑本校的实际情况，包括办学历史条件、学科门类、师资队伍结构、办学规模、人才培养质量、教育教学管理水平等，在充分进行民主调研、科学论证的基础上，预测学校未来的发展趋势，确立学校未来改革的重点，发挥学校自身学科专业优势，使学校的中长期发展规划切实符合学校实际。只有这样，才能为高校的科学定位和后续的强劲发展奠定基础。

（二）适应性原则

高等教育的人才培养方向、规格、质量并不是一成不变的，它是随着社会政治、经济、文化的变化而变化的。大学的职能也一样，是随着社会的发展而逐步确立的。而且在不同的时期，大学职能的侧重点也不同。中世纪，教学是大学的主要职能。大学以传授知识为主，科学研究与服务社会只是零星的、自觉的，属于教学的附属品。但随着近代大学的产生，尤其是德国柏林大学的建立，科研作为大学的第二职能被确立下来。19 世纪下半叶，随着美国《莫里尔法案》的颁布与实施，大学服务社会的职能逐步被确立。在我国经济发展进入“新常态”的今天，高校必须看准市场。学科专业课程的设置与改革要自觉与社会经济发展转型相结合，做到大学教育为区域经济社会发展服务，提高大学教育对社会、市场、用人单位的适应性。同时，大学还应为文化传承和创新提供智力服务，使大学成为时代先进文化的引领者。

（三）继承与创新相结合原则

高校的办学定位还要坚持继承与创新相结合的原则。继承是指要继承高校的办学历史传统，充分发挥自身的竞争优势，使得自己的优势更加凸显；创新是指高校要瞄准社会、市场需要，使学校的学科专业课程的设置超前于经济社会转型发展，使大学成为引领社会发展的风向标和瞭望塔。但同时这种创新又不是盲目的，要充分考虑自身学科的实际情况，包括师资队伍结构、教学设备、相关学科专业发展情况等，只有在成熟的条件下，才能有所创新、有所突破。否则，盲目的求大、求高、求全，必然会导致教育资源的浪费。

（四）发展性原则

在科学定位的过程中，还要坚持发展性原则，因为在不同的时期、不同的教育政策的指导下，高校的办学定位是发展的、变化的、动态的，而不是一成不变的、静止的。只有坚持用发展性原则作为高校科学定位的依据，才能保证高校的长远发展。

二、确立办学定位的依据

（一）教育法律与政策

目前，我国的教育法律法规主要包括《中华人民共和国教育法》《中华人民共和国义务教育法》《中华人民共和国职业教育法》《中华人民共和国民办教育促进法》《中华人民共和国高等教育法》《中华人民共和国教师法》《中华人民共和国学位条例》等，以及国务院颁布的《中外合作办学条例》《教学成果奖励条例》等。另外还有教育部制定的一系列教育管理规定和办法，如《普通高等学校学生管理规定》《普通高等学校章程制定暂行办法》等。高等学校办学定位必须按有关法律法规的规定确立。《中华人民共和国高等教育法》第六条明确规定："国家根据经济建设和社会发展的需要，制定高等教育发展规划，举办高等学校，并采取多种形式积极发展高等教育事业。"而《国家中长期教育改革和发展规划纲要(2010—2020年)》（以下简称《规划纲要》）也明确提出，要"发挥政策指导和资源配置的作用，引导高校合理定位，克服同质化倾向，形成各自的办学理念和风格，在不同层次、不同领域办出特色，争创一流"。从《中华人民共和国高等教育法》到《规划纲要》可以看出，高校的办学定位必须要在相关法律法规、政府政策的指引下规范进行，只有这样，才能保证高校办学方向的社会主义性质，提高高校办学定位的科学性、针对性、特色性。

（二）高等学校章程

被誉为"大学宪章"的高等学校章程，是大学实施依法治校的重要的规范性、纲领性文件，是处理大学与外部关系的妥协性的产物，也是大学实现治理能力提升和治理体系现代化的重要载体。大学办学定位不仅涉及大学与政府、社会、市场等外部相关主体间的关系，还涉及大学自身改革发展过程中的办学定位问题。因此，在我国高等教育积极推进“一校一章程”的关键时期，科学合理地制定适宜本校发展实际的章程，是现阶段高校亟待解决的重要问题，需要谨慎对待。

（三）国家和地方经济社会发展需求

大学的基本职能是培养人。自大学产生之始，大学就与政治、经济、社会发展等方面具有千丝万缕的联系。随着我国高等教育向应用性的转型发展，必然要求地方高校更加强调大学为地方区域经济社会发展提供更多优质的专业技术人才，为区域经济社金的发展提供人才储备力量，加强高校与地方政府、企事业单位的协同创新和智库建设。因此，地方高校必须科学合理地规划自身发展服务定位，在不同层次、不同类型、不同领域找准自己的位置，取长补短，发挥自身的绝对优势，走特色办学之路。

（四）高等教育国际化发展趋势

全面推进高等教育国际化是当前摆在我国高等学校面前的紧迫任务，是促进高校内涵式发展，提升办学水平的重要举措。无论是创建世界一流的研究型大学还是地方新建本科院校，都应当把办学定位调整到如何适应高等教育国际化发展的高度上来认识。例如，合肥学院作为地方应用型本科院校，较早地把国际化作为学校发展的目标定位，在借鉴德国应用科学大学的办学理念下提出“国际化”的发展目标，取得了十分可喜的办学效果。

三、办学定位确立中亟待解决的问题

20 世纪末以来，我国高等教育进入大规模扩张和大发展时期，产生了很多新建本科院校。据统计，自 2000 年以来，我国新建本科院校近 600 所，成为地方发展高等教育的生力军。而针对这些新建本科院校，首先要解决的问题就是办学定位问题。实践证明，将新建本科院校定位为“应用型”，不仅符合我国地方高等教育发展趋势，还充实了高等教育的分类理论，为高等教育的分类指导奠定了理论基础。各省也在应用性高等教育建设中付出了诸多努力，取得了不菲的成绩。如科学设计了“地方性、应用型、合作式、一体化”的应用性高等教育发展道路，建立了“政府主导、学校主体、联盟平台、项目载体”的应用性高等教育运行管理机制，构建了以“五个度”为核心的地方应用性高等教育质量保障体系。

从全国高等学校发展的态势看，“985”工程大学按照建设世界一流的目标确立办学定位，“211”工程大学按照国际加者、国内一流的目标进行建设，地方型或者专业型的重点大学则致力于高水平、有特色的发展，而其他层次的大学特别是新建本科院校一般在应用型、技术型上做文章。当然，并非所有的大学都能够把办学定位确立得十分清晰，因此在审核评估中存在很多亟待解决的瓶颈问题，具体表现在以下几个方面：

（一）缺乏发展理念，办学定位不清

高等院校的办学方向和目标定位与高等教育事业的发展息息相关，它由高等教育事业的性质决定，同时又与其所处的外部环境、社会地位有着密切的联系。随着高等教育由精英化教育向大众化教育的纵深发展，要办出大学特色，提升人才培养质量，科学合理的办学定位是其先决条件。目前很多院校已经找到了符合自身办学的目标与定位，并取得了不菲的成绩。但部分高校对应用型高等教育发展的认识不到位，办学定位不准，一些学校领导认为选择应用型人才培养定位是自降身价，部分学生家长认为培养应用型人才是教育质量滑坡的表现等。此外，部分院校还存在着一些传统的惯性思维。如在政绩观上注重短期和显性效益；在人才培养质量的提高上重硬件轻软件；在开放办学方面，还比较保守、封闭，对学校、社会、世界的开放度远远不够等。因此，明确办学定位是大力发展应用型高校的首要问题，也是构建应用型地方高等教育质量保障体系亟待解决的瓶颈问题。

（二）追求名头，办学思想浮躁

随着高等教育产业化、市场化的不断推进，谋取更大的经济利益和社会价值逐步成为高校改革与发展首要考虑的问题。因此，在部分高校谋划

未来改革与发展的定位过程中，就不免出现过分功利化的倾向。认为办学定位的层次越高，科学专业越全，服务面向越大，就越能体现出自身价值。如部分大学盲目追求办学定位的“高大全”。在办学类型上和办学层次上盲目求高，都想跻身于研究型大学、高水平大学的行列。但经济社会的发展并不需要太多的研究机构或者高水平的大学，而是需要造就一批有特色的大学。因此，一味地追求“高大全”就容易造成“假大空”，主要表现在办学目标上盲目求全。如很多行业性大学不顾学科专业的实际情况，盲目强调学科专业的全，这不仅弱化了原有学科专业的优势，还造成了有限的高等教育资源的浪费，致使人才培养质量受到影响。在办学服务面向定位上盲目求大，地方高等学校本就应当以服务区域经济社会发展为己任，在有余力的情况下谋求更大的发展。但现实中，部分高校却不顾自身的办学历史条件的局限，盲目求大，导致人才培养的质量、规格、方向与区域经济社会发展不相适应。

（三）忽视办学特色，同质倾向明显

在中华人民共和国成立后的三十年间，我国高等学校采取苏联的专门化教育模式，通过全国高等院校学科专业调整，形成了一大批具有行业特色的大学。例如中国纺织大学（现东华大学）、西安公路交通大学（现长安大学）等。然而，2000 年前后，伴随着高校强强联合的浪潮，有特色的行业办学模式开始通过合并转向综合性大学发展，师范类院校特别是行业系统的师范类院校更是迫不及待地设法废弃诸如“煤炭”“农业”“师范”等称呼，渴望一夜间跃入“国家队”的行列。一些高校丢弃办学传统，忽视特色凝练，导致办学目标定位的同质化倾向。有学者认为，高校“同质化”是一些高校没有充分考虑自身办学实际和办学特色，单纯以市场经济为导向，拼命争办市场经济发展中的热门专业，如计算机、英语、法律、经济、金融、公共关系等专业。

（四）误解评估内涵，定位内容不全

目前对高校办学定位的评估主要考察学校办学方向、办学定位及确定

依据和办学定位在学校发展战略规划中的体现两个方面。而现行以量化为主的评级指标体系，使得很多不同类型、不同层次、不同领域的高校采用统一的量化标准，并不能真正凸显不同层次、类型、领域高校办学定位的科学性。为此，有些高校领导认为，办学定位固然需要，也很重要，但这些都是宏观的富有弹性的文字表达，并不是学校发展的具体目标，只要符合教育部审核评估的审核要点就行了。显然，这是误解了高等学校审核评估对办学定位的内涵的规定。高校办学定位作为教育部审核评估中首要的审核要点，是对一所大学进行宏观评价的重要标识，办学定位的内容就应当在上述八个方面有所体现。虽然现行的高校评估方法的单一化、标准化导致了评估未能产生“诊断”效应，但是高校在确立办学定位时也不可随意表述或者做不完整的表述。

四、科学确立办学定位的政策建议

高校办学定位的确立并不是高校自身闭门造车的事情，需要与国家、政府、市场、社会等相关利益主体进行充分协商而确定。具体来说，就是要从政府、高校、社会等三个层面着手，为高校的科学定位提供全方位的制度保障、实践支撑、评价与反馈机制。

（一）政府层面：健全相关法律、政策，提供全方位的制度保障

《国家中长期教育改革与发展规划纲要（2010—2020年）》指出要推进依法治教，国家要根据经济社会发展和教育改革的需要，加强和完善相关教育法律法规的修订工作；省、自治区、直辖市人大和政府要根据当地实际，制定促进本地区教育发展的地方性法规和规章。尽管《中华人民共和国高等教育法》也规定了高等学校要根据经济社会发展需要，制定高校发展规划，但这种表述只是做了宏观的质性的规定，在具体如何制定和实施战略规划上，并没有给出明确的回答。因此，在我国高等教育转型发展的深水期，应当加快对《中华人民共和国教育法》《中华人民共和国高等教育法》等相关法律的修订工作，并加快出台《高等学校法》，以弥补高

等学校在办学定位、内部治理等方面的缺陷与不足。而地方政府则应当在国家法律法规的规范下，不断探索出台适宜本地区高等教育发展实际的政策举措，为地方高等教育的发展提供更为切实可行的政策性文件与地方性法规。

（二）高校层面：科学规划办学定位，积极打造办学特色与品牌

高校在国家法律法规和相关政策的基础上，要转变办学理念，树立正确的思想观念。尤其是新建本科院校，在科学规划办学定位的过程中，不能一味地攀高、贪大、求全，而应当根据自身办学实际，坚持以人为本的教育理念，在充分调研、论证的基础上，科学合理地制定学校发展的战略规划，不能盲目跟风，随意设置新专业。高等学校的学科专业设置与调整应当立足于本校实际，以区域社会市场的人才需求为导向，以相关成熟的学科作依托，根据学校的办学定位和发展规划，对即将建立的学科专业进行充分的市场调研和论证，分析其建立的必要性、科学性与可行性，制定科学、规范的专业人才培养方案。此外，还要考虑新开办的专业所需的经费、图书资料、设备、实习基地等办学条件，以及保证专业可持续发展的相关政策制度等。因此，高校学科专业的设置与调整，不仅要在法律、法规、政策，以及相关规章制度的规范下依法设立，而且还要根据社会市场需求，因地制宜。高校不能为了追求学科专业的全面、综合，而不顾学校发展实际，随心所欲地设置与调整学科专业。这就要求高校的学术委员会在审议专业的设置与调整时，要严格按照既定程序执行，实事求是，坚决抵制那些不符合条件、不适宜现阶段增设的学科专业，确保决策的科学性与可行性，从而进一步贯彻落实高等学校学科专业设置与调整的自主权，形成高校自我发展自我约束机制。

学科专业是一所学校赖以生存和发展的重要支撑，也是一所学校办学特色的重要体现。因此，学校在进行办学定位过程中，还要注重打造学校特色与品牌。以学科专业的调控为例，既要做到专业设置的宽口径、整合少数专业的重复设置、强化传统专业的特色、创新特色专业、夯实新增专

业基础等，还要做到合理配置各院系间学科专业教育教学资源，突出不同类型的学科专业特色，使学科专业设置和调整真正与区域社会经济发展和市场的供求相适应，以达到一种动态的平衡。

（三）社会层面：积极发挥专业评价作用，形成评估与反馈机制

社会对学校设置的专业要积极发挥评价作用，主要是指高等教育中介组织对高等学校教学质量进行的评估。高等教育中介组织“主要基于社会及高校本身的需要开展评估活动”。高等教育中介组织不仅仅局限于相关的实体组织，还包括政府、市场、家庭、学生等相关利益主体。因为只有更多的利益主体参与到高等学校定位的评估之中，才能进一步提高决策的民主性与科学性，才能更好地满足人民群众日益增长的精神文化需求，才能更好地为区域经济社会的发展培养更多与社会贴近度高的优质人才。具体来说，就是要积极发挥高等教育中介组织专业性强、服务质量高、公信力大的优势，对各个层次、类型的高校办学定位进行科学合理的评估，最后得出相关结论，并提出相关的整改措施，逐步形成学校办学定位评估的反馈机制。这样既可以加强高校与高等教育中介组织的密切联系，又可以促使高校进一步完善自身办学定位，逐步形成高校与高等教育中介组织的良性互动机制。

第三节　科学规划高校发展战略

高校的科学发展是建设人力资源强国的重要支撑，对于整个国家教育事业的可持续发展具有决定性意义。在中国高等教育由外延式发展向内涵式发展转型时期，党的十八大和十八届三中全会、四中全会对高等教育的转型与发展赋予了新使命。社会外部环境所发生的新变化也对高校的科学发展提出了新要求，要求高校对自身的发展战略、发展模式进行全面的审视和反思，以观念的变革、制度的创新来实现更加科学的发展。高校发展规划与战略是高校围绕高等教育核心价值，在考虑现实状况与长远利益的

基础上选择的发展路径。有学者认为，长期以来我国高校并没有制定明确的发展战略，即便有些高校在发展规划中提出了一些发展战略，也少有付诸实施的。因此，探讨高校发展与战略问题迎合了当下教育部实施新一轮本科教学审核评估的要求，是各类高校谋划未来发展，制定科学合理发展战略亟待解决的重要课题。

一、办学定位在发展规划中的体现

学校办学定位和学校发展规划与战略（以下简称发展规划）之间有着密切的关系。一方面，办学定位指导发展规划。办学定位是一所高校未来改革与发展首要解决的问题，即高校发展首先要有自身准确的定位。由于历史、环境、条件等方面的差异，各高校的发展定位应当各不相同。只有在科学合理的办学定位指导下，高校才能制定出与之相适应的发展规划与战略。另一方面，发展规划体现办学定位，即高校发展要有先行的科学规划。纵观现代高等教育史，世界一流大学大多有自己科学的设计与规划，这是著名大学迅速发展必不可少的。从我国高等教育发展的实际来看，中国必须创建若干所世界一流大学，这是我国经济与社会发展的需要，也是我国高等教育参与国际竞争与合作的需要。但对于我国绝大多数高校而言，我们需要根据自身的历史背景、环境特点、学科特色、资源结构等实际情况，制订符合本校实际的科学规划，不能好高骛远，盲目攀比，贪大求全。只有科学规划学校改革与发展的近期、中期和远期目标，才能逐步实现学校办学的目标定位，才能促使不同类型、不同层次高校的错位发展，才能为学校的特色发展奠定基础。

二、发展规划确立的依据

高校发展规划的科学制订与贯彻实施要依据一定的标准。具体来说，就是要在把握学校发展现状的同时，注重分析学校的品牌、特色与优势。只有将学校的发展现状与特色相结合，才能制订出科学合理的发展规划，作出合理的学校发展战略选择。

（一）要符合高等教育规律

在社会转型时期，价值观日益多元化，各种观念和思潮扑面而来。在这种复杂情况下，高校究竟应当坚持什么价值观、采取怎样的发展战略、能否顺应高等教育发展规律，就显得格外重要。高等教育规律涉及学术在高校的地位、教师和学生对学校的影响、学科专业的设置与调整原则、教育和研究等功能性活动的价值等问题。长期以来，我国高校在这些问题上的一些基本观念和原则大多不具有合规律性的特点，因此我国高校发展战略需要着力改变这种状况，将高校发展牵引到合规律的轨道上来，促进我国高等教育健康持续发展。

（二）要适应社会发展需要

高校应当服务于时代社会发展的需要。我国正处于从农业和工业化社会早期向工业化和知识化社会过渡时期，高等教育担负着促进社会发展，引领社会进步的特殊历史使命。但很多高校办学往往不重视研究社会需要，要么过于封闭，自满于现行的传统教育体系；要么迎合社会热点，盲目追逐热潮。高校发展战略应当使高校保持开放态势，在高校与社会之间架设起相互沟通的桥梁，使高校能够从社会现实和长远发展需要出发，冷静客观地将自身核心价值与社会需要紧密结合起来，在促进经济社会发展转变到更多地依靠知识资本和人力资源，又快又好地建设环境友好型和资源节约型的和谐社会的时代使命中发挥应有的作用。

（三）要结合学校发展实际

高校发展是一个持续的过程，任何中断和曲折都可能延误其发展进程，造成高等教育资源的浪费，进而影响高等教育发展质量。因此，高校发展战略的制定首先应当从学校实际出发。比如，有关学术发展战略，必须根据高校学科专业发展状况、学术管理体制、师资队伍和资源及其配置状况来制定。任何脱离学校实际，不顾学校具体情况和条件限制所制定的发展战略，不论其多么美好，不论它在其他国家多么有效，都是不可能得到实施的，即便得到强力推行，也不可能取得理想的效果。但这并不是说，高校发展战略就不能有前瞻性，恰恰相反，战略的前瞻性应建立在深刻把握学校发展实际的基础之上。其次，要把握学校发展的历史和现状，透彻分析学校自身的优势和劣势，特别是要看到目前状况与目标之间的差距。只有在学校的历史发展长河中，总结出学校目前改革发展所遇到的各种瓶颈问题，把现实政治、经济、社会变革、科技革新等外部相关因素，尤其是把区域经济社会发展的需求作为参照物，科学分析自身发展现状，找出自身发展的问题所在，根据问题与现实需求，科学制定高校改革的中长期发展规划与战略。

三、发展规划应凸显学校特色

（一）以学科建设与发展规划为核心

尽管现代大学已发展成为组织结构非常复杂的庞大体系，大学的社会职能呈现出多样化特征，但总体上，大学仍然是以学术组织为核心建构起来的社会组织。作为学术组织，学科是大学组织的基本构成单元，学科建设是大学发展的关键。大学的人才培养、科学研究和产业开发，都是以学科专业为基础的。离开了学科建设，则人才培养、科学研究、科技产业的开发等就无从谈起。现在，人们普遍认为学科建设是学校发展的“重中之重”，学校的发展水平在很大程度上取决于学科建设和发展的水平。世界一流大学多以一流的学科发展水平闻名于世。我国大学发展水平的差异，实际上是学科发展水平的差异。因此，许多大学提出了以学科建设为龙头，带动学校发展整体上台阶的发展思路。学科建设规划搞得好，学科发展水平高，就可以促进大学其他方面工作的开展。所以，在大学发展战略规划中，学科建设规划就成为重点和核心。这是大学作为学术组织，其发展战略规划不同于其他社会组织发展战略规划的鲜明特点。

（二）确立前瞻性的办学理念和明确的办学思路

战略规划是一种带全局性的总体发展规划。因此，战略规划的制定，必须站得高、看得远，确立战略思想，提出长远的战略目标和战略措施。对于高等学校来说，就是要在准确把握学校生存和发展的背景下，把握世界高等教育发展趋势的基础上，抓住发展机遇，确立具有前瞻性的办学理念和办学思路，在学校发展的关键时期确立相应的战略重点。高校要在激烈竞争的形势下深谋远虑，敢为人先，脱颖而出。例如，中国人民大学在发展的愿景中提出，弘扬“立学为民、治学报国”的办学宗旨，贯彻“人民、人本、人文”的办学理念，全面推进人才培养体系改革、“思想库”建设、学科国际性提升、学校形象建设和美丽校园建设“五大战略”，把学校建成“人民满意、世界一流”大学。

（三）立足校情分析，突出特色品牌

高校的发展战略规划除了要把握高等教育的发展趋势外，很重要的一个方面是要进行实事求是的校情分析。校情分析实际上是一种比较分析，在一定的比较范围内分析学校的优势和劣势，知己知彼，扬长避短。任何一所大学，都有其个性与特色，都是以特色立校，以特色强校，以特色取胜。特色鲜明往往能带动学校整体上一个台阶，并获得良好的社会评价，取得良好的社会声誉。关键是如何确定特色，发展特色，强化特色。这就要进行校情分析。校情分析是确定学校发展特色和选择发展突破口的关键，其核心是要给学校发展以准确定位，并确定从哪方面突破才能铸就学校品牌，带动学校特色，切忌不切实际、盲目攀比、四面出击。

四、发展规划编制的统筹与保障

虽然编制学校发展规划不是一件容易的事，但更艰巨的是如何落实规划，必须建立一整套规划实施的保障机制。

（一）解放思想，凝聚智慧

规划的实施必须以解放思想为先导，破除一切束缚学校建设和发展的

思想观念和条条框框，切实增强忧患意识、责任意识和机遇意识，进一步开阔眼界、开阔思路、开阔意识，以思想解放助推改革突破，以观念更新带动机制创新。战略规划的制定要充分体现其对大学办学实践的总括性指导作用，不能忽视操作性，并能进行总体性检验与评价。这就要求在大学发展战略规划的制定过程中要有广泛的群众参与，不能只是学校领导的“闭门造车”。群众参与就是教师参与，要充分鼓励广大教师参与规划的积极性。要通过规划的宣讲、讨论等，吸收广大教师的意见和建议，真正使学校的战略规划具有广泛的群众基础。这样一方面提高战略规划的科学性，另一方面为战略规划的有效实施创造条件，体现以教师为办学主体的办学思想。

（二）改革创新，突破重点

全面推进学校教育事业改革和发展是学校未来发展的基本任务。改革和发展的核心体现于创新体制机制与突破重点、难点。因此，学校必须重视加强人才队伍建设和科研实力的提升。要积极推进人事和分配制度改革，建立符合高校特点的各类岗位人员准入与退出新机制，探索建立专职科研队伍聘任机制，采取灵活多样的分配形式和分配办法，激励优秀拔尖人才和优秀创新团队脱颖而出。要大胆探索学科特色建设模式，突破学校传统管理体制，建立学科发展新机制，促进学科交叉融合和协同创新。

（三）依法治校，民主管理

《中华人民共和国高等教育法》赋予了高等学校办学自主、公正评价等权利与义务，大学本位回归为倡导学术自由、繁荣大学文化。我们必须在和谐的法治环境下规范管理，在自由的学术天地里求异创新，要按照教育部《高等学校章程制定暂行办法》的规定，制定学校章程，依照章程规范学校行为，不断完善现代大学治理结构，努力淡化或消除学校行政化色彩，充分发挥各类组织特别是教授委员会在学校事业发展中的重要作用，真正实现教授治学。

(四) 统筹资源，注重效益

学校规划确立的重点建设工程需要人力、物力和财力的保障，而充足的财力资源是实现工程建设目标不可或缺的要素。学校应积极争取中央和地方政府拨款和各类专项资金支持，加大办学收入组织力度；加强政、产、学、研合作，增加科研经费总量：加强对经营服务性资产的管理，提高经营服务性资产的贡献度；发挥校友会、基金会作用，争取社会资源，坚持“效益优先、突出重点、统筹兼顾、科学民主”的原则，完善经费分配机制，优化经费支出结构，发挥财务预算在资源配置中的引导作用，提高资金使用效益。

第四章 高校人才培养策略

人才培养是教育的基本功能，是学校核心价值的目标追求和社会效益的集中体现。从欧洲中世纪大学的兴起开始，特别是科学研究进入高等教育领域之后，高等教育已不再专属于宗教或者贵族，不同的意识形态和上层建筑将教育的政治属性加以强化，从而使得人才培养被赋予了国家意志。在中华人民共和国成立的前三十年，高等教育的人才培养沿袭苏联模式，实行集约化，专业化的精英教育。伴随着中国高等教育大众化的发展，高等学校要克服“千人一面”的人才培养模式，则个性化、多样性的人才培养目标设计成为当前高等教育教学改革的重点和难点。在教育部《普通高等学校本科教学工作审核评估范围》中，“培养目标”作为第一项审核项目“定位与目标”下的审核要素，包括了“学校人才培养总目标及确定依据”“专业培养目标、标准及确定依据”两个审核要点。可见，高校办学必须从宏观到微观确立人才培养目标，并能够在教学工作、科学研究、社会服务和文化传承创新中得到体现。

第一节 内涵式的人才培养

一、人才与培养目标的内涵

人才培养目标用通俗的话说，就是学校希望将学生培养成一个什么样的人。而这一概念在高等教育语境中可以理解为高等学校按照办学定位和学科专业发展趋势，在现代教育理念导向下，确立不同层次、类型、规格的人才培养具体标准和要求，并组织实施一系列教学和科研等活动，使受教育者在既定的培养规格下达到理想的培养要求。由于我国高校肩负着培养社会主义建设者和接班人的重任，因此，这里的“人才”就凸显了新时期大学生是民族的希望、祖国的未来，是德、智、体、美全面发展的专门人才。

（一）人 才

人才，在不同的语境中内涵有所不同。一般认为，人才是指具有一定的专业知识或专门技能，进行创造性劳动，对社会做出贡献的人，是人力资源中能力和素质较高的劳动者。例如，“人才队伍建设”中的人才被认为是一种能够服务于教学和科研的人力资源要素，“高端人才的培养和引进”中的人才是指高级尖端、具有超强的创新研发能力和水平的专家、学者。作为正在接受教育的学生也大多属于被动型的知识的学习者而非文化的创造者或者传播者，因而还不是真正的人才，充其量可以称之为“准人才”或者人才的“胚子”（当然不排除有些大学生在校读书期间就已经成为人才甚至是优秀人才）。所以，在大学生教育的语境中，通常所称的“人才培养”中的人才是指大学生，人才培养即是将大学生培养成为有“德”的人和有“智”的才。高等教育作为培养各级各类人才的专门机构，承担着促进个体成长成才、维护家庭幸福和睦、推进社会改革发展、促使国家繁荣富强的重要职责。随着现代大学与社会、市场的联系日益紧密，在进行人才培养的过程中，要注意摒弃过度功利化的教育理念，坚持以人为本、德育为先、能力为重、全面发展的原则；在坚守大学为社会培养各级各类专业人才的同时，要注重对学生的公民意识、责任意识、服务意识、创新意识等方面的培养，即注重专业教育与通识教育相结合。

（二）培养目标

培养目标是国家总的教育目标（教育目的）的下位概念，是人才培养规格（专业培养目标）、教学目标的上位概念，主要是依据国家的教育目的和各级各类学校的性质、任务提出的具体培养要求，即国家根据学校的不同类型、层次、科类，以及培养要求而确立的人才培养标准与方案。我们可以从以下三个方面进行阐释。

1. 分层次的培养目标

据我国现行的高等教育层次分类标准划分，我国高等教育系统可分为专科教育层次、本科教育层次、研究生教育层次等，其中研究生教育层次又可分为硕士教育和博士教育两个层次。不同层次的高等教育的培养目标是不同的。如专科教育层次应当注重人才培养目标的应用性、地方性，以培养各种高级专业技工、技师为目标，以服务区域经济的发展与转型升级为重点。本科教育层次则应当更加注重专业基础理论知识、专业技能、基本素养的培养，使学生具备基本的科研素质和创新实践能力。根据《中华人民共和国学位条例》的规定，对硕士学位研究生的要求是掌握本专业坚实的理论基础和系统的专门知识，具有从事科学研究和独立担负专门技术工作的能力；而博士学位的研究生则要掌握本学科的坚实宽广的理论基础和系统深入的专门知识，具有独立从事科学研究的能力，在学科或专门技术上能做出创造性成果。

2. 分科类的培养目标

根据国务院学位委员会、教育部印发的《学位授予和人才培养学科目录（2011 年）》的学科门类和教育部颁布的《普通高等学校本科专业目录（2012 年）》，我国高等教育学科门类共 12 大类，分别是哲学、经济学、法学、教育学、文学、历史学、理学、工学、农学、医学、管理学、艺术学等。诸如工学、医学等理工科类在人才培养目标的设定上应当在强调专业理论知识的同时，应该更加注重实践的训练；而诸如文学、哲学、历史学、艺术学等人文社会学科类则理应更加注重专业基础的熏陶。

3. 分学校的培养目标

高等学校是具体实施高等教育的机构。各高校由于在办学条件、师资结构和水平、服务面向、生源等方面存在差异，所以其培养目标也各不相同。如中国科学技术大学本科生的人才培养目标是坚持“质量优异、特色鲜明、规模适度、结构合理”的办学方针和英才教育的培养定位，紧密围绕国家战略需求和世界科技前沿，为国家培养具有国际视野，在科技、工程、经济等领域起引领作用，具有创新精神和实践能力的一流科学家和研究工程师。培养的本科生应具备坚实的数理基础和所在专业领域扎实的知识基础和科研能力，以及终身学习的能力和热情；具有优秀的逻辑思维能力、定量分析能力，以及理性批判、探索与创新精神，崇尚科学、追求真理；具备自信、坚强、诚实、广博、优雅等美好品质，具有强烈的责任感和使命感，拥有身心全面发展的健康人格。而研究生的培养目标是具有坚定正确的政治方向；热爱祖国，具有集体主义观念；遵纪守法，品行端正，学风严谨，身心健康；具有较强的事业心和奉献精神，积极为社会主义现代化建设服务。攻读硕士学位的研究生应掌握本学科坚实的基础理论和系统的专门知识，较为熟练地掌握一门外语，具有从事科学研究工作或较强的实际工作的能力。获得博士学位的研究生应掌握本学科坚实宽广的基础理论和系统深入的专门知识，掌握科学研究的基本技能和方法；了解所从事研究方向的国内外发展动态，至少熟练掌握一门外语；具有独立从事科学研究和独立担负专门技术工作的能力，在科学或专门技术上能取得创造性的成果。

（三）人才培养理念——“以人为本”的教育理念新体系

创新教育的核心是教育理念的创新，只有建立在先进的教育理念基础上的管理模式与运行机制，才能顺应时代进步潮流，造就创新人才。以安徽大学为例，在20世纪90年代中期，安徽大学对本科人才培养提出了“三基并重，全面发展”的人才培养目标，即以“扎实的基本理论、较强的基本技能、良好的基本素质”为培养基础，以德、智、体、美全面发展为培养目标，努力建构宽口径、厚基础、高素质、强能力的复合型人才体系。安徽大学在完善“三基并重，全面发展”人才培养目标体系的实践中，将学分制所体现的弹性管理机制注入人才培养全过程，优化制度设计，构筑学习平台，拓展素质教育。2005年，安徽大学“基于全面素质教育的地方综合性大学本科人才培养模式改革与实践”项目获得第五届高等教育国家级教学成果奖。在此之后，学校进一步强化学分制改革，“以人为本”的教育理念在学校学分制改革中得到彰显与内化，构筑了“五位一体”的“以人为本”的教育理念新体系，即德、智、体、美的全面教育观、自主创新的个性教育观、纵横交错的立体教育观、内外结合的素质教育观、柔性管理的服务教育观。

全面教育观就是全面贯彻党的教育方针，坚持教育为社会主义现代化建设服务，为人民服务，与生产劳动和社会实践相结合，培养德、智、体、美全面发展的社会主义建设者和接班人。个性教育观是自主创新与个性发展的内在要求，体现在学生的自主修业、自我创造方面，体现在学校的因材施教、分流培养方面。立体教育观以构建复合型、交叉型创新人才为培养目标，以通识教育为核心，通过按学科大类招生与中期分流培养、辅修制、“3 +1”中外合作培养、通识教育与精英教育相结合的“文典学院”等教育模式，使学生基于兴趣与需求选择纵横交错的立体化学习通道。素质教育观以培养高尚的道德品质为先导，以塑造人文精神与科学精神为主线，通过文理课程互选、人文与科技课程公选、素质教育考核、实践环节教学等形式，实现素质教育的理论与实践的结合、第一课堂与第二课堂的结合、校内与校外的结合。服务教育观是将科学规范的管理置于对受教育者提供教育服务的地位上，它改变了传统的教育者与受教育者的师从关系，体现了管理的人性化、柔性化。

二、人才培养目标的特性

（一）时代性

在不同的历史背景下，人才培养目标也应当有所变化、有所改革和创新。如在欧洲中世纪，大学以知识传授为主，强调培养虔诚的教徒，为教会培养神职人员，这符合当时的社会发展要求。而随着近代德国柏林大学的建立，人才培养目标不再是培养神职人员和虔诚教徒，而是强调将知识传递与知识创新相结合的人才培养模式，从而出现了很多促使教学与科研相结合的教学方式，如习明纳（seminar）研讨班等，至今仍然被世界各国大学作为教学的主要方式。随着现代大学的产生，近代大学的人才培养目标已经不能满足现代社会发展的需求，进而要求改变人才培养目标和方案，强调人才的应用性，为地方区域经济社会发展服务；在强调人才培养的专业性的同时，注重人才培养的通识教育，做到通识教育与专业教育相结合。由此可见，在不同的历史时期，随着社会经济和政治的变化，大学的人才培养目标也随之变化。

（二）科学性

高校人才培养目标的确立并不是随心所欲的。科学的人才培养目标不仅能够促进学生个性的全面自由发展，还能为人才培养目标的实现提供科学的指导。不同层次教育、不同类型高校、不同学科门类的人才培养目标的设定与实施都应当有所不同。高校应当在遵循学科基础知识发展规律、人的身心发展规律、教学规律等的基础上，因地制宜、因时制宜地制定符合学校实际的人才培养目标。这样有益于学科专业发展，有利于促使人的自由全面发展。只有保证了人才培养目标的科学性，才能为后续人才培养方案的实现奠定前提与基础，才能达到人的全面自由发展的目的。

（三）指向性

每一所高校都是以高等教育的目的为指向，根据经济社会需要，结合各高校自身的办学实际，制定有关人才培养的规格和要求的。以地方本科院校人才培养目标的设定为例，地方本科高校必须按照我国高等教育的总目标培养社会主义的建设者和接班人；根据各地经济社会的需求，培养各种具有创新精神和实践能力的高级专门人才；并结合地方高校的办学优势，建构地方本科高校培养目标。

三、人才培养目标确立理念与确定原则和依据

（一）人才培养目标确立理念

1. 学校的人才培养目标确立要以科学的教育理念为导向

科学的教育理念是制定和实施人才培养目标的前提和基础。针对当前我国高等教育由外延式规模扩张向内涵式质量提升的转型发展，要更加注重科学的教育理念的指导。具体就是要树立坚持以人为本的教育理念，即要始终坚持立德树人、德育为先、能力为重、全面发展的教育教学理念。而不同类型、不同层次的高校应当确立不同的人才培养目标。如研究型大学本科教育应当将人才培养层次定位于“高素质”，将人才素质定位于“国际视野、创新素质、实践能力”，将人才类型主要定位于“研究型”“复合型”和“创新型”；应当强调发挥人才的社会作用，注重培养科学家和工程师。新建本科院校（大部分为应用型本科）应将人才培养定位于大众化高等教育层次。由于基本上属于教学型院校和地方型院校，故要以服务地方和区域经济与社会发展、培养一线实用型人才为主要任务。在人才培养目标与层次上不宜一味攀高，应当坚持有所为有所不为，在满足地方特殊需求和人才培养质量与特色上下功夫。而高职院校的人才培养目标应定位于“培养高等技术技能型专门人才”。

2. 教育理念要体现人才培养的社会价值

可以说，高等学校的第三职能——服务社会的产生，标志着高校人才培养质量的评价将逐步让位于社会和市场，社会的需要才是衡量人才培养质量的根本维度。因此，高校应切实考虑社会的需求，合理设定人才培养目标。

3. 人本主义教育观是确立人才培养目标的根本

人本主义教育观就是要求学校和教师全面深刻地理解“人”的本质，即人不仅是以社会属性为主要特征的生命有机体，也是具有主体性和独立人格的主体，是理性思维和情感意志的完整统一体，更是一个作为目的存

在的人，以鲜明个性为显著特征、不断发展成长的人。教育的根本任务是立德树人，就是要培养人的个性的全面自由发展，要想促进人的全面自由发展，就必须要始终树立人本主义的教育观念。因此，无论是高校还是大学教师，在教育过程中，应当始终坚持学生的学习主体地位，充分尊重学生，热爱学生，把人本主义的教育观念始终贯穿于大学教学过程的始终。

（二）人才培养目标确定原则

高校人才培养目标的确立不仅是对高校办学理念的响应，而且是办学定位的体现。因此，人才培养目标的设定必须坚持以下三个原则。

（1）人才培养目标的设定与高校办学的目标定位相一致。只有这样，才能凸显高校的发展规划与战略选择，才能凸显一所高校的特色与品牌。

（2）人才培养目标的设定还要遵循学科专业的发展规律。只有将人才培养目标与学科发展规划、专业建设目标相结合，才能实现人才培养质量的稳步提升。

（3）人才培养目标的设定还要与学校的办学水平、办学层次、办学类型相一致。即要实现人才培养目标与高校办学水平相一致、人才培养目标与高校办学层次相一致、人才培养目标与高校办学类型相一致，只有实现了人才培养目标与办学目标、办学水平、办学层次、办学类型、学校发展规划与战略等方面的统一，才能证明人才培养目标的设定是科学的、合理的、可行的。

（三）人才培养目标确定依据

高等学校确定人才培养目标是学校办学自主权的体现，是办学定位的必然要求。因此，人才培养目标确定的依据和办学定位确定的依据是相通的，主要包括以下方面。

1. 高等学校人才培养目标必须坚持党的教育方针

在中华人民共和国成立后的不同发展时期，党的教育方针虽有不同的提法，但其根本目标始终不变，即培养“社会主义建设者和接班人”。党的十八大报告指出：要坚持教育为社会主义现代化建设服务、为人民服务，把立德、树人作为教育的根本任务，全面实施素质教育，培养德智体美全面发展的社会主义建设者和接班人，努力办好人民满意的教育。因此，在新的发展时期，高等教育必须把培育和践行社会主义核心价值观贯穿于人才培养全过程，把立德树人作为推进教育教学改革的根本任务，进一步提高人才培养质量。

2. 高等学校人才培养目标应当依据教育法律和政策确立

我国教育法律体系建设经过改革开放以来的办学实践，已经从最初的《学位条例》发展到2006年修订的《中华人民共和国义务教育法》，形成了“六法一例”制度。当然，这些法律制定的年代已久，难以满足教育改革和发展的需要。但是在法律有效的状态下，高等学校在确立人才培养目标的时候还不能随意变更法律，只能在依法依规的框架下办学治校。同时，在法律滞后的状态下高等学校需要及时以教育政策加以引领，发挥政策的导向性和灵活性作用。

3. 高等学校人才培养目标需要适应国家和区域经济社会发展规划

《中华人民共和国国民经济和社会发展第十二个五年规划纲要》中的第二十八章以“加快教育改革发展”为题阐述了国家对教育改革与发展的战略和举措。同时，国务院颁发了《国家中长期教育改革和发展规划纲要(2010—2020年)》，对高等学校人才培养目标提出了明确的要求。例如，“实施基础学科拔尖学生培养试验计划和卓越工程师、医师等人才教育培养计划”“探索贯穿各级各类教育的创新人才培养途径”“鼓励高等学校联合培养拔尖创新人才”“支持有条件的高中与大学、科研院所合作开展创新人才培养研究和试验，建立创新人才培养基地”，等等。这些表述都是一种政策导向，引导高校理清办学思路，调整学科专业结构布局，确立新的人才培养目标。

四、人才培养目标实现的路径

（一）追求学术与服务社会的协调统一

追求高深学问，深入进行科学研究、追求学术自由一直是大学的目标。现代大学理念就是要使追求高深学问和服务社会协调统一，正如联合国教科文组织在全球教育发展研究报告中所倡导的，要建设新型的进取型大学，就必须把大学的功能定位为：一个开展高质量培训的地方，使学生在广泛的社会和专业职能等活动中，有效地发挥作用；一个全力从事探究、创造和传播知识的地方，全力发展科学和参与技术革新与发明的地方；一个基于质量和知识学习的地方，特别向未来的毕业生灌输立志追求知识的理想；一个把知识用于社会发展的责任感的地方；一个鼓励和积极支持与工业和服务部门进行合作以促进地区和国家经济进步的地方。

（二）自由教育与专业教育的有机融合

关于高等教育人才培养目标，一直存在自由教育和专业教育两种教育价值观的冲突。这两种价值观的背后则是培养通才还是培养专才的问题。自由教育来源于古希腊哲学家亚里士多德的著述。自由教育的目的不在于实际有用，而在于发展人的理性，使人的心灵得到解放（自由）与和谐发展。自由教育主要包括哲学、文学等人文学科。专业教育是指专门化的系统知识的培训，旨在为学生从事某项职业做准备。专业教育侧重实用学科，更多的是专业化的内容。

在知识经济时代，社会经济的发展和大学生的职业需要使自由教育已不可居于主导地位。一味强调专业教育将使大学生的价值观、科学观、社会观遭到削弱，“知识被分割得支离破碎，学科专业的划分过于狭窄”。因此，要构建现代大学理念，培养具有创新精神和创新能力的创造性人才，就必须把自由教育与专业教育有机融合，把人文教育和科学教育相互融合，使大学培养的人才既有良好的新知识素质，又具有深厚的人文精神底蕴。

（三）社会需求与个人发展的和谐共赢

在高等教育大众化时代背景下，大学教育在实现把通才教育与专才教育相互融合的基础上，有必要根据大学的差异构建不同的人才培养目标。相对于承担精英教育的少数研究型大学，更多的大学需要改变大学教育的人才培养目标和培养模式，以适应社会发展的多样化对人才提出的多样化需求。

第二节　专业培养目标与标准

一、专业培养目标与标准的内涵

在高等教育管理实践中，专业培养目标又被称作“培养规格”或“业务要求”。高等学校培养人才不仅要划分层次和科类，每一层次的人才又分为不同类型，每一科类的人才又分为不同专业或方向。因此，需要将培养目标进一步细化，形成更加具体的人才培养标准和规范。那么什么是专业培养目标呢？所谓专业培养目标是指高等学校按照学科专业设置规范和国家及区域经济社会发展需要，在人才培养总目标的指导下，结合学校办学特色和优势，构建符合受教育者全面发展的知识、能力、素质结构体系，实现大学生成人、成才的培养要求。专业培养目标是专业人才培养方案的重要体现，是编制通识教育与专业教育课程教学体系、实践教学环节、创新创业教育等教学运行的前提，具有方向性、原则性、特色性等基本特征。

专业培养标准是专业培养目标的进一步细化或量化。长期以来，由于我国高等教育事业发展在学习与借鉴国外先进高等教育管理模式上摇摆不定，特别是从精英化教育转向大众化教育才仅有十个年头，建立全国统一的国家专业培养标准或者某一学科领域的通行标准还十分困难。尤其是我国地域发展很不平衡，中西部的高等教育还处于欠发达的阶段，由教育部学科专业教学指导委员会编制全国相对统一的学科专业培养标准也还需要进行差异化设计。当然，高等学校培养人才必须建立自我发展、自我约束、自我评价的专业培养标准，作为评定学生是否完成学业的尺度，以便于接受教育行政部门的监督，接受社会组织和机构的评估，接受来自学生及其家长的评价。

二、专业培养目标和标准的确定依据

（一）根据国家专业目录设置

中华人民共和国成立后，教育部多次对普通高校本科专业目录进行规范和修订。《普通高等学校本科专业目录（2012）》（以下简称《专业目录》）规定了基本专业352种和特设专业154种，并确定了62种专业为国家控制布点专业。2012年，教育部还修订了《普通高等学校本科专业设置管理规定》。因此，高等学校的专业设置和专业培养目标的设计首先要按照新目录和新规定的要求进行专业布局和结构调整，按照学校办学定位确立专业发展的方向。为了使高等学校在专业目标确立及专业培养方案设计中能够体现统一性，教育部颁发了《普通高等学校本科专业介绍（2012）》（以下简称《专业目录》），指导我国高等学校的专业建设特别是专业培养标准的确立。应当说，《专业目录》和《专业介绍》“对高校设置和调整专业起指导作用，对各专业的培养目标、培养要求、主干学科、核心课程”做了介绍，是“高等学校设置、调整专业，实施人才培养”的重要依据，“对全面提高高等教育质量特别是人才培养质量具有重要指导作用”。

（二）根据经济社会发展需要设立

学科专业设置是高等学校培养人才的基本单位，它集中反映了一个国家或区域对高等教育专业人才的培养规格、知识构成、综合素质的根本要求，即要重点考察高校对自身的评价。比如近三年学生报考、报到、就业及考研情况，各专业的生源数量及质量等；要关注学生的自我发展满意度，重视社会对高校人才培养质量的评价，重视用人单位对高校人才培养质量的评价，注重政府对高校人才培养质量的评价等。也就是说高校的学科专业的设置必须充分考虑社会、市场、用人单位的需求，根据社会经济、政治、文化的发展变化而有所调整优化。只有不断增强专业设置与社会市场的贴近度，才能实现专业培养目标制定与实施的科学性。

（三）根据知识分类标准设置

自工业革命以来，知识与学科的界限逐步被打破，朝着既相互分离又相互融合的方向发展。一方面，知识的学科深度逐渐加强；另一方面，学科知识间的交叉与融合成为现阶段知识发展的重要趋势。在设定和实施专业培养目标和专业培养方案时，既要充分考虑知识的学科属性，又要注重不同学科间、知识间的交叉、融合。在通识教育的基础上进行专业教育，在培养专业技能的同时，要注重对社会意识、公民意识、责任意识、领导能力的培养。

三、专业培养目标和标准确定的难点

培养目标是指不同层次、不同类型、不同专业所要培养的人或人才方向、规格和各种要求等。培养目标定位反映培养人才的不同价值取向。培养目标的合理定位是一个专业确立的关键环节，也是推动一个专业健康、科学发展的前提。虽然我国高等教育的专业培养目标随着社会经济的改革与发展有所调整优化，取得了很大的成就，但同时也存在着诸多问题。

（一）专业培养目标设计缺乏现代教育理念

正确的专业培养指导思想是确立人才培养目标的前提，是实施人才培养方案的基础，是专业培养目标得以实现的重要保障。目前部分高等院校却依然因循守旧、固守传统。我国大学的课程培养目标则具有抽象性、片面性、过分强调应用性的特征，注重理论知识的获得，强化政治意识形态的控制。我国大学的人才培养理念强调基础性、宽厚性、规律性、个性化。例如，中国科学技术大学就十分强调课程的知识分层规律，注重课程设置的学科基础，并不断强化个性培养方案。

（二）专业培养方案内容缺乏创新与特色

纵观我国大学的人才培养方案，同质化倾向严重。一是不同层次人才培养方案的趋同化。无论是专科教育、本科教育，还是研究生教育，人才培养方案往往都落入了本科教育人才培养方案的空白之中。如专科教育的人才培养方案应当注重对学生实际操作动手能力的培养，应当凸显实践教学，强化实践育人。但为了强调人才培养方案的"高大全"，很多高职院校都注重学科理论知识的教学。而研究生教育课程的本科化目前也成为影响研究生教育质量的重要问题，迫切需要改革。二是不同类型人才培养方案的趋同化。无论是应用型学科专业，还是学术型学科专业，人才培养方案都有趋同化现象。三是人才培养方案模式的趋同化。这种倾向导致了不同层次、不同类型的专业培养目标的趋同，没能真正结合学校的办学实际，没能将当地的历史文化很好地融入专业培养方案之中。由此可见，人才培养方案的特色是学校人才培养质量的重要体现，是决定人才培养质量的重要途径，彰显的是学校学科专业在社会人才市场中的竞争实力，是学校走特色立校、特色兴校、特色强校的重要保障。

（三）专业培养规格偏离社会实际应用

学科专业的设置只有满足了社会人才市场的需求，才有价值和意义。但由于高等教育的人才培养具有较长周期的特性，高等教育引领社会发展的职能并未充分发挥。这与专业培养目标的滞后性、与社会人才市场的脱轨有着密切的关系。一方面，学校在进行专业申请的过程中，并没有做充分的市场调研与论证，人才培养的规格与质量也不清楚，盲目跟风；另一方面，是对高水平大学人才培养方案的模仿与复制，即低水平、低层次的高等院校的专业培养方案的制定与实施并没有考虑当地区域经济社会发展的实际情况，主要是对高水平大学、研究型大学专业培养方案的简单重复，导致专业培养目标与学校发展实际和未来发展规划相背离。

四、专业培养目标和标准确定的原则

专业培养方案是专业培养目标的首要环节和核心内容，专业培养目标是专业培养方案的现实指向和实践检验标准。因此，在确立专业培养目标的过程中，要制定与实施科学的专业培养方案，将二者紧密结合。

（一）找准适合本校的人才培养定位

高校在进行人才培养定位时，要充分考虑本校的办学实际，考虑人才培养的科学定位。具体就是要遵循人才培养定位的原则，即服务面向原则、办学层次原则、自身优势原则和未来需求原则。只有这样才能准确地找到适合本校发展的人才培养定位，并最终体现在学校的人才培养目标上，为专业培养方案的制定打下坚实的基础。

（二）充分发挥自身的人才培养特色

首先要明确特色，要将人才培养的各个方面通过与其他高校，尤其是与同类型院校进行分析比较。通过对人才市场当前与未来的需求分析，再从本校长期办学实践的经验积累中提炼出本校专业在人才培养方面潜在的或显现的特色。其次要研究特色，结合现有专业的人才培养条件，研究如何最大限度地运用好国家的各项政策措施，使专业人才培养特色得以巩固和加强。最后要加强特色，在学校政策措施的支持下，通过认真研究制定专业培养方案，使专业的人才培养特色在专业培养方案中得到具体体现和充实，进而在人才培养过程中得到切实加强和进一步发挥。

（三）强调人才培养模式的改革创新

高校在制定就业培养方案时，要在国家的宏观指导下，结合本校的客观实际，灵活自主地开展学科专业人才培养模式的改革和创新。即要注重学生的能力培养与个性发展相结合，课程体系构建和教学内容合理安排相契合，创新现代教学形式和促使教学方法多样化，合理配置专职教师与兼职教师比例，合理安排校内教学与校外实习实践环节等。

（四）以提高人才培养质量为根本

质量是高等学校的生命线，也是专业能够长期存在和发展的根本保证，专业的举办者一定要树立质量意识。学科建设的最终成果是高水平的科研成果，专业建设呈现给社会的最终成果是高素质的合格人才。专业建设质量体现在人才培养质量上，人才培养的全部内容和所有环节都是专业建设必须关注的。即要保证明确的专业培养目标、组建高水平的教师队伍、构建科学的人才培养方案和高水平的教材体系、建立完善的实践教学基地和科学的专业管理机制等。

第五章　高校学风建设策略

学风建设是开展教育工作的重要组成部分。目前，高校学风建设是在内涵式发展背景下实现的，我国高等教育正在步入内涵式发展道路。内涵就是事物的本质属性的综合，有学者明确指出：发展包括结构协调、要素优化、质量提升、水平提高、实力增强；一个完整的高等教育体系涉及规模、质量、结构、效益、公平等五个主要变量，高等教育的内涵式发展应当是以提高质量为核心的五个变量协调统一的发展。简言之，内涵式发展就是重视内因和以提高质量为导向的发展。

第一节　学风建设的背景和途径

一、高等教育内涵式发展是学风建设的重要背景

高等教育内涵式发展的目的是提高高校的办学质量和促进学生发展。“推动高等教育内涵式发展”在党的十八大上首次提出，它已成为当前我国高等教育发展的纲领性指引和重要任务。完成这一重要任务，需要将人才培养、质量为先作为高等教育的重要目标。这也是应对以“扩大普通高校本专科院校招生人数的教育改革政策”“教育产业化”为代表的传统外延式发展所造成的人才质量受影响的重要对策。

高等教育内涵式发展成为高校学风建设的重要背景主要表现在以下方面。

(一) 我国高等教育的现实基础

内涵式发展这一概念的提出具有重要的现实意义。1980 年，我国高等教育普通本专科在校生人数 114 万人，1997 年的在校生人数达到 317 万人，2002 年的在校生人数达到 903 万人，到 2012 年在校生人数达到 2371 万人。1998 年，普通高校数量为 1022 所，到 2012 年达到 3601 所。可以看出，我国高等教育普通本专科在校生人数的增长速度飞快，总数不断增加，而且高校数量也在不断增加。但是，由于高等教育的投入和管理并没有跟上高校扩招的速度，高等教育事实上仅仅在被动地适应学生人数增加的现实状况，规模的扩大只会导致质量受影响。

为了应对我国高等教育的发展问题，在 20 世纪 90 年代初，已有学者指出高等教育的内涵式发展的实质是“效益型”发展。1994 年召开的全国教育工作会议上提出“通过改革，走内涵式发展为主的道路，规模适当，结构合理，质量和效益明显提高”的高等教育事业发展的方针。在这一时期专家已经预见到“学校数量的增加、低水平重复建校、盲目设置专业”对高等教育的质量会产生影响。在高等教育发展初期，自然会重视数量的增加和规模的扩大。内涵式发展作为“预警”的提示，在当时受到时代局限，未被重视，相关研究也较少。即便到 2003 年，高等教育内涵式发展仍不算主流，潘懋元提出“以外延式发展为主”的高等教育发展方向。2006 年，高校扩招的弊病逐渐显露，已有学者开始重新重视内涵式发展道路的重要性，系统地论述了内涵式发展，指出高等教育内涵式发展是“以质量提高为核心的增长模型，指向制度建设和文化建设，本质上是一种自主型发展”。

结合我国的教育发展现状及文化传统，2012 年，党的十八大报告中明确提出“推动高等教育内涵式发展”。而内涵式发展已经成为高等教育改革的必由之路。如今，内涵式发展不是提倡高等教育回归单纯的精英教育，而是保证高等教育大众化的质量，既保证数量，又重视质量。

（二）我国高等教育存在的矛盾和危机

一是规模扩大与硬件设施滞后的矛盾。部分学校从物质设施到其他各种办学条件准备都不充分，导致学生人均占地面积、学生人均占有教学行政用房面积、学生人均占有图书资料等都有不同程度的降低。二是规模扩大与办学定位趋同化的矛盾。在高等教育大众化的背景下，社会对人才的需求是分层次的，不同类型的高校应该有不同的质量标准和培养目标，这是一个符合教育规律的客观要求。但在实际中却存在与之相悖的现象。部分高校将高校之间的竞争单纯地演绎为“牌子、排位、规模、门面”的竞争，而忽略了其质量、特色、品位和内涵。三是规模扩大与师资力量不够的矛盾。由于教师资源不足，生师比例出现了严重失调，普通高校生师比平均接近19:1，有的高校甚至超过30:1。四是规模扩大与生源质量受影响的矛盾。生源总体质量的平均水平必然随着规模的扩张而受影响，学生素质和智力差距加大，不利于其进入大学以后的学习和生活，难以做到因材施教。

（三）内涵式发展是高等教育的理性选择

我国高等教育在步入大众化发展阶段后，同时面临学生数量增加和保证教育教学质量的双重压力，主要表现为外延式发展已带来资源紧张、动力不足的问题，内涵式发展也滞后。前者指高等教育经费投入严重不足、师资力量不够，以及教育设施条件改善缓慢等，后者指高校的办学理念、人才培养模式、管理体制、管理制度、经营水平、学科专业、教育结构及文化建设等方面不能适应规模迅速扩大和经济社会发展的要求。特别是学科（课程）师资与办学体制和制度等正是我国高等教育发展的先天不足之处，是需要在内涵式发展中重点填补的关键。这些问题集中反映为高等教育的规模与质量、结构与效益之间的不协调，从而影响了高等教育的可持续发展。

面对高等教育大众化的挑战和提升高等教育内在品质的客观要求，我们需要思考和研究许多问题。例如，如何适度控制高校及招生人数增长的幅度，合理确定办学规模，以促进高等教育与经济建设协调发展；如何深化高等教育教学改革，推进制度创新，以完善高等教育质量保障体系；如何优化高等教育结构，提高资源利用效益，以提高高等教育的社会适应性；如何鼓励高校办出特色和水平，培养更多的优秀人才，以提高竞争力；如何加强高校文化建设，以重塑大学精神，促进人的和谐发展；等等。这些问题的有效解决在客观上要求高等教育必须走一条规模扩张与质量提高相统一的协调型发展之路。而内涵式发展模式适应了社会改革和高等教育发展的需要，承载着高等教育发展的质量和水平，成为高等教育发展的核心和高等教育可持续发展的主要推动力，是现阶段乃至长时期高等教育的理性选择。

二、学风建设是高等教育内涵式发展的重要途径

学风建设是高校提高办学质量的内部源泉和动力。高校走内涵式发展的道路重点需要依靠学校的“软件”建设，通过提高软实力，促进高校的内涵式发展。在教师队伍建设方面，学风建设重在提高教师队伍的质量，不盲目追求数量。在教师的聘任、培训、管理上严格要求，增强教师对高校工作生活的认同感，由内而外地增强教师提高自身学术水平和管理能力的动机与治学能力。在学生培养方面，强化以学生发展为中心的“导学”，对学生进行学习动机、学习内容、学习方法和学习过程的指导，使学生愿意学习、主动学习、学会学习、善于学习。学生学到的是引领其学习发展的技能与策略，以及与他们的学习目标、选择、需要一致的决策力。在校园文化建设方面，学风建设应加大发展多元化校园文化的力度，增强全体师生员工爱校、荣校的精神，提高高校作为一个集体的凝聚力，使其成为一个协调发展的有机整体，更好地发挥教书育人的功能。

在高校整体推进内涵式发展的新形势下，学风建设工作也必将被赋予新的使命，可以从下面四个层次来认识学风建设对促进人才培养质量的重大作用。一是优良的学风能够建立稳定的教学秩序和良好的学习氛围，为

学生系统学习科学文化知识，掌握专业技能，步入社会立业打下坚实的基础；二是优良的学风可以帮助学生形成坚强的意志品质，能够使学生进行自我教育、自我管理、自我约束、自我激励和自我调节，并具备较强的社会适应能力；三是优良的学风能够促进学生树立正确的学习观，养成勤学善思、善于钻研、开拓创新、终身学习的好习惯，成为顺应时代的新型劳动者；四是优良的学风可以有效提升学生的思想道德素质和科学文化素质，使学生能够把自我价值的实现和社会责任结合起来，成为引领和推动社会发展的人才。

今后高校学风建设的工作，以及营造良好环境、秩序都将会在内涵式发展背景下进行。学风建设的原本目标是提高学校的人才培养质量，而在内涵式发展的教育背景下，高校学风建设也能更顺利地发挥其功能和效率。

第二节　学风建设的内容

高等教育内涵式发展理论为学风建设提供了新的视角和方法。高等教育内涵式发展背景下学风建设需要正确的指导思想；要在把握真理、以学生为中心、以教师为主导的基础上，从校园文化建设、“教风”建设、人员队伍建设、保障体系建设等几个方面着手。同时要充分利用“社会—学校—家庭”具有共同目标和可协同的优势，构建“社会—学校—家庭”三位一体的教育模式。

一、高等教育内涵式发展背景下学风建设的指导思想

（一）高等教育应该彰显科学理性，以真理为根

德国人 Karl Jaspers 认为，大学的使命只在于忠诚于真理的探寻，大学是师生聚合在一起探寻真理的社会。一个国家的历史发展，是其不断推动知识和真理的发展过程。学校作为探索和传播真理的主体，历来是发展知

识、推进真理的主力军，一方面承载着传承和发展的历史重担，另一方面也是优秀传统文化和新知识的受益者。在高等教育发展的过程中，彰显科学理性、忠诚于真理既是高校自身发展的需要，也是社会历史进步的要求。

（二）高等教育应该以学生为中心

随着我国主体教育的深入和素质教育的推行，“以学生为中心”的教育思想逐渐受到了教育界的高度重视。“以学生为中心”作为一种办学理念，强调教学理念、管理理念、服务理念的转变，以及教学方法、评价手段的转变。教学的目的、任务不在“教”，而在于“学”。“以学生为中心”最根本的是实现从以“教”为中心向以“学”为中心的转变，即从“教师将知识传授给学生”向“让学生自己去发现和创造知识”转变，从“传授模式”向“学习模式”转变。因此，学校要从“课堂、教师、教材”向“学生、学习、学习过程”转变，做到真正关注学生的学习。学生是学校最关键的主体。实现学生的发展与成才，是对教育理念践行的最大肯定。同时，高校精神只有通过学生对优秀历史的继承和知识的创新，才能不断发展，学生是高校精神的塑造者。

（三）高等教育应该以教师为主导

人往往看不清自己，如要看清自己，则要让自己跳出来，从更高的高度看自己。教师的作用就在于帮助学生跳出来，从更高的高度看自己。教师作为学生成长道路上不可或缺的引导者，在学生自身实力尚薄弱的时期，对其进行指导和帮助。教师的引导作用首先体现在发掘学生的学习兴趣，引导学生树立明确的学习目标并以兴趣为导向进行学习；其次，教师在学生学习和生活的过程中担任解惑者的角色，对学生在思考和实践过程中产生的疑问进行指导；最后，教师要培养学生良好的自学能力，增强学生的独立思考的能力。教师的指导作用，是学生成长过程中的坚强后盾。

二、高等教育内涵式发展背景下学风建设的具体内容

（一）高等教育内涵式发展背景下的校园文化建设

文化本身涵盖着大量的学习内容，同时，也潜移默化地影响着人的思想和行为。高校校园文化是一种以人为本的文化，是高校校园物质文化、精神文化、制度文化和行为文化协调发展、可持续发展和全面发展的文化。校园文化是高校学风的重要影响因素，它引导着世界观、人生观和价值观的树立，它强大的吸引力和渗透力使其涵盖范围不断扩大，对学生的影响非常深远。

国际上很多知名高校十分重视校园文化建设，通过组织开展各类校园活动，塑造具有特色的校园文化。以英国的剑桥大学为例，作为顶尖名校，其校园活动丰富多彩。其中划船（rowing）是最流行的体育运动，剑桥大学各学院间经常比赛，而且剑桥大学每年 4 月份都会与牛津大学举行划船比赛。各学院间还举行其他各种体育比赛，如橄榄球、板球、国际象棋等。其他的校园文化活动也成为剑桥独具特色的校园文化的重要部分。如剑桥科技节、国王学院复活节、牛津剑桥赛艇比赛、剑桥啤酒节、剑桥电影节、剑桥儿童节、剑桥草莓节、五月狂欢周、剑桥游乐会、毕业典礼、剑桥莎士比亚节、剑桥夏日音乐节、剑桥边缘艺术节、剑桥大学社团展览会、剑桥烟花表演、国王学院圣诞颂歌等。加强校园文化建设，创建校园活动对培养良好的道德品质、拓宽视野、增加知识情感、培养良好的个性，以及实现人的德智体美各方面全面发展具有非常重要的作用。

丰富多彩的校园活动的创建主要应该从以下几方面进行。第一，校园文化活动的指向性。各种各样的校园文化活动应该都有其针对性、目的性及特点，围绕预期达到的目标设计、组织校园活动。为了营造浓厚的学术氛围，高校可以通过积极邀请国内外知名学者开展学术交流、举办学术竞赛、组织学生参与相关社会实践、促进高低年级学生间的学习交流等活动，鼓励学术研究、增进学术交流、促进学术进步，为学生的学习提供更

好的平台和更广阔的空间。第二，积极开展受众广的校园文化活动。校园整体文化的构建需要大部分学生的参与，校园文化活动的开展应该是针对大部分学生的，学生愿意参与的。通过迎合高校学生发展需求和学生兴趣，联系学生实际，在活动的开展过程中，促进学生间的相互交流，并传递主流价值观。一方面营造和谐、团结的校园氛围；另一方面建设并渗透校园主流文化。第三，校园文化活动类型的多元化。活动类型的多元化可以从内容的丰富性和形式的多样化方面着手。学校的校园文化活动从内容上讲，应该包括德、智、体、美、劳等各个方面；从形式上来讲，既要有传统的形式，如组织大型活动、会议、报告、比赛，又要开发新型的活动方式，如以新媒体为载体的校园文化活动。校园文化活动的多元化，一方面可以全面培养学生的兴趣，提升学生综合素质；另一方面有利于全面调动学生的积极性，形成广泛的正面影响力，建设积极的校风环境。

（二）高等教育内涵式发展背景下的“教风”建设

教风主要表现为教师整体的思想水平、道德水平、学术水平和教学水平，同时涉及对教学规律的把握，以及育人意识和遵守教学纪律的意识等方面。此处着重强调对教育内容和教学方法的建设。

1. 高等教育内涵式发展背景下教育内容的优化

（1）以思想教育为核心。思想教育主要是帮助大学生树立科学的世界观、人生观、价值观和培养良好的道德观等。思想是行动的先导，只有解决了思想上的困惑，坚定了价值取向和道德取向，才能为培养优良学风打下坚固的思想和道德基础。值得注意的是，在大学生中，信仰危机已渐渐显露，学生功利、厌学问题也愈演愈烈，树立大学生的理想信念成为一个十分紧迫的问题。加强大学生的理想信念就要坚定马克思主义信念，坚定以爱国主义、集体主义、社会主义为核心的思想道德教育。思想道德的建设和理想信念的树立并不是凭空形成的，它是依托于一定知识而完成的沉淀。大学生要培养出良好的思想道德和坚定的理想信念。一方面，大学生必须掌握一定的社会主义科学知识，尤其是马克思主义哲学。哲学追求真善美的崇高境界，不但与大学精神不谋而合，而且还能借助其超功利的特点，对那些想通过学习实现“发财梦”的学生进行教化纠偏。加强马克思主义唯物论、无神论等先进思想的学习，用科学的理论武装头脑，用社会主义道德来完善言行，有助于大学生识别、抵制和反对各种错误思想和腐朽风气，也在一定程度上为高校开展学风建设扫清了障碍、弘扬了正气。另一方面，大学生的思想道德建设和理想信念建设还必须加强中国近代史、现代史，以及中国国情教育。我国的优秀历史文化和革命传统是中国发展过程中的精髓所在，无疑是大学生思想道德教育最好的教材。同时，中国传统的文化底蕴和坚强不屈的革命精神又在一定程度上增强了自豪感、使命感，促进了大学生集体荣誉感的增强、爱国情感的激发和社会主义意识的培养。对大学生进行的中国国情教育能够使大学生全面地认识到社会主义光明的前景和艰难的过程，有利于激发大学生的责任感和危机意识，树立为社会主义事业奋斗终生的坚定理想信念。

（2）课程设置和课程改革。合理安排学习内容对调整高校学风很重要。要研究发展什么样的高等学校，怎样调整专业设置、安排基础理论课程和进行教材改革，应该增强对学生专业知识及辅助知识的教育。首先是专业知识的学习，包括本专业和相关专业的理论。现在的书籍非常多，知识也是纷繁杂乱的，学校和老师应该相应地精简课程，既保证学生真正学到知识，又不增加多余的压力，还必须注意教材和前沿信息的更新。教材要反映出现代科学文化的先进水平，同时要符合我国的实际情况。其次，高校还应适当增加一些辅修课程，如心理健康课程和就业指导课程等。心理健康课程是应当今大学生的心理素质越来越差，抗压能力越来越弱的现实而提出的，其目的是帮助学生减轻心理负担、轻松学习。就业指导课程则应注重学生就业心态、就业态度与行为的指导等方面。

（3）理论与实践的结合，注重实践能力的培养。单单进行专业知识的传授还不行，高校还应该给学生提供相应的条件和机会进行实践学习。只有通过实践，知识才能完成转化，学生才能融会贯通使之成为自己的财富；只有在实践中学习，所学的知识才能得到不断扩充、丰富和发展；也只有把理论和实践结合起来，大学生才能避免在学习的过程犯教条主义或者经验主义的错误。为学生提供良好的空间和设备条件，实现理论与实践的完美结合，注重学生实践运用能力的培养，是高校人才培养义不容辞的责任。

教学内容是高校学风建设非常重要的一环。高校既要注意培养良好的思想道德，也要注重学生知识沉淀和实践技能的学习。只有结合了这三点，才能实现学生“文化知识学习和思想品德修养紧密结合”“创新思维和社会实践紧密结合”“全面发展和个性发展紧密结合”。

2. 高等教育内涵式发展背景下的教学方法改革

传统教学方法是应试教育影响下产生的单向灌输的教学模式，以考试分数作为教学成果的唯一标准，教学制度划一呆板。这种教学方法不利于调动学生的积极性，只强调教师的灌输作用，而忽视了学生主动性的发挥。我们应该改革教学方法，更好地保证教学质量和效果。

（1）教学是发生在教师和学生之间的活动，两者之间本应是一种平等、共生的关系。偏失一方，只会演变成单向教学、强制教学。教学方法应该特别强调教师与学生之间的平等互动性，即把教师和学生两部分放在平等、民主、互动和合作的平台；既不强调一方而忽视另一方，又把双方的积极性合为一体，把教育和学习视为一体，增加合力。只有通过教学平等、教学互动、教学相通、教学相长，摆正教学观念，形成苏格拉底式教学，才能实现教学工作的真正改革。

（2）要形成探究式教学。每一所高校，都要爱护和培养学生的好奇心、求知欲，帮助学生树立自主学习、独立思考，保护学生的探索精神、创新思维，营造崇尚真知、追求真理的氛围，为学生的天赋和潜能的充分开发创造一种宽松的环境。探究式教学主要是要帮助学生形成科学的思维方式，尤其是归纳、推理，以及开放性思维的培养；形成独立思考、自我学习和自我教育的能力；形成良好的探索能力和创新精神。教师应将最新研究成果或者具有典型性的案例引入课堂，结合科学知识，进行重点探究。这样既有效提高学生分析问题和应用实践的能力，又对新问题、新信息进行引导，激发学生的好奇心和求知欲，提高其探索意识和创新能力；还可将学生分成几个小组进行讨论，这样进行分工协作，既培养了学生独立思考、解决问题的能力，又培养了学生的合作精神和集体意识；同时可以规定相应的最低限度义务，以调节某些懒散、消沉学生的自控自律能力。

（三）高等教育内涵式发展背景下的人员队伍建设

1. 强化教师的思想道德修养

教师是学生增长知识和思想进步的导师，一言一行都会对学生产生影响，一定要在思想政治上、道德品质上、学识学风上全面以身作则，这样才能真正为人师表。首先，教师要有脚踏实地、乐于奉献的工作态度和淡泊明志、甘为人梯的精神境界；既要有严谨治学、学而不倦的探索精神，又要有关爱学生、立德树人的人格魅力。只有不断提高教师的思想道德修养，教师才能更好地言传身教、潜移默化地影响学生走向成才。其次，加强教师人员的流动性。教师人员的流动性，一方面是指教师队伍的更新补缺；另一方面则是指不同学校、院系，以及教师之间的横向交流。另外，教师、科系、学校之间，学派与学派之间，应相互交流、自由讨论，不能文人相轻、学科相轻、学派相轻。最后，加强教师对学生引导能力的提高。教师的职责“越来越成为一位顾问，一位交换意见的参与者，一位帮助发现矛盾而不是拿出真理的人。”一个成功的引导者首先必须是一个知识渊博的人，加强教师队伍的学习对于高校学风建设非常重要。社会是不断发展变化的，任何一个教师要想不被时代丢弃，就应该与时俱进，不断发现新情况，解决新问题，活到老、学到老，终身学习。

2. 加强干部队伍建设

加强干部队伍建设最重要的是整顿风气，破除腐败风气。纠正行政干部不良风气，一方面应该弘扬一种正气。这种正气应该是一种具有强烈职业道德感与极高责任意识、默默付出、“甘为孺子牛”的高风亮节。鼓励先进，培养正气；树立典型，引领正气；加强奖惩，巩固正气。只有正气被弘扬了，才能把行政工作引向正确方向。另一方面知识可以明智。端正风气必须以加强自身的学习与修养为基础。

3. 加强辅导员队伍建设

在大学生活中，学生都是来自五湖四海，风俗习惯、生活习性，以及家庭背景都会有所不同，在新的学习环境中会产生许多思想上的困惑。与学生生活联系最紧密的辅导人员就显得异常重要。辅导人员首先是一个指导者，一个具有丰富的综合素质的领路人。综合素质包括政治素质、文化修养、道德情操、心理素质，以及综合能力素质等。从辅导员的招聘工作开始，高校就应该把好关。已在职工作的辅导人员应加强学习和培训，创建学习条件，加强学习和竞争意识，通过知识和实践方面的学习来完善自身的不足。其次，辅导员还应是一个服务人员，辅导人员应该加强扎根学生、服务学生的责任意识，随时掌握学生的思想现状和发展趋势，尤其对心理上和生活上存在困难的学生予以疏通指导。如果没有扎根学生的责任意识，辅导人员就无法与学生进行心与心的沟通，也就无法发现学生的问题；没有服务学生和无私奉献的精神，辅导人员就不能顺利地帮助学生排忧解难。辅导人员应该以服务为主旨，贴近学生、贴近学生生活。

（四）高等教育内涵式发展背景下学风建设的保障体系

1. 物质保障

学习环境的搭建必须以一定的物质保障为基础。物质保障包括教学楼、图书馆、食堂、实验室、学习器材和硬件资源等。这些内容有的提供了直接的学习内容，有的提供了必要的学习工具，有的直接为大学生学习服务，有的通过生活上的帮助为学习保驾护航。另外，要为学生造就一个安心学习的环境。除了必须将这些硬件设施配备齐全以外，更重要的是不断更新先进设备。物质是精神的基础，只有建立良好的物质保障，才能去实现精神的修炼和飞跃。

2. 制度保障

高校制度保障既要保障师资力量能有效发挥其教学、管理和服务的职能，又要为学生主动学习提供一个良好的规范和保障。就教师的现状而言，在高校评价体系中，论文、各种基金项目、院士、长江学者等的权重因子越来越大，科研项目成为教师的工作重心，教学则变得不那么“显学”。现在的主要任务是必须调整机制，使教师回归到教学的重心上来。首先高校必须完善教师考核评估制度，将教学表现作为评奖、评优、晋升与薪酬发放的重要指标。其次，高校还应建立健全教师激励和制约机制。浙江大学出台了将教学质量和教学效果与津贴直接挂钩的“一票否决制”，对于有效激励教师教学就是一个很好的典范。但在强调制约的同时，更重要的还是激励，高校应充分调动发挥教师的积极主动性。最后，健全教师教学的监督体制。监督体制是对教学效果最有力的保障。学生是教学质量和教学效果最直接的反应，促进学生对教学工作的监督才能更加完善该监督体系，将学生评价纳入监督能有效保证教师教学工作完成。

三、高等教育内涵式发展背景下的“社会—学校—家庭”三位一体功能

社会、学校、家庭之间有着非常密切的联系。学校是社会程序的一种，它主要是一种社会组织。社会环境文化是学校教育的重要内容。学校教育的发展必须结合社会生活实际，必须以社会的发展作为目的。同时，学校通过其教育责任和学术责任又会对社会发展产生反作用，承担服务社会和引领社会的责任。家庭是社会的单位，也是第一教育场所。在进入大学后，学生主体性增强，家庭的影响地位会有所减弱，但家庭的教育职能依然存在。在教育功能上，学校、社会、家庭三者相互补充、共同作用；在教育对象上，三者同时作用于共同的对象。这为实现“社会—学校—家庭”三位一体功能的实现提供了可能。在现实生活中，教育过分依赖于学校，社会和家庭的教育功能还没有完全被开发出来。这在一定程度上造成

学校的负担过重，不利于学生的全面发展。加强社会、学校和家庭的教育合力，对共创良好的教育环境有非常重要的现实意义。要平衡三者在发挥教育作用时的比重，实现“社会—学校—家庭”三位一体功能的平衡发展，落实社会教育和家庭教育。同时，加强学校的先锋和指导作用，带动社会和家庭的教育功能的发挥。最后，通过对社会教育加大投入、加大关注，增强社会教育的全面作用。

第六章　高校教师队伍建设策略

“百年大计，教育为本；教育大计，教师为本”。中国新民主主义革命和社会主义建设的历史过程充分表明，中国的教育发展在促进社会经济发展中的地位和作用必须得到高度重视。在今天国家倡导教育优先发展的战略抉择中，也应当毫无疑问地把教师发展摆在首要位置。当前，高等教育改革已步入深水区，如何通过全面推进高校综合改革，提高人才培养质量是高校普遍关注的问题。其中，高校师资队伍建设作为改革的关键点或者突破口，成为许多高校综合改革方案的一项具有特色的制度设计。在我国历次的本科教学工作评估方案或者指标体系中，教师队伍或者师资队伍都是作为一级指标进行重点考察的。在 2013 年 12 月教育部发布的《普通高等学校本科教学工作审核评估范围》中，“师资队伍”仍然作为第二个审核项目，其所表达的本意是对高校从事教学工作主体资格的一种限定。实际上，在大多数人看来，师资队伍中的师资不过是从事教学工作的专业教师和实验技术人员。为便于研究，这里我们统称高校教师队伍。

第一节　高校教师队伍概述

一、高校教师队伍的内涵

教师是高等院校的主体，高水平的教师队伍是体现大学高水平的重要标志。美国哈佛大学前校长科南特说过：“大学的荣誉不在于它的校舍和人数，而在于它的一代一代教师的质量。一个学校要站得住，教师一定要出色。”世界一流大学都拥有大批一流的教师及各领域的著名专家、教授，其中有不少是诺贝尔奖获得者或举世公认的学术权威。世界各国的发展史也证明：“振兴民族的希望在教育，振兴教育的希望在教师。”可见教师对于一所高校发展的重要性。随着中国高等教育的改革与发展，高校教师队伍建设进入了一个新的发展阶段，而教师队伍的结构在很大程度上决定教师队伍的性能。教师队伍的结构主要包括年龄结构、学历结构、职务结构、学缘结构、专业结构等。教师队伍构成是否合理，会对高校的教师管理产生很大的影响，进而会影响到整个办学质量。合理的教师队伍对培养高质量人才，出高水平的研究成果具有重要的意义。有学者研究认为，现阶段，高校合理的教师队伍建设应在人才引进方面呈“梯队”状态，并预算和规划未来对人才的有效利用；男女教师的比例，人文科类达到 1:2 左右或持平，理工科类持平或为 3:1 左右；老中青教师的比例大致为 1:2:2，以形成合理的学术梯队；本科院校教师的学历结构应该基本上达到研究生或研究生以上学历；教师应该具有良好的思想道德素质、饱满的工作热情、丰富的网状知识结构、较强的教学能力和创新能力，在新世纪更应该有信息的处理能力和教育科研能力。

二、高校教师队伍的特征

对于不同类型、不同层次的学校来说，教师队伍的整体状态及他们所表现出来的特征是不同的。教师作为一个职业群体在社会组织成员中扮演的角色内涵是相通的，我们将其归纳为五个基本特征。

（一）高尚的精神追求

学校得以持续生存与发展靠的不仅仅是硬件的实力，而是学校的精神，特别是一支富有积极向上精神的教师。抗日战争时期，西南联大的精神充分表明，教师是追求精神享受的“无产者”。教师追求精神境界的高尚，是因为他们把教师职业所倡导的职业道德内涵看作无限荣耀的信仰。无论是小学教师还是大学教师，他们无不执着地追求这种信念——爱国守法、爱岗敬业、关爱学生、教书育人、为人师表、终身学习。因此，一支优秀的教师队伍要求教师具有高尚的精神追求，甘于清贫，耐得住寂寞，在自己的岗位默默奉献知识和能量。

（二）精诚合作的团队意识

教师是主导教学活动的组织者和协作者，这就要求教师无论是在课程教学活动中还是在教学学术研究中都需要凝聚力量，与他人精诚合作以达到教学效果的最佳状态。在基础教育阶段，教师担负的教学任务十分繁杂，这就要求教师之间有密切的配合，教研组发挥凝聚作用，强化教学团队，实现教学资源的优化配置和科学利用。高等教育相对于基础教育来说，课程教学的专业性增大，科研领域和方向相对分散。但是，合作研究、互惠互利、资源共享，往往是高等学校教学队伍表现出来的专业特长。因此，一个优秀的教学团队教师之间要有合作，共同促进教学能力的提高。

（三）高超的学术水平

教师的学术水平高低体现在学术意识高低上。学术意识是要求教师不仅是学生学习的指导者，更是课程的研究者。因此，教师必须具有创新意识，钻研教材，探索新教学方法，激发学生的学习兴趣，倡导研究性学习，敢于突破常规。教师具有创新精神和创新意识，才能培养出具有创新能力的学生。高校教师应以教学为本，但是，也不能忽视科学研究对教学质量的促进作用。教学与科研应该是相互依存、相互助长的辩证统一关系，我们要鼓励高校教师在教学和科研方面都得到发展。一个优秀的教师不仅要教书育人，还要积极投入教育科研之中，不断总结自己的教育成果，认真反思，探索新的教育理念和方法。

（四）终身的学习热情

“师者，传道授业解惑也。”知识社会对高校教师职业提出了更高的要求。高校教师要想跟上知识更新的速度，站在学科和学术研究的前沿，就必须树立终身学习理念，不断补充新的知识，才能把最前沿的科学文化知识教授给学生。终身学习，不仅需要不断地更新知识，还要学会更新教学方法和手段。

第二节 高校教师队伍职业规范

一、高校教师职业道德规范

职业道德的概念有广义和狭义之分。广义的职业道德是指从业人员在职业活动中应遵循的行为准则，涵盖了从业人员与服务对象、职业与职工、职业与职业之间的关系。狭义的职业道德是指在一定职业活动中应遵循的、体现一定职业特征的、调整一定职业关系的职业行为准则和规范。职业道德既是从业人员进行职业活动时应遵循的行为规范，又是从业人员对社会应承担的道德责任和义务。不同职业的人员在特定的职业活动中形成了特殊的职业关系、职业利益、职业活动范围和方式，由此形成了不同职业人员的道德规范。

教师职业道德规范是公民基本道德规范的职业体现。我们根据《高等学校教师职业道德规范》和教育部《关于建立健全高校师德建设长效机制的意见》，对高校教师的职业道德从以下方面进行阐释。

（一）爱国守法

爱国守法是对高校教师政治素质的要求，也是考量每一位公民素质的基本要求。爱国，要求教师热爱祖国，热爱人民，拥护中国共产党领导，拥护中国特色社会主义制度。守法，要求教师遵守宪法和法律法规，贯彻党和国家教育方针，依法履行教师职责，维护社会稳定和校园和谐，不得有损害国家利益和不利于学生健康成长的言行。守法，也就是“依法执教”。所谓“依法执教”，就是教师要依据法律法规履行教书育人的职责。一方面，教师的教育教学行为要在法律法规所允许的范围内进行；另一方面，教师要善于利用法律手段来维护自身的合法权益。依法执教是依法治教的主要体现和重要保障。这里强调了高校教师在教书育人的过程中必须按照法治精神和法律规定行使职业权利、履行职业义务，让法律成为教师和受教育者的“保护神”。依法执教，不仅要求教师知晓教育法律及其相关法律对教师教学行为的授权与许可、约束与禁止，还需要教师廉洁从教，即严格执行教育戒规，以更加严格的规则要求自己。

（二）敬业爱生

教师是社会美誉度较高的职业，教育又是全社会普遍关注的事业。人类社会的进步与发展在于教育水平的提升，而教育发展的根本动力在于一大批教师对教师岗位的热爱、对教育事业的敬仰。敬业，要求教师忠诚于人民教育事业，树立崇高职业理想，以人才培养、科学研究、社会服务和文化传承创新为己任；要恪尽职守，甘于奉献；要终身学习，刻苦钻研。敬业需要爱岗，爱岗则是对教师角色的热爱。因为教师是一支蜡烛，点燃了自己，照亮了别人；因为教师是浇灌花朵的园丁，万紫千红是教师的最爱……敬业，是把教育看作比自己亲人还敬重的偶像。爱生，要求教师真心关爱学生，严格要求学生，公正对待学生，做学生的良师益友，不得损害学生和学校的合法权益。高校教师要关心爱护全体学生，无论是优秀学生还是成绩差的学生，无论是本院系的学生还是其他院系的学生；要尊重学生的人格，以平等、公正原则行使对学生学业成绩的公正评价；要严格要求学生，耐心辅导答疑，不讽刺、挖苦、歧视学生，特别是不体罚或变相体罚学生；要保护学生合法权益和人身安全，以自己的最大努力，促进学生全面、自由、健康发展。

（三）教书育人

教书，是教师的本分；育人，是教师的天职。自古以来，教书育人是人们对教师的讴歌和赞美，从而也奠定了教师职业形象的崇高与伟大。一个优秀的教师不仅仅是把书教好，更是通过教书的过程把受教育者培育成为对社会、对人类有用的公民，这也是教师的政治素养。从育人的政治高度来看，教师必须“坚持育人为本，立德树人”，把育人作为教师的根本职责；“遵循教育规律，实施素质教育”，改变传统的教育观念和学习方式，让学生从被动的学习模式中解放出来成为学习的主导者；“注重学思结合，知行合一，因材施教，不断提高教育质量。”从教书的和谐性来看，教师作为尊长，与学生的关系需要建立在和谐相处的环境中。因此，要求教师“严慈相济，教学相长，诲人不倦”，并学会向学生学习现代信息科学和其他科学知识；要“尊重学生个性，促进学生全面发展”，一个优秀的教师从来都是尽自己最大的努力满足学生的学习需求。

（四）严谨治学

“严谨”是一种科学的品格，一丝不苟，求真务实，绝不“人云亦云”“随波逐流”；“严谨”是一种谨慎的态度，在当今物欲横流的学术环境中能够理性面对、洁身自好，而不追风赶潮。“治学”是对科学的不断探索，特别是在学术自由理念下对科学真理和人文真谛的不懈探索与追求。“治学”是教师的精神寄托，更是一种大学文化。而这种文化主要体现于高校教师身上所拥有的严谨的学风、渊博的学识、优雅的学品。严谨治学，要求教师能够弘扬科学精神，勇于探索，追求真理，修正错误，精益求精，努力使自己成为学科专业的尖端人才；要求教师能够实事求是，发扬民主，团结合作，协同创新，不断取得新的成就；要求教师能够秉持学术良师，恪守学术规范，尊重他人劳动和学术成果，维护学术自由和学术尊严，诚实守信，力戒浮躁，坚决抵制学术失范和学术不端行为。

（五）服务社会

“伟大的人民教育家”陶行知先生在20世纪20年代提出“社会即学校”的教育思想，主张用社会各方面的力量，打通学校和社会的联系，创办人民需要的学校，培养社会所需要的人才。在陶行知这一教育思想影响下，教育服务社会的理念深入人心。在抗日战争时期，他提出教育必须为民族革命和民主革命服务的主张。而今，中国已经成为世界高等教育大国，这就更加需要我们的大学教师能够以更加宽阔的胸怀拥抱社会，为科技进步与文化繁荣贡献自己的力量。因此，高校教师要勇担社会责任，为国家富强、民族振兴和人类进步服务，成为时代的先驱者；要传播优秀文化，普及科学知识，成为文化的传播者；要热心公益，服务大众，成为生活的引导者；要主动参与社会实践，自觉承担社会义务，积极提供专业服务，成为社会管理创新的参与者。同时，教师在服务社会的过程中，应当秉持严谨的治学态度和规范的学术道德，坚决反对滥用学术资源和学术影响，绝不做损人利己、中饱私囊、败坏社会风尚的“学术败类”。

（六）为人师表

教师是人类灵魂的工程师。为人师表要求教师理当成为学生的表率，成为公众仿效的楷模。“学为人师，行为世范”，是为人师表的核心内容；教师要“淡泊名利，志存高远”，绝不为蝇头小利而丧失人格，也不为权势利诱而随波逐流；要树立优良学风教风，以高尚的师德、人格的魅力和学识风范的教育感染学生，努力让自己成为学生心目中最喜爱的老师；要遵守社会公德，维护社会正义，引领社会风尚；要“言行雅正，举止文明”，体现出教师高雅的文化素养；要“自尊自律，清廉从教，以身作则”，绝不利用一切可能利用的关系和便利条件牟取私利；要“自觉抵制有损教师职业声誉的行为”。

二、高校教师职业发展要求

（一）学科专业理论基础

首先，高等学校教师应具备某一学科门类的专业知识。尤其是具有博士学位的高学历者，其学科专业的理论基础应当更加坚实。高校教师的主要工作是教学，这就要求教师对本学科专业知识的掌握应当更完整、更系统、更扎实。其次，高等学校教师应当具有丰富的相关学科知识。教师的教学活动不能只局限在一门学科的专业知识范围内。高校学分制改革，使得来自不同学科专业的学生可以选读教师教授的课程，甚至要求教师与学生协同创新，参与社会实践活动。教师面对的是知识来源广泛、求知欲旺盛的青年，他们总是带着各种问题在知识领域里孜孜寻觅。这些问题常常超出专业范围，甚至超出目前人们能够理解的范围。

（二）教育科学理论基础

首先，教师需要掌握教育学知识。如教育哲学知识、教育社会学知识、普通教育学知识和教育科学研究知识。其次，教师需要掌握心理学知识。如普通心理学知识、发展心理学知识、教育心理学知识和社会心理学知识。这几个方面既是相互关联的，又是相互独立的，它们一旦为教师掌握，就会提高教师的教学水平。

（三）专业技能与实践性知识

专业技术和应用能力是评价高等学校教师职责的重要指标。在应用技术型大学或高等职业院校中，“双师”所要求的应用技术资格和能力已经成为教师队伍评价指标体系的基本要素。有学者认为，现代的专业教师，不仅要具备科学文化知识、学科专业知识，还要具备教育专业知识、实践性知识。所谓实践性知识，是指教师在面临实现有目的的行为中所具有的课堂情景知识及与之相关的知识，具体地说，这种知识是教师教学经验的积累。因此，高校教师需要增强专业技能，并在教学过程中积累实践性知识，从而丰富教学内容。

（四）教学能力

有学者在论及教学能力时认为，“教学是以知识、技能、道德伦理规范等为媒介的、师与生相互作用的双边活动。在这种活动中，决定教师在其中的地位、作用的核心因素就是教师的教学能力。”这一表述看起来并不是对教学能力的定义。但是我们可以看出，教学能力是教师在与学生相互作用的双边活动中，以知识、技能、道德伦理规范等为媒介，以多元化的组织行为为手段，促使教师在实现教育目标中产生积极引导作用的核心要素和本领。

教师的教学能力包含哪些方面？主要有教学评价能力、教学学术能力、教学资源开放与利用能力、教学组织与管理能力等。也有学者认为，高校教师的教学能力包括教学认知能力、教学设计能力、教学调控能力、教学评价能力和运用教学媒介能力。教师教学认知能力是指认识、理解与把握教学活动基本元素（如任务、内容、对象等）的能力，包括理解专业目标及课程的能力、了解教学对象的能力、分析与处理教材的能力。教学设计能力包括设计教学目标的能力、突出教学重点和难点的能力、选择教学策略和教学方法的能力、编写教案的能力。教师的教学调控能力包括反馈教学信息的能力、调控教学进程的能力和课堂管理能力。教师的教学评价能力包括教与学两方面：教师教学自我评价能力和学生学业成绩评价能力。运用教学媒介能力包括教师运用语言表达的能力、运用教学技术手段的能力。

第三节　高校教师队伍结构

一、教师队伍结构基本要素

（一）教师队伍结构内涵

一般认为，构成高校教师队伍结构的基本要素大致可以分为两类：一类是显结构要素或称之为外在表象，如教师的年龄、学历、职务、专业等；另一类是潜结构要素，体现于教师的内涵和素养，或称之为内在涵养，如教师的思想品质、业务水平、心理素质、性格与气质等。高校教师队伍结构是否合理，应取决于显结构要素与潜结构要素的科学组合。所以，在本科教学工作评估指标体系中，高校教师队伍结构合理与否，始终成为衡量高校教师队伍建设质量的重要标尺，也是形成高质量教师队伍的重要标志。

(二) 教师队伍结构形式

1. 年龄结构

合理的年龄结构应是每一年龄段都有恰当比例，没有明显的峰谷出现。通常情况，教师队伍在年龄结构上呈现自然的正态分布，即老中青三结合，并呈相对平行的柱状形。比如50岁以上的老年教师占30%，40岁至49岁的中年教师占35%，39岁以下的青年教师占35%。有学者研究认为，随着近些年来高校规模的快速扩张，各高校纷纷引进青年教师，教师队伍的年龄结构迅速发生变化，结构失衡问题凸显。如年轻教师所占比例过大，老年教师比例过小，一些高校35岁以下教师所占比例超过五成，个别学校甚至超过六成，45岁以上教师所占比例则不到10%，结构失衡非常严重。

我国现行制度将高校教师专业技术职务岗位设置为教授、副教授、讲师、助教十三级。高校教师队伍的职称结构是指教师队伍内部具有各个级别的专业技术职称的教师的数量匹配和联结方式状况，它在一定程度上反映了教师队伍的学术水平和能力层次。按照分类指导原则，不同层次和不同类型的高校，在教师队伍的职称结构上应当有所不同。但是从整体上看，我国高校教师队伍中的高级职称教师比例偏小。有学者研究，2010年，全国普通高校专任教师队伍中正高、副高、中级、初级、无职称教师比例分别是11.1%、28.1%、38.5%、7.2%、5.2%。

2. 学历结构

高校教师队伍的学历结构，是指教师队伍中具有各种不同学历层次、不同学习类型的教师的数量匹配和联结方式状况。从学历的层次上来看，高学历在高等学校教师整体数量结构中呈上升趋势，具有本科和高中学历的教师将逐步退出。“尽管学历不等于能力，文凭不等于水平，但相比之下，高学历教师受到更为正规和更高层次的学术训练，专业成长更快，发展的可能性更大”。从结构的要素匹配上看，高校教师队伍中高学历教师比例当然越高越好。但是，不同类型的高校应根据自身不同的定位和需要，综合考虑经济成本等因素确定本校教师队伍合适的学历结构建设目标，比如应用技术大学需要更多的不是高学历者，而是高技术的工程师。

3. 性别结构

据教育部2009年教育统计数据，我国所有普通高校专任教师有129.5万人，其中女性专任教师为59.5万人，占总数的45.9%。因此，可以说在我国目前的高校教师队伍中，女教师这个群体已由高校中的少数群体逐渐发展成为高校教师队伍中的一支重要力量，成为高校教师队伍中一支不可忽视的生力军。

4. 学缘结构

高校教师队伍学缘结构是指高校教师队伍的学术教育背景来源单位或组织的组成及构成状态。我国高校教师队伍学缘结构表现出单一性、本土化和低层次特征，存在着“三多三少”的现象，即本省（市）学缘较多，外省（市）的学缘少；同类高校的学缘较多，更高层次高校的学缘较少；国内学缘多，海外学缘极少。除此之外，我国高校还存在比较严重的“近亲繁殖”现象。据华中师范大学胡学实的调研，他从教师学缘状态的三个维度进行了测量，认为目前我国高校教师队伍学缘结构的亲缘度为0.27，勉强符合国家要求；而从结构的数量匹配关系上看，优缘度平均水平达到0.59，接近0.6（211类高校水平）；广缘度为0.36，接近0.4（即省内高校水平），说明高校教师来源平均水平仍然不够广阔。在分析了不同类型的高等学校学缘结构状态和原因后，提出增强广缘度、降低亲缘度、提升优缘度的对策建议。理想的学缘结构应有多样性程度高、远域学缘和高层次学缘的比重大三个特点。前者指学缘来源丰富多样，中者指来源于外地尤其是国外的学缘比重较高，后者指毕业于名校的教师比例多。从世界一流大学的教师学缘结构来看，都比较注重“五湖四海”“百花争艳”。比如2009年，牛津大学教师队伍中来自欧盟其他国家的占13.2%，来自美、中、澳、印、加等国的占15.2%。

5. 知识结构

知识结构相对于一个人而言，是指通过学习与实践所获得的全面知识、技能和素质等智力成果，并按照一定的逻辑关系进行建构组合形成的一种智力体系。一个人具有丰富的知识，体现于文理交融，学科宽博，合理的知识结构。高校教师队伍知识结构是指整个教师队伍所获得的知识、技能和素质等智力成果的分布状态。目前高校教师中局限于个人钻研领域的“专家”很多，舍得花功夫自主学习和探讨其他学科知识的教师少之又少。多数教师是本校留校生，“近亲繁殖”严重，学科知识结构不尽合理，各学科之间缺乏横向渗透及相互交流。一些教师缺乏跨学科、跨专业授课的能力，难以胜任综合学科的教学。

许多教师只注重对理论性较强的知识进行研究，对宏观研究、政策研究把握得较好，而对实践性课题研究甚少，对微观性及操作性问题的把握不到位。

6. 任职结构

任职结构是指高校教师队伍中担任专任教师和兼任教师的数量比重，有的称之为“专兼结构”或“数量结构”，高校教师的任职实行“专职为主，兼职为辅，专兼结合”的形式，专职教师是以教学为专门职务的教师，而兼职教师是指被校聘兼任教学职务的校内外非专职教学人员。可见，专职教师是考察高校教师队伍数量与结构的主要对象。

二、高校教师队伍结构现状考察与分析

（一）高校教师队伍结构现状考察

考察学校的教师队伍结构现状，首先要看学校在自评报告中是如何表述教师队伍结构状态的。比如，有学校是这样表述的：“师资队伍稳定，结构合理，发展趋势良好；教师队伍整体素质高、实力强，学术带头人在本科教学中发挥了主导作用。”这里需要注意的是，结构是否合理是需要通过数据来表现的。因此，学校的教师队伍结构必须按照要求绘制“年龄结构”“学历结构”“职称结构”“学缘结构”等结构图表。

应当说，高等学校在近十年间无不把教师队伍建设摆在头等重要的位

置，特别是加大对学科带头人的引进和培养的力度，加大对青年教师的扶持和引导，努力改善整体结构状态不尽合理的局面。比如，省属重点高校开始由注重高学历转向有留学经历，要求中青年教师晋升教授职称需要具备一年以上的留学教育经历；开始由注重学术评价转向注重教学评价，要求年轻教师晋升副教授需要具备一年以上的社会实践经历。

（二）目前高校教师队伍结构的突出问题

1. 总量结构失控

高级职称的教师年龄老化，35 岁以下的青年教授寥寥无几。“十二五”至“十三五”的十年，是高校教师的一个退休高峰时期。这一批教师年龄偏大，但是大多获得教授职称。他们的退休对学科专业领域的负影响较大，会造成一些学科产生生存危机。有的学科专业由于学科带头人的离退而出现学术上的严重断层。年轻的学科带头人和骨干教师十分紧缺，这是高校教师队伍建设中一个无法回避、迫在眉睫的问题。

2. 水平参差不齐

整体上看，一般本科院校研究生以上学历的教师比例仍然偏低，特别是具有国外留学背景的博士、教授数量很少，总体学历水平差异较大。当然，高学历并不代表高水平。从对教师的科研能力和教学水平考察来看，中老年教师的教学水平相对较高，而科研能力呈现下滑趋势。

3. 学缘关系失衡

我国高校的专职教师，包括多数“985”工程和“211”工程高校，差不多接近一半是毕业于本校的。在一些高校的教学和科研单位里，同一高校同一专业毕业的教师比例过高。在一些高校的教学和研究单位中，大量聚集着由老教授一脉相传下来的弟子门生，师徒同堂、同学同堂，甚至出现了“四代同堂”的现象。

第四节 高校教师队伍建设规划与发展

一、高校教师队伍建设的策略

（一）优化教师队伍结构

要坚持以提高教师队伍规模效益和有利于教师队伍可持续发展为原则，把握高校教师队伍结构的基本要素，促进显结构要素达标，提升潜结构要素品质。在年龄结构方面，要形成老中青教师相结合的后继有人的年龄梯队；在学历结构方面，要增大高学历教师的比重，消除或逐步消除本科教本科、专科教专科的现象；在职务结构方面，要根据不同学科专业和教学任务的需要，确定各级教师的职务比例，适当增大高级职务比重；在专业结构和教师来源方面，要根据各校实际情况统筹规划、合理布局、适应需要、优势互补，外校毕业的教师应达到60%以上。

（二）完善培训进修机制

要把教师的资格培训与岗位培训、业务培训与思想素质培训结合起来，为岗位和资格培训服务。也就是说，要按照教师的职务岗位及其职责规范要求，具体制定有关教师的政治和业务方面的培训内容和计划；要采取不同形式，以不同方法、不同要求，对各级职务岗位的教师进行培训，使他们具有胜任各自岗位工作的资格；要将教师培训与教师的岗位需要和教师的岗位资格要求相结合。这种针对岗位需要和岗位资格要求的培训方式，既有利于提高教师的个体素质，又有利于提高教师队伍的整体素质。

（三）加强师德师风建设

1. 树立正确的人生观、价值观，提高教师的思想认识水平

教师要“为人师表”，关键是树立正确的世界观、人生观、价值观。要特别强调教师的自强、自信、自爱、自立意识。要求学生做到的，教师自己首先要做到，在行动上为学生作出表率。

2. 加强学习和培训

高校教师是知识含量很高的群体，他们的培养对象是未来国家建设的中坚力量。这就要求教师不但要有大量的知识储备，还要有很高的道德标准。因此，高校教师必须坚持学习和培训，学习从师技能、教育理论、专业知识、政治理论，提高道德素养和政治敏感度。实现教师培训的制度化、规范化。提高自身的学习能力，由阶段性学习向终身学习转变。只有教师的水平和能力提高了，才能培养出优秀的大学生。

3. 为教师的教学、科研、生活创造条件

作为高校的管理者应做好服务工作。在工资、岗位津贴、住房、子女入学、家属工作等方面做好保障，提高教师的生活待遇，使他们的付出与所得相平衡，解决教师的后顾之忧。

4. 引入激励竞争机制

在教学、科研上采取激励竞争方法，将物质奖励和精神鼓舞相结合，发现和肯定在师德师风建设中表现突出的教师，不拘一格给予奖励和职务职称上的晋升，充分调动青年教师的积极性。

5. 加强管理，完善考核和监督机制

要建立一个科学、完备的教师考核、监督管理体系，从职称聘任、津贴评定、科研立项、教学评奖等多方面，评价教师和约束教师的师德师风；要采用学生评议、教师评议、领导评议相结合，实行奖勤罚懒，奖优罚劣，多劳多得的奖惩制度，以充分调动高校教师教书育人的积极性，发挥优势，取长补短。

（四）提高师资队伍管理水平

1. 更新观念，改革教师队伍管理模式

我们要改革计划经济体制下传统的人才管理模式，借鉴欧美大学教师管理的经验，切实改变现行的政府行政手段为主的管理方式；要以聘任制为核心，建立合理有序的人才流动机制；要引入市场机制公开操作，机会平等，自由竞争，实行真正意义上的教师聘任制；要实现教师管理工作职能的转变，即要由单纯的管理控制转变为对教师资源的开发、保障和利用；要采取重大措施和特殊政策，培养和造就一批拔尖人才和大师级人才。根据中组部、人事部、教育部联合下发的《关于深化高等学校人事制度改革的实施意见》，高等学校实行聘任制的总原则是："按需设岗、公开招聘、平等竞争，择优聘用、严格考核、合同管理。"要在严格定编、定岗、定职责的基础上，强化岗位聘任和聘后考核，引进市场竞争机制，公开选拔，择优聘任；要建立一个相对稳定的骨干层与出入有序的流动层相结合的教师队伍模式和教师资源开发的有效机制。

2. 继续深化人事分配制度改革，创新人才激励机制

人事分配制度改革要从注重提高个人待遇向更加重视支持人才成长和发展转变，鼓励优秀人才脱颖而出。收入分配要"注重效率、兼顾公平"，重实绩、重贡献，向关键岗位和优秀人才倾斜。同时要对从事基础研究、高新技术研究、重要公益性研究等方面的教师给予重点支持和扶持，建立以业绩定岗位，以岗位定报酬、以岗位津贴和优劳优酬相结合的分配机制，激励创新；要建立创新成果奖励制度，对教师取得的创新成果及时进行评价，并给予相应的精神和物质奖励；要建立创新奖励基金，支持在教育思想、内容、方法、途径、制度等方面的创新研究和实践。

3. 采取措施，优化教师队伍建设环境

高校教师队伍建设和发展需要良好的外部环境和内部环境。在健全管理制度、改进运行机制的基础上，要进一步改善高校教师的工资待遇，解决高校教师的住房问题。同时，必须改革分配制度，实行工资与职级的差别管理。

（五）改善教师工作生活环境

要将师资队伍建设工作同解决教师实际问题结合起来，从教师的工作和生活实际出发，时刻把教师的需要和冷暖放在心中。要改善教师的工作环境和生活环境，为教师教学与科研工作提供便利。如解决教师住房问题、提高教师待遇、减轻教师的生存压力等。

二、高校教师队伍发展展望

（一）高学历带来高校人力资源配置与利用多样化

在通常情况下，一定的学历反映了一个人所受教育的程度，因而也在一定程度上反映了一定的知识和能力水平。教师的学历越高，所具有的理论知识的起点越高，则适应能力和发展潜力就越大。发达国家都十分重视高校教师的高学历化，并通过提高高校教师的聘用标准来实现高校教师的高学历化。例如，美国虽然没有全美统一的高校教师任职资格标准，但各大学和院系都有严格的教师聘用标准。早在 1973 年，美国大学教师中具有博士学位的就已占教师总数的 40. 9%，具有硕士学位的占 44. 9%，两项加在一起达到教师总数的 85. 8%。目前要进入美国和欧盟国家大学任教，首要的条件是具有博士学位（艺术类院校、警校除外）。除此以外，一些大学还附加其他条件，包括有博士后研究经历、不是本校应届毕业生等。又如日本，在 20 世纪 80 年代初，大学教师中具有研究生学历的比例就已高达 95%，并且其中多数具有博士学位。

（二）不断优化学缘结构促进教师的合理流动

高校应采用多样化的方式促进人才合理流动，形成来源渠道多元化的学缘结构，全面实现高校教师队伍的优化，使之发挥整体系统功能。高校管理者必须确立现代人力资源开发和发展新理念，进行学校人力资源供求预测；从本校实际出发，制定学校人力资源规划；最大限度地开发和利用学校内现有的人员潜力，使学校、学生、教师都得到发展；依据高校人力资源战略目标，进行人力资源合理有效的配置，促进多种形式的人才合理流动；采取切实有效措施，组建一支现代化的高校教师队伍；按照 21 世纪高等教育发展的要求和学校整体规划，公开招聘，择优引进一批高水平、高层次的优秀人才；制定优惠政策，吸引学有专长的优秀出国留学人员、非师范专业的优秀人才和社会上的理论素养较高、实践经验丰富的人才到高校任教，使高校教师队伍不断有“活水”注入；聘请社会知名人士、学术权威、科研人员和国外大学著名学者、专家担任高校兼职教师，进行科研合作。同时，重视开发高校名师资源，充分发挥其辐射作用。此外，通过校际合作，互聘教师，实现高校教师资源共享。

第七章　高校课程建设与教学改革

课程相对于学校教育而言，是指学校学生所应学习的学科总和及其进程与安排。当然，这种解释只是反映课程的一种表象，并未深刻揭示课程的本质和内涵。课程是知识的源泉，是一种文化的传承与创新，是学校造就人才的基础性教育元素。在高等学校，课程是专业的主干，是构筑学科专业发展的核心要素。因此，无论是在精英教育阶段，还是在大众化教育阶段，课程建设无不成为高校促进教学水平提升的重要举措。课程资源是教学资源中的灵魂。从某种意义上说，没有课程就没有教育，没有专业内涵与知识体系的课程教学也不能称之为大学教育。教育部《普通高等学校本科教学审核评估范围》将“课程资源”列为教学资源的审核要素之一。其审核要点体现在三个方面：一是课程建设规划与执行，二是课程数量、结构及优质课程资源建设，三是教材建设与选用。本章结合上述三个审核要点阐述高校课程建设。

第一节　高校课程建设

一、高校课程建设概述

（一）高校课程的内涵

1. 高校课程定义

高校课程作为一个有层次的结构体系，宏观上是指高校为培养一定的人才而制定的培养方案（课程计划或课程模式），微观上是指每门具体学科课程的课程目标、课程内容、课程实施和评价方式。

2. 高校课程特征

高校课程的特征主要体现于课程内容上。课程内容是围绕知识与经验的选择、加工、实施而展开的，知识与经验构成课程的核心要素。现代课程内容演进是课程与知识、经验对立统一的过程，高校课程内容在高校课程体系中体现开放性、动态性、多元性、涨落性等特征。所谓开放性，即人类活动是一个完全开放的过程，这就决定了人类知识结构具有开放和发展的特性，因此由人类知识组成的高校课程内容也就必然保存着对外的开放性。所谓动态性，是指高校课程内容不是一成不变的，知识系统的变动必然带来课程内容选取上的变动；所谓多元性，是指高校在组织课程内容时要考虑学生在生活技能方面的多样性，以及他们个人生活经验的差异性，建构满足学生多元需求的课程内容。此外，高校教师在教育活动中，由于专业素养、知识结构、个人价值、信仰等方面的差异，对课程内容进行重新筛选，依据个人经验来传递，这就使得教育活动因教师的不同而出现丰富多彩的形式。所谓涨落性，是指高校课程内容来源于人类的知识系统，知识系统的发展受社会生产力水平、经济结构的因素的影响而出现涨落。高校保持学生对课程的选择权利，学生便可以自由地选修符合自己发展需要的课程内容，来构成自己的课程体系，建构自己发展所需要的知识体系。

（二）高校课程的类型解析

随着人们对高校课程认识的深化和研究的不断深入，高校课程的外延在宏观和微观课程中又出现了许多中观层面上的课程类型。如理论课程和实践课程、专业课程和通识课程、必修课程和选修课程、显性课程和隐性课程等。这里我们探讨如何建立符合我国国情和高校校情的不同类型课程体系。

1. 理论性课程和实践性课程

理论课程是指有关专业的那些具有迁移性、适应性、概括性和能让学生了解与掌握该专业所必需的原理、规律及方法等知识的课程。它包括基础理论课程和专业理论课程。基础理论课程的实施在于使大学生掌握该专业所必需的基础理论、基础知识和基本方法，为大学生学习学科知识和进行科学研究奠定扎实而宽厚的理论和技术基础；专业理论课程的实施在于通过专业理论及知识的讲授，使大学生掌握本学科的专业知识和方法，了解本专业范围内最新研究成果和发展趋势。

实践课程是培养大学生具有实践性或应用性知识和能力的课程，它不仅仅以训练大学生的动作技能为任务，更重要的是能发展大学生的实践智慧，形成大学生的实践能力。实践课程包括实验、见习、实训、课程设计、毕业论文（设计）、社会调查及社会实践等。实践课程内容指向于实际问题的解决，关注大学生的生活世界和个体体验，注重精神道德境界的提升和促进大学生的终身发展。其任务在于培养具有实践智慧的问题解决者、具有专业精神和持续的专业发展能力的敬业者。

从理论与实践的关系来看，理论课程与实践课程并非二元对立。就大学生知识的获得方式及过程而言，并非理论知识总是先于实践知识。从这个层面上说，理论课程中渗透着实践的因素，而实践课程也蕴含着理论的成分。因而，高校课程建设应注重理论课程与实践课程的有机融合，以避免两类课程在时空上的分离与脱节。

2. 必修课程和选修课程

按照课程的管理方式或修读要求，一些是大学生必须学习的，另一些则可以由大学生自由选择。这样，高校课程又形成了两大类别：必修课程和选修课程。必修课程是指某个专业、某些专业乃至所有专业的大学生都必须学习的课程，必修课程属于那种基础性、统一性、稳定性强的课程。在高校，凡是那些对于构成具体的人才培养规格具有基础性、统一性的课程，一般均以必修形式向大学生提供。必修课程的实施在于保证某学科专业培养的人才必须掌握的知识和技能。选修课程是指在必修课程范围之外，允许大学生自由挑选一些与专业培养目标直接或间接相关、与个人个性化发展直接或间接相关的课程。理论上讲，大学生选修的空间可以发生在课程体系的任何一个角落。具体而言，选修课程既可以是本专业的高深理论，也可以是相近专业的相关课程，还可以是跨专业、跨学科门类、跨院和跨校的公共课程。在高校里，凡是那些对构成特定的人才培养规格具有独特性、灵活性、自由性、交叉性的教学内容，一般均以选修课程的形式向大学生提供。选修课程既能照顾大学生的个人兴趣、爱好和特长，又能满足个性发展需要。其开设的目的在于扩大学生的知识面，发展学生在某一方面的专长，使高校人才培养满足社会经济发展对多元化人才的需求。

必修课程和选修课程对于高校的人才培养来讲是相互促进、互为补充的。必修课程从根本上规定和保证了人才培养的方向和需要，而选修课程则能增加高校课程设置的灵活性，可更好地对大学生进行因材施教，以适应现代社会经济发展和科学技术进步的需要。高校要满足大学生的个性化发展需要，扩大学生的自主学习空间，促进大学生在知识结构上的交叉与渗透，就必须有目的、有计划地增大选修课程的比例，增强课程的弹性。

3. 通识课程和专业课程

从课程的育人价值上来看，高校课程可分为专业课程和通识课程。专业课程是指根据国家教育行政部门规定的专业划分，为大学生提供专业基础理论、基本知识和基本技能的课程，有的称之为专业核心课程。专业课程设置的目的是让大学生掌握本专业的基本知识和技能，成为该专业领域的高级专门人才。专业课程在促进大学生的专业素养发展方面有着重要的作用。

通识课程是为大学生提供的一种共同的、综合的、非专业性的、非职业性的、非功利性的、不直接为职业做准备的知识和态度的基础性课程。其旨在培养大学生既具有广博知识又具有高尚人格，既具有深厚文化底蕴又具有反思批判等科学精神，既具有工作和生活的能力与意趣又具有关爱他人、社会及自然的人文情怀和通达共识的境界。通识课程和专业课程表面看来是两个部分，实际上两者是紧密联系、不可分割的统一整体。割裂通识课程和专业课程之间的关系，会导致大学生的片面发展，从而背离时代的要求及大学生的全面发展。高校课程的建设与实施应注重对两类课程的统一整理，以使大学生在掌握“以何为生”的知识和本领的同时，更要领悟“为何而生”的人生意义和生存价值。

4. 显性课程和隐性课程

从课程内容的呈现方式来看，高校课程可分为显性课程和隐性课程。显性课程亦称“正式课程”，是指为实现一定的教育目标而在学校课程计划中明确规定的学科及有目的、有计划、有组织的教学活动，按照预先编订的课程表实施。显性课程是一种理性教育课程，具体表现为按学科逻辑结构建构起来的各种学科专门知识，通过这类课程的实施能形成大学生的认知、技能体系，培养大学生的理性思维能力。

隐性课程是指学校政策及课程设计中未明确规定的、非正式和无意识的学校学习经验。隐性课程是一种非理性教育课程，在高校中由隐性的校园环境、校园氛围、学校风格组成，甚至还包括学校多年积淀形成的教师治学态度和精神。隐性课程以间接的、内隐的方式呈现，其在培养大学生的非理性能力，如情操、意志等方面具有重要的作用。就大学生的受教育过程而言，理性教育与非理性教育往往是水乳交融的，不可能泾渭分明地将两者截然分开。因此，显性课程和隐性课程也是高校课程系统中的两个不可或缺的有机组成部分，显性课程能促进学生的认知和技能的发展，隐性课程有利于大学生情操和意志的陶冶，它们共同完成教育的终极目的，以培养全面协调发展的人。从这个视角来看，高校的课程建设要有机地促进两类课程的和谐统一。

二、高校课程建设及其发展趋势

（一）高校课程建设的必要性和可行性

1. 高校课程建设的必要性

（1）建设高等教育强国的需要。要建设高等教育强国就必须建设现代化的高等教育，而现代化的高等教育应当具有现代化的教学内容，这是对高校的课程及其体系的必然要求。面对人类社会现代化的进程和建设高等教育强国的需要，反观高校现行的教学和课程体系，部分内容陈旧、整体功能狭隘、结构变革滞后，存在明显的与现代化、与社会生产和职业需求变化不相适应的问题。因此，高校的课程建设应当成为两个“结合点”，并且发挥其教学功能。一是成为“知识创新、科技进步、文化繁荣”新成果与教学的结合点。在这些新成果中，蕴含着可观的极富教学价值的内容。对这些内容进行挖掘、筛选和系统化，整合成新课程，促进现代化的教学内容源源不断地进入高校的教学过程，提升教学内容现代化的功能，从而更加有效地促进教学现代化和提高教学质量。二是成为社会生产新发展与教学的结合点。现代化所带动的产业结构、技术结构的升级和生产方式、职业需求的变更，也要求高校的课程不断“推陈出新”，切实提升教学内容的社会适应性功能。

（2）提高教学质量的客观要求。开发新课程是高校提高教学质量的重要途径。建设高等教育强国必须拥有令人信服的、高水平的教学质量。通过开发新课程，在高校所有学科专业和人才培养层次的教学中，引入人类认识与实践的新成果，建设内容更加新颖和丰富、功能更加优越和完善、体系更加先进和完备的现代化课程体系，为更有效地提高教学质量创造条件，教育部已经推出的“精品课程计划”，有效促进了高校的课程建设，成效明显，是高校课程体系的重要创新。“精品课程计划”强调对现有课程的建设，以“精益求精”为主导优化现有课程的品质，突出的是课程的“精”，但是未能涵盖对具有新颖性内容的课程的开发与建设。高校承担培养高层次现代化人才和促进社会发展现代化的重任，提高教学质量是其中的要务。课程不仅要为人才的发展打好必要的基础，而且应该成为传授现代化的新知识、新理论、新方法的教学内容载体。通过开发新课程，实现教学内容创新，使学生的知识体系更加现代化。如果不开发新课程，那么现代化教学内容完全有可能难以及时、系统和高质量地进入高校的教学过程，就有可能降低高校教学质量的预定标准。

（3）深化教学内容改革的需要。我国高校对开发新的教学内容有一定的实践基础，主要有三种做法：一是在某些课程的教学中适时补充一定的“前沿性、适应性”内容；二是开设专题讲座，扼要讲授新内容；三是开设少量的新课程，例如20世纪80年代高校陆续开设的各类“CAD”课程，以及一些具有学科交叉特点的专业课；等等。但是，这些实践是有显著局限性的。前两种做法在“新知识、新理论、新方法”等内容的教学上缺乏系统性，有时只是“冰山一角”，离稳定的、系统的现代化教学内容这一要求有较大差距，因此教学成效不稳定、不显著。对第三种做法人们的认识尚不充分，实践不多且有一定的困难与风险，也缺乏政策激励与制度保障。开发新课程就是要突破这些局限，将具有新颖性的内容系统化，成为稳定的课程。新课程最突出的特点是“新”，它与精品课程的“精”共同构成高校课程及其体系最核心的品质。

2. 高校课程建设的可行性

在高校所有学科专业和人才培养层次的教学中，通过引入人类“知识创新、科技进步、文化繁荣”的新成果和适应社会生产、职业变化的新内容来开发新课程，不仅是必要的，而且是可行的。高校具有“人才密集、知识与智力成果密集、信息密集”等优势，为开发新课程提供了必要和充分的条件。

（1）高校具备课程建设的人才资源。高校拥有优秀的人才群体，具备开发新课程的人才资源。据统计，高校拥有全国五分之二的两院院士，三分之二的国家杰出青年基金获得者。一大批留学归国人员充实到高校教学和科研一线，大大增强了我国高校了解和参与国际学术前沿领域的能力。通过各种“人才强校计划”，高校引进和稳定了一大批优秀人才，有效地改善了人才群体的知识结构、学历结构和学术结构。在此基础上，组建了各种科研团队、教学团队，这些人才资源凝聚着开发新课程的知识之源和智力之源。

（2）高校具有课程建设所需要的科研资源和学术资源。高校集聚着强劲的知识创新、科技进步、文化繁荣的能力和丰硕的成果，具备开发新课程所需要的充沛的科研资源和学术资源。高校的科研与学术活动具有显著的创新价值。其成果为前沿性新课程开发提供了充分的可加工材料，是保证这类课程内容新颖性的充分条件。

（3）高校与社会联系紧密，具有课程建设所需的广泛的社会资源。高校建立了与社会广泛的组织联系，具备获得现代化产业结构、技术结构、生产方式、职业需要变化信息的广泛的社会资源。产学研联盟、董事会和校友会等是高校与社会联系的成功的组织形式。通过这些组织形式，社会的成果需求、人才需求、职业需求方面的信息能够较快地进入高校，成为高校创新适应性新课程的重要源泉。

（4）高校课程建设的成本低、收益高。开发新课程的物质资源投入不高。开发新课程主要依靠高校现有人才、知识、信息、学术和科研成果密集的优势。将知识创新、科技进步、文化繁荣的成果中富有教学价值的新颖性内容，按照教学要求进行筛选、移植和整合，就形成新课程。开发新课程对物资、经费等投入的依赖性很低，开发的成本不会很高，因而是效益十分明显的教育和教学创新。

（二）高校课程建设的核心要素

1. 师资队伍建设

师资队伍建设是课程建设的先导。其建设内容主要是优化师资队伍的学历结构、年龄结构、职称结构和学缘结构，以及学术水平、教学水平、教育理论和思想素质等。要建设具有一流水平的课程，首先要有一支具备一流的学术水平、丰富的教学经验、深厚的教育理论功底、扎实的教学技能、严谨的治学精神的师资队伍。

2. 教学内容和教学质量建设

教学内容和教学质量建设是课程建设的核心和主体，也是衡量课程建设质量的主要标准。其内容主要包括教学思想的改革与建设、知识内容建设、教学水平建设、教材建设、教学资源建设，以及结合专业特点积极开展教学改革与教学研究等内容的建设。

3. 教学方法和教学手段建设

教学方法和教学手段建设是实现课程建设目标的主要途径和基本保证。在课程建设中，要紧紧围绕提高教学质量、加强素质教育和培养学生能力等，结合专业特点、教学内容积极开展现代化教学方法、教学手段的研究与建设，确保课程建设快速发展。

4. 教学条件建设

教学条件建设是课程建设的重要保证，主要包括课堂教学的基本设施、实验和实习等实践教学条件、教学环境和教学氛围等建设。

5. 教学管理建设

教学管理是课程建设的组织保证，主要包括科学、规范、系统和配套的教学管理规章制度、教学质量评价体系、教学档案资料和教学激励机制等内容的建设。随着课程建设的发展和提高，不断提高教学管理水平，才能及时、科学地评价教学质量，确保课程建设的各项内容健康发展。

（三）高校课程建设的发展趋势

1. 课程设置向综合化发展

现代科学技术在社会生活中的全方位渗透，导致了越来越多的综合性问题，如贫穷、环境、能源开发等。这些问题已经成为威胁人类生存和可持续发展的主要问题。解决这些重大社会问题，靠某一个学科是无法单独完成的，需要多种学科协作进行。现代科技和生产的发展显示出对学科综合化越来越多地依赖，这促使高等学校的课程有必要向综合化方向发展。另外，随着各独立学科内部研究内容的不断深入和研究范围的不断拓展，不断有新兴学科衍生出来。特别是进入20世纪后半叶以后，新兴交叉学科和边缘学科出现的速度进一步加快。学科之间的联合或综合，反映到高等教育中的课程建设的综合化发展。课程综合化已经成为影响高等教育适应社会发展需要的一个关键问题。因此，高校课程建设要顺应科学知识综合化的趋势，增强课程的综合化程度。

2. 课程模式向多样化发展

市场经济是一种多元化、多层次，处于不断运动变化中的开放体系。“单一技术型”的人才已经难以适应市场经济体制的客观需要，统一的课程模式无法适应市场经济的需要。根据不同类型人才的不同使用规格和要求，制定出不同的教学计划，使课程模式多样化，让学生有更多自主选择权和更多弹性发展空间，培养知识、能力与素质全面综合发展的“完整的人”，这些是社会对高校人才培养的主要期待。因此，使课程模式从单一走向多样，从封闭走向开放，培养有较高的综合素养、有较强的适应能力的人才以满足社会对人才的需求，成为我国高等学校课程改革与建设的重要任务。

3. 课程内容向现代化发展

课程内容现代化是科学技术现代化在高校课程建设中的反映。信息社会与知识经济时代到来，现代科技知识的更新周期日益缩短，要求高校培养的人才能适应社会飞速发展的要求，并具有解决复杂问题的综合能力和创新能力。而有了宽厚扎实的基础理论知识，就能较好地适应科技知识的更新和专业的转换。高等教育的每一个专业在课程设置上均应形成宽基础、多方向的专业课程结构，使专业的课程设置体现出专业理论扎实、专业知识宽而新的特点；同时在课程设置中，加入哲学、历史等人文课程和英语等工具课程，以培养具有良好素质和完善人格的人。这既是拓宽学生基础知识的需要，又是课程国际化发展的需要。另外，剔除课程中陈旧过时的具体事例和旧的范式，及时将科学发展的最新成果纳入课程，使学生及时了解科学发展的新成就、新观点、新问题和新动向，掌握世界有关新专业、新学科和相关学科的“脉搏”跳动状况。在课程内容中整合当今最新的信息和技术，以增强学生的应变能力和创新能力，这已成为高校课程建设的基本任务。应该说高校课程建设的这种发展趋势是我们改革现行课程体系，实施人文素质教育的最基本的依据。而目前我们众多高校的课程设置现状显然还无法适应这种新的发展趋势的要求，离我们所设定的目标还有很长一段距离。

三、高校课程资源开发与利用

（一）高校教材的开发与利用

1. 教材建设的内涵

教材建设是高校教学基础建设的重要组成部分，是深化高等教育教学改革，全面推进素质教育，提高教学质量、师资水平。反映教学改革成果，培养创新人才的重要保证；是高等学校学科建设的重要组成部分，是教学管理的重要内容，是巩固教学内容、优化教学成果的集中表现。高校教材建设工作主要包括教材规划、组织编写、出版流通、教材研究、教材评价、选取使用等几个方面。要依托课程改革和建设，努力建设好能体现学科专业特色和学科水平、反映最新科学技术发展、得到国内高校同行认可的优秀教材。教材建设是教学管理的一项重要任务，是一项长期的、经常性的艰苦而复杂的基础工作。

2. 教材建设的意义

（1）教材建设提升师资队伍建设水平。教材质量水平在一定程度上反映编著者所在学科专业的学术水平，教材建设对提升教师业务水平有十分重要的作用。教材作为科研成果的结晶，应当吸收最新科技成果和学科知识。但教材内容不是知识的简单堆砌，而需要编著者对知识进行系统阐发和论证。教材的编写过程是一个再创造过程，也是提升与培养教师能力的过程。同时，教材又是教学经验的结晶。教材的编写过程是促使编著教师系统总结成功教学经验和方法的过程。在教材建设中充分发挥教学经验丰富、学术水平高的教师的作用，促进师资队伍的建设，特别是通过组织编写队伍，可促进与培养高水平的教学团队。在教学团队与专业、名师工程、规划教材等“本科教学工程”项目建设中，许多高校积极鼓励高水平教师编著教材，提高了学校与相应专业的学术地位和知名度，带动了师资队伍的教学水平。

（2）教材建设奠定提高教学质量的基础。学校的教学质量，是教和学两方面的综合反映。要提高教学质量，必须抓好教材建设。教材是体现教学内容和教学方法的知识载体，是教师进行教学的基本依据。也是学生系统地获取知识的主要载体。优秀的教材，为教师备课、讲授、指导学生阅读参考书和作业提供了重要的客观依据，教材中描述的新知识和新方法，既有利于教师的讲授，也有利于学生的学习与拓展，成为提高教与学质量的可靠保证。在课堂教学中，教与学主要围绕教材进行，抓好教材建设成为提高教学质量的最基础的环节。为达到人才培养目标和教学目的，教师必须按教学大纲编写的教材开展教学。要使学生系统地、高效地、循序渐进地获取相关专业知识，必须有专为一定专业与年级学生编写的、经过去伪存真和去粗存精的教材。尽管大学生可从参考书、杂志、参考文献中获取知识，但教材仍是他们获取系统知识的最重要载体。优秀教材建设是有效提高教学质量的助推器。

（3）教材建设促进精品课程建设与改革。高校精品课程的建设与实践，大大提升了课程建设整体水平。根据精品课程建设的需要与课程改革要求，编写高质量的教材建设。一方面，对不能满足课程改革需要的旧教材要推陈出新，对教材体例、内容和教学方法进行改革创新；另一方面，在课程改革中，由于课程体系的改革与调整，一些不适应当代经济社会发展需要的旧课程被取消，一些新课程随之应运而生，所以要根据课程改革建设后的需要必须进行新教材的建设。近年来，随着教育教学改革的深入，许多高校加强了人才培养的实践教学环节，增强专业实验系列课程的整合建设，优化实验课程的层次性及其与理论课程的匹配性，加强了课程实验项目，特别是提高了综合性、设计性实验的比例，探索了研究性实验教学的新方法。所有这些实验课程与实践教学的改革探索，都需要构建与之相配套的教材体系。实验教材的建设可在根本上巩固实验教学改革的成果，促进精品课程的建设与改革。

（二）高校精品课程的开发与利用

1. 精品课程的内涵

精品课程是指具有一流教师队伍、一流教学内容、一流教学方法、一流教材、一流教学管理等特点的示范性课程。精品课程建设是教育部“高等学校教学质量与教学改革工程”的重要组成部分。精品课程资源可划分为数字化显性课程资源、非数字化显性课程资源、数字化隐性课程资源、非数字化隐性课程资源四种类型。其中，数字化显性课程资源包括电子教案、教学录像、网上习题、网络链接等资源；非数字化显性课程资源包括教材、教学大纲、教学管理制度等资源；数字化隐性课程资源包括学生基于网络学习的经验、基于网络协同学习的经验等资源；非数字化隐性课程资源包括教师或教学团队的教学思想和教学理念、教学方法、教学经验。

2. 精品课程建设面临的问题

结合我国高校精品课程建设情况，对高等学校精品课程建设存在的问题进行了概括和总结，主要体现于以下六个方面。

（1）精品课程培育与申报规划缺失。高校精品课程建设面临的首要问题是合理规划——在精品课程建设规范的指导下，根据自身的优势和特色有计划地培育和申报建设不同学科专业的课程，保障课程在全面范围内的优质性和竞争力。这也应该成为精品课程建设的基本要求。反观目前一些高校的实际情况，在精品课程建设的培育和申报规划方面基本处于一种无序状态——学校教学研究和管理部门没有对这项工作作出必要的指引和合理规划，精品课程的申报仍处于原始的“自由申报”状态。这种状态不仅削弱了高校课程在评审中的竞争力，更为严重的是导致课程建设出现很多的“无用功”，制约了课程建设总体水平的提高。

（2）精品课程建设保障机制不到位。精品课程建设是一项涉及面广，建设周期长，影响深远的系统工程。合理、优质、高效的建设机制是精品课程建设的保障。机制不到位常导致省级和国家级精品课程申报仓促上马，甚至形成整齐划一或配额式建设的局面，最终导致建设和应用不到位。精品课程建设缺乏政策支持，没有完善的长效机制，不利于营造教学改革和教学创新的良好氛围。

（3）精品课程建设过程管理不规范。贯彻实施项目管理的理念、策略和方法是有效提高精品课程建设质量的重要途径。目前一些高校在精品课程建设过程中，尤其是在动态监测管理和评估方面还不同程度地存在项目管理意识缺乏或项目管理力度不够的问题。

（4）课程网络教学资源标准化程度不高。一些高校在精品课程资源建设方面缺乏标准，不同平台之间数据交换困难，资源更新效率较低，部分课程网站连通性差，不能为高质量的教学服务。

（5）精品课程隐性知识的挖掘与应用不够。精品课程隐性知识主要是指师生和教学群体环境的隐性知识两方面。前者主要是指教师的教学技巧、教学风格、人格魅力及学生的学习能力、协作技能、创造能力等；后者是指师生的交往体验和学生的交互经验等。人们往往注重用规范化、系统化的语言来表达和传递显性知识，而对于包括信仰、隐喻、直觉思维和问题解决技巧或诀窍等在内的隐性知识却比较忽视。这样最终导致学生学习的是一种“死”的知识，难以从课程教学中获得并应用知识解决实际问题。而这些恰恰是课程隐性知识之所在。

（6）精品课程共享和服务不到位。许多高校在精品课程建设过程中十分重视评审环节，不惜一切代价拿到省级或国家级“精品课程”称号。评上以后缺乏课程共享的意识和应用的机制，再加上相关的教学服务不到位，导致“精品课程”成为互联网上的信息孤岛，使用的概率极低。这种现象明显违背了国家建设3000门精品课程的初衷，成为当前高校精品课程建设有待解决的主要问题之一。

（三）精品课程的建议与措施

1. 建立立体化精品课程资源库

建设集教学、管理、评价于一体的网络立体化资源体系，提高网站教学。精品课程资源建设不是资源的简单组合，而是要进行有效的教学设计和整合。规划设计是融教与学、自主学习与合作学习、资源提供与问题解决、理论学习与实践活动、全过程督促管理、全过程学习评价于一体的立体化资源体系。在此基础上针对不同的教学内容，积极规划与之相适应的课堂授课、小组合作交流、自主学习、基于项目的学习、基于问题的学习等多种形式的教学方法和学习活动，并结合网络的优势，设计问题、指定任务、创设情境，充分营造立体化网络学习的氛围，体现先进的教学理念和教学改革方式，以提高精品课程网站的教学功能。

2. 整合高校精品课程优质资源

资源共享交换中心的建立，对精品课程的建设起着极大的推动作用。各高校可以利用该中心来构建自己的课程平台，使自己的优质教学资源得到更好的体现，对教学质量的提高有很大的帮助。各高校应该充分利用平台优势，从封闭建设转化为开放建设，将已评的精品课程教学资源整合好，为每一个知识点提供不同教学环节的优质资源，如教学设计、电子教案、典型问题、应用案例、释疑解难、名师讲课录像、动画等。同时在整合现有优质资源、集中力量完成基础性建设工作的基础上，逐步建立起征集、筛选、审查、应用的机动发展机制，从而保证精品课程资源建设的可持续发展。

3. 强化课程网站的技术开发

加强技术保障，降低制作更新难度，完善精品课程网站的整体建设，合理运用现代教育技术，充分发挥管理人员、科学教育技术人员的合力作用，为网站提供良好的技术支持和服务。应用统一的网站建设平台，降低技术难度；对教师进行必要的网络技术培训，使其掌握网站维护与更新的基本技能，保证网络畅通，共享顺畅。

4. 构建精品课程开发团队

根据当前教师的信息技术水平，精品课程的开发单单依靠教师任课团队是不行的，应该实现开发和建设团队重构。一般的精品课程开发和建设团队是由课程主持教师、网络技术人员和美工人员组成。这样的技术支持进行精品课程开发比较弱，存在若干缺陷，具体体现在教学设计不足和忽视使用者的需求上。所以建议精品课程的开发团队应该增加教育技术专业人员和学生代表。课程主持教师负责课程的策划，保证学科的科学性和实践性；学生代表从学习者的角度提出使用需求；教育技术专业人员要根据教师和学生意图做好课程网络资源的教学设计，选用最合适的方式组织和呈现课程资源；美工人员则负责精品课程页面的美化。这四者虽然分工较为明确却不是各自为政的，在精品课程的开发过程中他们要经常在一起沟通、讨论，教育技术专业人员必须在对开发的课程资源充分熟悉和了解的基础上才能很好地进行设计和技术实现。

5. 加强精品课程管理，实行质量评价

精品课程建设是一项工程，这就意味着必须经历申报、审批、检查和验收等环节，每一项精品课建设工程的评估，都应有一套完整的科学评价体系和内容指标。高校管理部门和教育部主管部门应高度重视，严格把关，严禁弄虚作假，建立严谨科学的评价体系、完善的管理体制，建立健全检查、验收制度，通过对精品课进行全方位的建设和目标管理，形成有效的质量评价机制，对精品课程建设实施全程监控，规范课程建设的过程管理。有效的课程建设与改革使教学管理机制更趋于科学规范，形成一套完整的管理制度，把握住影响教学质量的各个环节，稳步推进教学质量，实现对课程建设质量的跟踪监控。

第二节　教学资源合作与共建共享

在教学资源体系中，不可忽视的一种教学资源就是社会资源。这里的社会资源是指来自学校外部的、非政府财政性质的并用于学校教学发展的人力、财力、物力及信息资源。在历次本科教学评估方案中都没有涉及校外教学资源的合作与共建共享问题。教育部《普通高等学校本科教学审核评估范围》则第一次将“社会资源”列为教学资源的审核要素之一，凸显了社会资源的重要作用。应当说，这是我国政府在新时期对高校本科教学提出的新的要求，是“2011 计划”在本科教学工作评估体系中的体现。其审核要点体现在三个方面：一是合作办学、合作育人的措施与效果，二是共建共享资源情况，三是社会捐赠情况。

一、合作办学与合作育人

（一）高校合作办学与合作育人的内涵

目前，合作办学通常是指中国境内高校与境外高校通过双方协议，并经所在国教育行政部门批准设立的具有独立法人性质的办学机构，或者中外合作教育项目。但是，从深化高等教育领域改革的角度出发，合作办学应当不限于此。比如股份制的合作办学教育模式、国有民办机制的合作办学模式、企办校助机制的合作办学模式，等等，都应当是高校合作办学协同创新模式。当然，从本科教学审核评估的角度去理解合作办学，主要考察本科教学在育人机制上有怎样的中外合作办学项目或者其他形式的合作办学项目。

合作育人是一种多元形态的人才培养机制。在大力倡导政、产、学、研相结合，全面推进协同创新的时代背景下，协同育人乃至协同教育成为高等学校创新发展的机遇和挑战。这里的合作育人，是指高校与政府、企业事业单位、科研院所，以及与其他高等学校建立合作培养人才的资源共享体系，达到培养高水平、有特色、应用型、复合型卓越人才目标。对于高校本科人才培养来说，合作育人可以是全方位的，也可以是分门别类的。力求办学水平显著提升，各项事业呈现持续、健康、快速发展的良好态势。

（二）高校合作办学与合作育人的模式与机制创新

1. 中外合作教育模式与机制创新

（1）中外合作办学的基本现状。中外合作办学目前主要有两种形式。一是成立中外合作办学机构。如独立设置的西交利物浦大学、宁波诺丁汉大学、上海纽约大学等，以及非独立设置的北京航空航天大学中法工程师学院、同济大学中德工程学院、吉林大学莱姆顿学院等中外合作二级学院。二是中外合作办学项目。如中国农业大学与美国科罗拉多大学（丹佛）合作举办国际经济与贸易专业本科教育项目、北京邮电大学与伦敦大学玛丽女王学院合作举办电信工程及管理专业本科教育项目等。截至目前，全国经批准设立的中外合作办学项目已达2000个。资料显示，中外合作办学机构或项目数量位居前十位的省（直辖市）是：北京、上海、山东、江苏、辽宁、浙江、天津、陕西、广东、湖北等；位居前十位的城市是：北京、上海、天津、西安、武汉、广州、南京、杭州、济南、沈阳等。可见地区差异较大。从与我国合作办学的对象来说，主要集中在经济文化发达的美国、英国、澳大利亚、法国、德国、加拿大、荷兰等国家。学历层次仍然主要集中在专科合作办学层面，而本科只有549个，硕士只有175个。这与前几年相比较为薄弱的本科、硕士合作办学层面已经有了很大改观。而与我国合作办学的专业主要集中在管理学、经济学、计算机、英语、机电工程等专业，专业分布也不均衡。总体来说，我国的中外合作办学还主要停留在专科、本科层次。而且专科的规模更大，其纵深发展还有很大空间，各地中外合作办学的差异局面还在延续，落后地区形势亟待改善。各个地区的教育部门和高校也没有积极开展横向沟通交流，导致各个院校的中外合作办学项目内容多有重复，从而失去了办学特色，不利于持续健康发展。

（2）中外合作办学存在的问题。有的从国家宏观层面探讨中外合作办学管理问题，有的从省域和高校自身探讨中外合作办学机制问题，等等。西安交通大学陆根书教授分析研究中外合作办学中存在的主要问题，他认为我国中外合作办学主要存在两大方面的问题。第一，中外合作办学的发展阶段极不平衡，呈现出“一放就乱，一管就死”的特点。在回顾我国中外合作办学历史之后，指出这一现象和中外合作办学政策问题及其执行的复杂性有一定关系。第二，中外合作办学机构与项目的比例极不平衡。应当说，这是中外合作办学存在的主要问题：一是现有的中外合作办学项目数量要远远高于中外合作办学机构数量，中外合作办学项目与机构数量呈现极不均衡状态。设立中外合作办学机构，对于办学规模、学科专业设置、师资规模、基础设施建设、办学经费筹措等都有较高要求。因此，中外合作办学机构的数量少于项目数量是完全合理的。但从我国目前的情况看，两者比例处于失衡状态。二是中外合作办学层次结构不合理。目前开展的中外合作办学活动有四分之三以上是属于本科层次的，研究生层次的不足四分之一，其中博士研究生层次的中外合作办学数量十分稀少。这在一定程度上制约了我国中外合作办学层次的提升。三是中外合作办学机构的法人治理结构不合理。目前在我国的中外合作办学机构中，只有极少数具有独立法人资格，绝大多数不具有独立法人资格。中外合作办学机构的法人治理结构有待完善。四是中外合作办学的地域分布极不均衡。从前面关于中外合作办学机构和项目的地域分布可以看出，我国中外合作办学的区域分布极不平衡，中外合作办学的机构和项目绝大部分集中在东部和中部地区，西部的中外合作办学机构或项目数量比较少。2012 年以前，西藏、青海、宁夏、新疆、广西、甘肃等 6 个省、自治区的中外合作办学机构和项目还处于空白状态。直到 2012 年广西和甘肃才有了第一个中外合作办学项目，实现了零的突破。

（3）中外合作办学机制创新。在教育全球化背景下的中外合作办学尚面临诸多挑战。要在更大范围、更广领域和更高层次上开展对外教育合作，必须加大改革力度，探索具有突破性的中外合作办学新机制。四川师范大学教育科学学院顾美玲教授在其撰写的《中外合作办学新机制探索》中通过对宁波诺丁汉大学的办学经验的分析，对我国中外合作办学新机制提出四点启示：一是解放思想，通过教育政策和制度的调整，加大中外合作办学改革的力度。我国很有必要建立一套向国际开放的教育管理体系和运行机制。应鼓励大胆探索中外合作办学新模式，为新生事物提供一个比较宽松的发展环境。二是通过实质性地引进世界名牌大学的优质教育资源，中外合作办学机构也可以加入创建世界一流大学和高水平大学的阵营。中外合作办学必须牢牢把握“引进国外的优质教育资源”这个核心问题。中方高校务必要注重外方高校的资质问题，一定要选择国外知名大学合作办学，引进具有优势的学科专业，具有先进性的教学思想、办学理念、教学水平、人才培养模式、学校管理等。通过中外教育之间的有机嫁接与合成，吸收、消化和创新，迅速提升自身水平和层次。三是允许中外合作办学进行“中外教育股份合作制”的改革试点，吸引国外资金，即由中外双方共同投资，设立具有独立法人资格和独立校园的股份合作制大学。这种大学应享有充分的办学自主权，在招生、收费、专业设置、师资聘用、教学管理等方面进行一系列改革试验。既要做到依法治教，遵守外事纪律，又要开拓创新，探索有突破性的新机制运作模式。四要双向招收生源，增加留学生比例，营造国际化学习氛围。中外合作办学应当注重双向招收生源，既要向国内招收合格学生又要向国外招收留学生；应当大大增加国际学生比例，并且加强研究生教育。这样不仅有利于营造国际化学习环境，使学生融入国际化的教学氛围，而且有利于向世界各国留学生输出中国文化，传扬中华优秀文化和美德。

2. 高校合作育人模式与机制创新

《国家中长期教育改革和发展规划纲要（2010—2020 年）》及“2011 计划”明确指出，“鼓励高校探索与有关部门、行业企业、科研院所协同创新、合作育人的新模式”。这就意味着高校必须全面深化改革，推进协同创新，努力探索协同教育新模式、新机制。近年来，许多高校从产学研结合出发不断探索合作育人新思路。有的学校与科研院所、企事业单位合作，创新了“2 +2”合作“3 +1”培养模式；有的学校之间实行课程互选学分互认；有的与公司、乡村合作共建创新创业基地；有的将职业训练与毕业实践相结合，促进就业发展；有的建立了不同形式的发展联盟，有力促进了合作育人体系的创新与完善。目前，已有的高校间、校企间联盟形式多样，多围绕科研和社会服务活动展开，或服务于组织自身的发展目的。如以北京高科大学联盟为代表的行业特色高校联盟、以北大清华等“985”工程大学、“9 校联盟”为代表的同层次高校联盟等，真正以教学为主、各层次的校企合作联盟仍不多见。人才培养是高校办学的根本任务，企业实力的提升也有赖于劳动者素质的提高。共建高校与相关部门、科研院所、行业企业的平台，促进合作办学、合作育人、合作发展，是当务之急。

2015 年 5 月 4 日，国务院办公厅颁发了《关于深化高等学校创新创业教育改革的实施意见》，标志着我国高等教育改革与发展进入“大众创业，万众创新”的新时代。文件指出，“深入实施系列‘卓越计划’、科教结合协同育人行动计划等，多形式举办创新创业教育实验班，探索建立校校、校企、校地、校所，以及国际合作的协同育人新机制，积极吸引社会资源和国外优质教育资源投入创新创业人才培养”。因此，高校应当把创新创业贯穿于人才培养全过程，把协同育人作为创新创业教育不可或缺的主要任务和措施狠抓落实，在实践中彰显协同教育的特色与优势。

二、教学资源共建共享

（一）教学资源共建共享的内涵

1. 教学资源的一般定义

教学资源是为教学的有效开展提供的素材等各种可被利用的条件，通常包括教材、案例、影视、图片、课件等，也包括教师资源、教具、基础设施等。从广义上来讲，教学资源可以是指在教学过程中被教学者利用的一切要素，包括支撑教学和为教学服务的人、财、物、信息等；从狭义上来讲，教学资源（学习资源）主要包括教学材料、教学环境及教学后援系统。从这一解释中可以看出，教学资源的外延很广，恰恰说明了教学资源也将伴随着科技现代化、社会多元化发展而不断得到创新。

2. 教学资源共建共享的概念

教学资源共建是指高等学校通过合作机制，与政府机关、司法机关、企事业单位、社会团体，以及科研院所、兄弟院校等建立协同创新平台、基地、联盟等，共同创造优质教学资源，为人才培养提供智力服务。教学资源共建不同于合作办学与合作育人，其宗旨在于通过共建与合作实现教学资源共享，共同促进人才培养、科学研究、社会服务、文化传承创新的高等教育功能的实现。因此，教学资源共建的范围十分广泛，既有单一型的诸如共建某一专业的实践教学基地，也有相对综合的人才培养基地，如法学院与司法机关共建卓越法律人才培养基地、艺术学院与演艺集团共建创新创业人才培养基地等；既有长期的教学资源共建共享模式，如图书与网络信息资源建设、专项实验室建设、体育场馆建设等；也有为某一专项而共建的教学资源，如合作共建精品课程教材、合作建立专业教学案例库等。当前，国家大力倡导产学研结合，积极推进协同创新。同时教学资源共建共享模式已经呈现多元化态势，并有不断涌现的机制创新。例如，2012 年“MOOC”在美国的诞生并席卷全球，我国高等学校迅速作出反应，成立了不同类型的高校“MOOC”联盟，推动了大规模在线教育课程的共建共享。应当说，凡是学校建设与发展可资利用的一切社会资源，学校都应当积极利用，共同创建，互利双赢。

教学资源共享是基于教学资源的特性（包括多样性、独特性、开放性、社会性、国家性等）而提出的具有现代意义的一种教育理念和教育模式。共享，相对于独享，打破了传统的独立与封闭的束缚，实现了物质能量的最大释放。当今社会是信息时代，资源共享已经成为必然，教育信息化和现代化自然而然地将教学资源共享作为衡量高等学校教学资源状况的重要标杆。高校教学资源共享一方面通过教学资源共建模式实现互惠互利；另一方面体现于学校教学资源的对外开放，让学校的教学资源为国家和区域经济社会发展担当服务职能。除此之外，学校利用社会资源乃至国外优质教育资源为我国高校人才培养、科学研究提供智力输入，也是一种教学资源共享模式。

（二）教学资源共建中存在的问题

1. 体系缺乏系统性

教学资源建设存在的首要问题就是体系缺乏系统性。在教学资源建设过程中，由于缺乏深入调查研究，没有从教学实际出发，普遍存在投资偏高而利用率较低、部分教学资源重复建设等现象。例如，很多院校先后安装了教学、科研、办公管理等多种资源管理平台。但由于各个平台是由不同开发者分别独立开发的，所以不同管理系统之间融合性较差，资源难以共享，功能定位也不明确，无法发挥教学资源的整体效益的最大化。

2. 建设标准不规范

建设标准不规范是教学资源建设存在的第二个问题。缺乏统一的建设标准和技术标准，也是导致校际数字化教学资源成果难以实现共享的重要原因。这就导致各院校的教育技术人员、教师在资源建设中没有统一的构建理念与开发思路，更不可能站在校际共建共享的角度去进行教学媒体资源和资源管理平台的建设。尤其是网络教学资源的建设，是依靠众多单位、多人合作完成的，具有复杂性和多样性。目前，各院校网络教学资源建设并没有严格落实已经颁发的《教育资源建设技术规范》和《现代远程教育资源建设技术规范》，从而导致网络教学资源建设缺乏共享与交流的统一标准。这样不仅给校园网内部教学资源的管理和使用带来了诸多不便，同时也难与外界资源交流和同步。各院校的教学资源库系统结构基本上是封闭式的，资源库逻辑关系、资源库模式不尽相同，很大程度上互不兼容。资源库之间互操作困难，资源难以有效集成，也难以适应教学资源共建共享的分布式建设和使用，网络优势难以发挥。

3. 资源建设主体单一

目前，教学资源建设主要由学校教育技术部门组织、建设、管理与维护，专业教师参与较少。这就导致教学资源建设主体单一的问题。由于缺乏专业教师的积极参与，很多涉及学科专业知识的问题相继出现，不能体现教学资源建设的专业水平和专业特色。如有关素材的分类、编辑、使用等都需要一定的学科专业知识。这类问题仅仅依靠教育技术工作人员是不能够解决的。

4. 缺乏规章制度保障

在数字化教学资源共建共享的建设过程中，管理机构需要按照有关的操作规程和管理制度进行监督管理。遵循统一的技术标准共建共享教学资源，需要有一套有效的规章制度，使技术层面的工作严格按照指定的标准进行，保障建设工作按预设的轨道正常运转。对于资源共建共享过程中存在利益方面的不平衡和不对等，也必须依靠有效的规章制度去协调，使建设工作健康有序进行。要结束高校教学资源库建设的无序、浪费和低水平局面，确保建设工作依照有关技术标准进行，调整各院校之间的权利和职责关系，真正实现教学资源共建共享，就需要有相应的规章制度进行约束和规范。

为了避免教育信息资源分散、难于查找利用，必须实现资源的规范化、标准化管理。教学资源建设的规范标准主要遵照《现代远程教育资源建设技术规范》，统一处理上传的教学资源分类方法和技术标准，确定资源整合的流程途径和组织方法，以提高资源的检索效率和利用率。例如，开发统一的网络课程创作平台，同时发布在平台中上传的各类资源类型的规范标准。这样既有利于提高运行、检索速度，也有利于实现教学资源的区域和全国共建共享的兼容性。

（三）教学资源共建共享的主要举措

1. 构建教学资源体系框架

教学资源共建共享是一项长期而复杂的系统工程。高校要在学校主管领导的统一指挥下，制定并实施全方位的计划，通过构建教学资源体系框架调动教师参与教学资源共建共享的积极性；要以项目为依托，分层分批开发，抓好示范工程建设，以点带面，需求推动。在项目管理过程中，要发挥学校各方面的优势，统筹协调、整体规划、合理分工、因地制宜，保障教学资源建设工作健康、有序、协调进行。在计划阶段要确立资源建设目标，统一思想，保障资金投入、政策支持，明确组织管理，制定相应规范标准保证教学资源建设的科学性、适用性和实时性。在启动阶段，必须从新课程理念、主流的优秀教育思想和理论中吸收有益的因素，形成、创造有利于自身不断发展的观念及模式，用于指导资源的设计与开发，实现资源建设理念的自我更新。

2. 遵循资源建设标准规范

校际数字化教学资源共建共享工作的成败取决于建设工作标准化程度的高低。各院校的建设工作必须遵循统一的制作标准，规范和统一各院校资源建设的行为，实现各院校资源库系统的数据库共享和交互操作。一方面，要依照我国制定的一系列相关标准和规范进行资源建设。如教育部推出的《教育管理信息化标准》，有利于改变信息化资源建设中无序纷争的局面；教育部现代远程教育办公室的《现代远程教育资源建设规范》，对教学资源库的系统化建设有较强的指导意义；教育部教育信息化技术标准委员会的《学习对象无数据规范》《教育资源建设技术规范》《基础教育教学资源元数据规范》提供了指导不同层次应用的具体方法和准则。另一方面，可以借鉴和学习国外的一些标准。各院校可根据本校实际情况，在政府教育主管部门的指导下，在有关国际标准和国家标准的基础上，制定资源和数据的分类方案、信息资源的元数据、数据格式、编码规则、资源库的模式选择和数据的封装标准等一系列的标准规范。为使各种标准在建设工作中切实得到贯彻执行，各级校际共建共享管理机构要有计划有步骤地进行宣传，组织相关的研讨会，下发关于标准学习的文件，组织学习有关的技术标准和规范，使有关领导、技术人员和教师认识到遵循标准开发的重要性，为标准化建设营造良好氛围。

3. 建设主体必须多方参与

促进教学资源建设主体多元化，提高相关人员开发教学资源的能力。教学资源建设不仅仅是教育部门、教育公司和学校的事情，各类资源使用者、管理者，以及社会各界人士都可以是资源建设者。各级教学资源中心要采取激励措施，调动学科教师、学生、管理人员和社区居民等参与资源建设的积极性。鼓励学科教师将通过网络下载、自己购买及共享等方式得到的教学资源，分类加工整理后提交到学校教学资源中心，丰富学校教学资源；鼓励学校及各级教学资源中心通过为教师提供相关培训和研修活动，支持教师参与教学资源开发；鼓励学生参与信息化教学资源的开发，如学生的优秀的数码摄影、电子作业等都可以经过筛选、整理加工成为优秀的教学资源；鼓励社区居民及关心教育的各界人士将有教育价值的资源开发为信息化教学资源。要调动各种力量参与信息化教学资源建设。新时期教学资源建设不同于传统的教学资源建设，资源开发者不仅要熟悉教学内容、教学理论、传播理论等知识，还要熟悉各种媒体技术和工具，具备相关的知识与技能。信息化教学资源的开放式建设模式，扩大了资源建设主体。但开发人员的素质和能力参差不齐，接受过专业训练和相关培训的人员还比较少。因此，各级教学资源中心要发挥自身在教学资源建设中的支持服务作用，通过组织教师等资源开发人员参加相关的培训和研修活动，提高资源开发人员的教学资源开发能力。

4. 拓展教学资源开发途径

要拓展教学资源开发途径就必须积极调动社会各界力量共同参与教育资源建设。教育教学实践是复杂多变的，实际教育教学问题的解决需要多方面的知识。因此，我们必须认识到，致力于解决教育问题的基础教育资源建设是一项需要各类专业人员共同参与的系统工程和长期的任务。近几年，越来越多的部门意识到资源建设的重要性，纷纷开始投入大量资金和人力进行资源库的建设。然而，无论是大规模的区域性资源库，还是学校自建的小型资源库，都普遍存在资源缺乏系统性、资源数量不足，以及资源的共享、交流和整合不力等缺陷，致使资源库的实用价值未能得到充分体现。由于基础教育资源建设涉及教育、政治、经济、文化、商业、科研等各个领域，因此，基础教育资源的建设必须依靠集体。只有各尽所能、互通有无，才能建成比较系统和全面的资源库。为了更好地完成教育资源建设这项系统工程，政府应该组织包括政府部门、大学、中小学，以及各类协会、基金会、公司、个人等在内，采用联盟方式将各个领域的力量联合起来，进而实现全社会数字化资源建设的优势互补、风险共担、资源共享。应鼓励利用市场机制，积极引导、推荐和扶持好的教育软件资源，通过建立多种形式的交流机制，构建自我完善的动态发展机制，最终达到资源开放、共享和发展的目的。

5. 完善资源管理机构体制

针对当前高校数字化教学资源建设中缺少校际合作与互动、集中与分散相结合的统筹管理机制的现状，应由政府教育主管部门牵头联合各高校联合建立一个管理机构，以便统一协调实现校际资源共建共享。这个框架应当以政府为主导，以学校为主体，有纵向调整机制和横向调整机制：纵向的调整由校际教学资源共建共享管理机构实施，主要解决校际问题；横向的调整主要由校内教学资源共建共享工作领导小组负责完成，主要解决校内问题。校际教学资源共建共享管理机构由政府教育主管部门和各高校的相关领导组成，主要负责：①信息资源共建共享的筹备策划和资源的配置调度，制定资源共享政策和规章制度；②协调各院校职责、权利和义务的分配，协调教学资源共享的具体问题实施；③对信息资源共享绩效进行评估，对重大问题进行规划协商处理；④授权各院校有关部门协调处理各类校际问题，组织有关人员定期学习讨论等。校内资源共建共享工作领导小组由本校分管校长任组长，各有关处室、院系的有关负责人为成员。可根据工作需要下设采集组、数据组、技术组、开发组和外联组等分管各项事务。其中外联组负责与兄弟院校进行联络沟通，其他各组负责校内资源建设与资源共享工作。工作领导小组主要负责制定校内共建共享方案和具体管理制度；落实有关资源共享的规划和决定；组织校内资源的采集、整合、传递、加工和管理；进行校园内各部门、各院系之间教学资源的共享协调；与其他院校就资源共建共享方面的日常事务进行联络协调；对教师进行教育技术培训、考核等。

6. 加强资源共建共享监督

教学资源的共享是建立在优质教学资源基础之上的，优质的资源才能促成有效的推广应用。为了从源头上保证资源的质量，应建立质量监控机制。专项管理员在熟悉掌握《现代远程教育资源建设技术规范》的基础上，随时对上传的资源是否符合规范标准、是否进行了教学设计、信息描述是否全面恰当等进行检查，及时与资源建设教师沟通，提供指导与建议。虽然有极少数教师认为，课题的研究是由教师自己掌控安排的，如果有管理者的全程跟进甚至是督促会给他们带来很大的压力。但是大部分教师认为全程跟踪指导可以有效保持教师的积极性，并且能极大地提高资源的质量。

（四）高校教学资源共建共享机制创新

1. 构建教学资源共享的长效机制

在社会主义市场经济体制的大背景下，开展教学资源区域共享必须按照市场经济规律办事，建立科学的利益共享和分担机制。只有实现双赢或多赢，才能使该项工作具有持续发展的内在动力。资源共享、合作办学不能采用无偿使用的办法，必须进行科学合理的成本核算，由受益方高校和学生向资源提供方高校支付必要的成本费用，使教学资源区域共享工作顺利、稳定地开展，并进入良性循环的轨道。政府要重视引导人们强化对资源的使用，弱化对资源的占有，要建立有利于资源共享的高校学科评估体系。政府在评价标准中除了考虑各校自己拥有的硬软件资源外，还应考虑实际可共享的资源，避免各校不惜本钱，重复投入，恶性竞争；要建立促进教学资源区域共享的激励和约束机制，从立法层面对高校教学资源区域共享提出明确要求，对应共享而不愿开放共享的单位和个人采取一定的法律强制措施。同时，政府也要对积极开展合作，在教学资源区域共享中取得显著成绩的单位和个人给予奖励和经费补贴，在精神和物质两方面确保他们共建共享的积极性。

2. 建立教学资源共享动态激励机制

坚持权利和义务相统一的原则，激发教师积极探索课程案例教学方法改革的热情和对共建共享活动的兴趣，着力打造一支素质高、肯钻研、热心并擅长案例教学资源研发的专兼职结合的科研团队。

3. 健全共享信息反馈调节机制

只有重视教学资源共建共享过程的反馈调节，保证反馈的及时、准确，保障信息反馈渠道的畅通，才能使中心管理和服务人员及时获得教师的资源需求信息和对中心管理、服务工作质量及要求的评价信息，调整资源服务流程、服务策略和服务方法，保证资源共建共享活动按照中心预定的服务宗旨和目标高效率、高质量地有序进行，实现资源共建共享服务的最优化、最大化。

（五）高校教学资源建设与共享保障

高校教学资源建设与共享工作的开展涉及教学、技术、管理等多个方面，需要多方面人员的共同协作；除了资源和平台的建设外，还必须建立一套规范的共享保障机制，才能保证网络教学的有效开展。共享保障机制包括政策保障、组织保障、制度保障、环境保障、资金保障、技术保障和服务保障机制等。

1. 政策保障

政策保障即国家教育主管部门应制定相应的政策，包括制定学分互认的政策、协调学分互认的关系、确定院校共享优质资源在教学中应用的比例范围、制定知识产权保护条例和共享交流的基本准则；这样既鼓励推动共享，又保持各院校自身的特色。同时应组织制定各类教学资源建设与共享的技术规范与标准，组织重大课题的立项与研究，从宏观上指导教学资源的建设与应用。

2. 组织保障

组织保障除行政管理部门在资源建设与共享方面进行总体规划、协调、指导外，还要求学校建立健全相应的组织机构，强化教学资源建设的领导与协调。网络教学资源建设与共享应在学校信息化工作领导小组的统一领导下，由教务处、教育技术中心共同负责组织实施：由教务处和相关院系确定建设需求，调动教师参与网络教学资源开发的积极性，协助学校做好相关的管理工作；由相关学科的主讲教师、教育技术人员及学生共同组成项目开发和应用小组；由学校信息化工作领导小组制定学校信息化资源建设工程的项目申请、审定、验收、评比等项目管理条例及细则；由教育技术中心牵头制定相关技术标准及规范，并负责对相关项目进行技术支持、技术培训、技术管理。应成立教学资源建设专家组，负责对教学资源建设项目的审定、验收、评比，负责对网络教学资源建设的监督、检查和指导工作。另外，要建立一支稳定的高素质的教育技术专业队伍，以保证校园网络、教学资源、教育技术环境等基础设施的运行、维护与管理。

3. 制度保障

制度保障包括制定和建立各项管理制度和机制。制度和机制是教学资源建设与共享的根本保证。目前，许多学校建设了一流的应用环境，搭建了网络教学的资源和技术平台。但由于缺乏必要的管理制度和激励机制来推动，网络教学的应用范围和效果都不明显。从制度上进行规范，首先应建立网络教学资源开发建设的计划、组织、指导、检查、验收与评比等一系列管理制度和实施办法，并将其纳入学校各项管理制度中。加强对教学资源开发建设各个环节的检查、指导和控制，才能确保教学资源的开发质量。其次应从教学实际出发，对应用的内容、形式、手段、方法等制定相应的管理和考核评价方法。应在充分调动教师积极性的前提下，确保教师和学员会用、会想，使之成为教学中不可缺少的重要手段。再者应制定相关的激励机制，将教师的现代化教学上的责、权、利统一起来，将教学资源建设与应用工作和教师工作考核、教分、奖金、提职称、评优及优秀教学成果奖等挂钩，鼓励教师进行网络教学实践，推动教学改革。

4. 环境保障

环境保障是指为教学资源的建设与共享提供好的环境支持。主要包括网络环境、开发环境、存储环境、应用环境等。保障的重点是环境的建设、维护与管理等。环境建设首先要突出教学要求，从教学实用出发，加强规划与论证，注重设备与设施的配套建设。其次要强调实用要求。既要防止先进的教学条件成为一种摆设，又要避免教学应用的简单化、形式化和勉强化。再者要考虑管理与维护要求。由于由各种设备组成的系统较复杂，不便于使用、维护与管理，因此，建设中必须充分考虑各种设备的维护和管理要求：一方面在系统集成的基础上，实现集中控制；另一方面，各单元之间要相对独立，便于维护。另外，要建立详细的系统集成资料档案，以便为日后系统的维护与升级提供依据。同时要建立多方案、多途径的应急维护与管理机制，实施主动、超前、快捷、可靠的维护管理。

5. 资金保障

资金保障就是学校应预设专项资金，用于资源的建设与共享应用，这是共享建设与应用的根本保证。由于资源建设与共享涉及环境、资源、平台等的建设，是学校信息化和现代化建设的重要内容，因此学校和各级主管部门应加大投入，从经费上给予足够的保障。

6. 技术保障

技术保障是资源建设与共享的技术支持，包括应用技术的研究、培训、指导、系统维护等工作。首先应根据应用要求，开展资源建设与应用的相关技术研究，解决工作中遇到的实际问题，探索共享建设与应用的新模式与新方法，并进行相应的试验与试点，然后将研究成果在教学中推广应用。同时在研究的基础上，应根据本校实际，制定相应的技术规范与评价体系，为推进资源的共享建设与应用提供理论指导。其次是开展资源建设与应用的培训，帮助教师树立现代教育理念，转变观念，提高认识，使教师掌握资源建设与应用的基本理论和方法，提高教育技术实践和应用能力，促进教育教学改革和创新。可采取以网络培训为主，面授为辅，或两者相结合的培训方式；也可通过定期举行研讨会、邀请有关专家讲座等，分期分批进行一系列的相关培训。再次是安全问题，在资源建设和应用中，所有的数据、应用都在网上，因此保证它们的安全是首要任务。应采取多种技术和管理措施，保证系统和数据的安全。最后是加强系统软硬件的技术维护工作，确保网络和应用系统安全可靠运行。

第三节　高校教学改革

人才培养是高校的最基本的职能，而人才培养主要靠教学。教学质量的提高是提高人才培养质量的关键。但我国高校普遍存在教育教学改革理念落后、教学方法单一、教学内容陈旧、教学资源配置不均、教学管理制度不完善，以及教学评价体系不合理，导致人才培养质量受到社会大众质疑。因此，随着我国高等教育大众化的发展，如何深化高校教学改革，提高高校人才培养质量，促进高校内涵发展，走特色办学之路是目前高校亟待解决的重要课题。人才培养是按照教育规律组织实施并不断完善每一个教学环节的过程，同时也是一个不断深化教学改革的过程。教育部《普通高等学校本科教学工作审核评估范围》将“培养过程”作为审核评估的项目之一，体现了人才培养实行过程管理与目标管理相结合，以过程管理为主的原则。与此同时，将教学改革与课堂教学、实践教学、第二课堂列为四个审核要素之首。可见，教学改革是引领课堂教学、实践教学和第二课堂的关键。在“教学改革”这一审核要素中设置了三个审核要点：一是教学改革的总体思路及政策措施，二是人才培养模式改革和人才培养体制、机制改革，三是教学及管理信息化。

一、教学改革的总体思路及政策措施建构

（一）高校教学改革的理念与导向

1. 学术自由

学术自由是大学的核心理念，是大学孜孜以求并赖以立足的根基。已故著名的美国芝加哥大学社会学及社会思想史教授爱德华·希尔斯在为《国际高等教育百科全书》撰写词条时对学术自由进行了论述，他认为，一所大学拥有自我认同的诸多理念，其核心是指向真理的旨趣：大学的首

要任务是传播和发现关于重大现象的真理。这些理念无形中为学者们确立了学术规范、行为准则，以及对社会所负的责任。若认为大学仅是传播无可置疑的真理而绝不能对其进行修正、更改的机构，那么必然会使学者们的研究束手束脚，并将他们仅仅限定在对现有知识的重复传播上。然而值得庆幸的是，现代大学已经发现、解释并批判既定真理，对其进行理论与方法上的重估，并致力于寻求更合乎实践经验的合理解释。

学术自由就是在无损个人地位和职位的前提下，学者们自由行事的权利；就是学者们自由选择教学内容、研究课题并自由发表其著述的权利；就是学者们自由择定研究方向和方法的权利。学术自由反对一切权威不顾学者个人的学术旨趣和能力，强迫他们就范；不论这些权威是全院系员工的一致意见，是院系主任、教务长、校长甚至校理事会的观点，还是校外任何权威的臆断。学术自由是学者们在特定高等教育机构或学术社团之内思考和行动的自由。

在这里特指学者根据自己的智力倾向和学术标准自由地教学、研究，通过学术讲座和论文著作等形式自由地进行学术活动。当然，他们发表的论点是经过调查研究证明为真的。学术自由保障学者们可以自由组建和参加学术团体。

学术自由是大学教授履行教学和研究职责的自由。依己所长，追求真知灼见。但这并不意味着学者们可以行任何事，说任何话。学术自由只能用于处理学术事务：传授他们依靠长期深入的钻研而得出的正确结论，与同事们自由地交流心得，将那些经过系统研究和缜密分析的结论出版传播。这才是正当的学术自由。

学术自由还意味着学者们与本校及外校、本社团及其他社团的学术同行，通过口头和书面形式，自由地进行学术交流。学术自由不仅是学者们在教学和研究过程中遵循严格学术标准的自由，也是学者们参加国内和国际性学术组织的自由。学术自由也包括学生们根据自己的智力、政治和娱乐需求组建社团的自由。

美国著名的高等教育学家布鲁贝克是中国高教研究界最熟悉的外国学者之一，他的中文版著作《高等教育哲学》已经成为我国“高等教育学”专业研究生的必读书目。他在这本书中提到了学生和学术自由。学术界讨论较多的是教师的学术自由，那么学生是否应该同教授一样享受学术自由呢？布鲁贝克认为，答案既是又不是。德国大学在“学习自由”和“教学自由”之间做了有益的区别。前者与学生有关，选择学什么（选修课程）的自由，决定什么时间学和怎样学的自由，以及形成自己思想的自由；后者与教授有关，选择授课科目的自由，选择研究项目的自由，得出自己关于真理结论的自由。教学自由是那些在掌握高深学问的技术方面受过训练的人的特权。由于学生仅仅是初学者，他们还不是足够成熟的学者，因此不能充分享有学术自由。在他们的学习期间，他们应该被看作学徒或者是学术界的低级成员，正在发展自己的独立思考的方法和习惯，他们的学习自由充分体现在教授的教学自由中。

2. 国际化

（1）大学国际化特点。大学国际化是指在国际化环境中，大学为了培养在国际上有竞争力的高素质人才，创造出为国际公认的知识，通过资源的持续跨国流动，与其他资源相互影响和交融，而使自身具有越来越多国际特征的发展过程。大学国际化有如下特点。

①大学国际化有一个过程。不同大学所处的国际化阶段不同，所需解决的国际化问题也不同。大学应根据国际化标准和自身特点制定大学国际化中长期规划，循序渐进，逐步实现不同阶段的可量化的国际化目标。

②大学国际化的目的是培养在国际上有竞争力的高素质人才，创造出为国际公认的知识。大学不能为国际化而国际化。能否实现这一目的，是大学国际化能否成功的关键。

③国际化的手段是资源的持续跨国流动，以与其他资源相互影响和交融，资源利用国际化是大学国际化的保障。教师、学生、图书、基建、教辅等一切与大学办学有关的资源均需与同类国际资源互动。吸引、利用国

际教育资源，面临其他国家和地区大学的激烈竞争。只有采取法治和有效的奖惩政策，大学才可能摆脱原有地方化办学的惯性，激发教职员工参与国际化办学改革的积极性，在激烈的国际竞争中占据主动地位。

④大学国际化的表现是自身具有越来越多的国际特征。国际特征表现在办学理念、市场竞争、行政管理、规章制度等思想、体系的宏观方面，也表现在教师、学生、教学、科研、国际交流、语言等业务的微观方面。大学可以根据自身特点，扬长避短，重点发展优势领域，影响、渗透其他领域。

⑤大学国际化的背景是社会国际化，离开大环境，大学国际化很难有所建树。

（2）大学国际化标准。学界和各国政府对大学国际化的标准见仁见智。香港科技大学校长朱经武教授认为，大学国际化最重要的是看教师和学生两个方面有多少来自非本国、或去其他国家和地区交流和访问。中国科学院研究生院赵睿教授认为，各国的大学在人才培养、教材和课程、评价和认证、教育资源配置方面都在考虑国际化的因素，对国际化的关注重点已经从学生流动扩大到了课程、教师开发、质量保证、信息和通信技术的使用、国际研究与教育的关系、教育集团的建立等多项内容。日本学者喜多村和之先生则用通用性、交流性和开放性三个标准来衡量大学的国际化。美国教育理事会在2000年美国高等教育发展状况的总结和统计报告中从以下几个方面分析了美国大学国际化的现状。

①大学中本土学生的外国语学习；

②出国留学生教育（包括学者访问）；

③大学课程的国际化；

④大学招生对学生国际化特质的需求；

⑤高等教育机构的教育交流活动（包括外国留学生教育和学者来访）；

⑥政府及其他社会组织对高等教育国际化的支持和资助；

⑦劳动力市场对国际性人才的需求。

这些都可以作为大学国际化标准的参考。

3. 个性化

著名教育家蔡元培曾说："教育者，与其守成法，毋宁尚自然；与其求划一，毋宁展个性。"构建个性化人才培养模式，培养个性化人才是我国高等教育改革发展的重要方向。一流大学进行个性化人才培养模式改革，既有得天独厚的条件，又可以形成示范带动效应。改革是一个系统工程，是一个上下互动、内外结合的过程。其不仅仅涉及高等教育系统，还与高等教育系统所在的社会系统有关。思考我国一流大学个性化人才培养模式改革的对策，既需要宏观视野和系统思维，也要从现实出发。要在现有的制度和条件下，继续深化和完善目前的个性化人才培养模式改革，最大限度地促进学生个性发展。

个性化和大众化相对，常用来指具有个体特性的需求和服务。个性化可理解为培养个性、发展个性或促进个性发展。个性化教育就是培养学生个性发展的教育，是采取个性化、特色化的手段，促进个体生命更好地朝着个性化的方向发展。如果从相反的方向来看，或许有助于我们进一步理解个性化。与个性化（培养模式）相对的是统一化或划一化培养模式。按照阿尔温·托夫勒的观点，划一化教育或培养模式是工业时代教育的特征，学生好像处在工业化生产的流水线上，学校教育以统一的标准、统一的要求、统一的内容、统一的教育方式，进行着批量生产，塑造着统一规格的人才，把原本独特的生命加工得一模一样。在后工业的信息时代，教育必将与工业时代的划一化脱离，用多样化的内容和适应个体的差异，促进人的个性发展。

从我国教育的总目的来看，1995 年颁布的《中华人民共和国教育法》中规定：教育必须为社会主义现代化建设服务，必须与生产劳动相结合，培养德、智、体等方面全面发展的社会主义事业的建设者和接班人。这一总目的包括三个基本点，即培养劳动者成社会主义建设人才；坚持全面发展；培养独立个性。教育的目的自然也包含在这一总目的之中。但为了破除我国高等教育思想的困惑，有必要在上述教育总目的框架内进一步探讨和理清高等教育的目的，把促进大学生个性发展放在更加突出的地位。因为，从时代发展趋势来看，培养具有独立个性的人已成为当今世界各国教育普遍关心的问题，西方许多教育发达国家近年来在各种教育规划宣言中都多次强调个性发展的重要性。当前我国的社会主义改革已经发展到了一个新的历史阶段，各项改革的一个根本目的就是要解放、调动、发挥人的主体性，培养具有独立个性的人必将在教育目的价值取向中占有更突出的地位。

大学个性化人才培养即重视更新人才培养理念，强调个性化培养；积极改进专业设置模式，强化独特个性发展；不断优化课程设置方式，促进个性自由发展；注重改革教学制度体系，着眼个性全面发展；大力创新教学组织形式，助推主体个性提升；深入改革教学管理模式，适应个性发展要求；重视培育隐性课程形式，促进和谐个性发展；注重完善教学评价方式，引导个性全面发展。

4. 通识教育

通识教育源于古希腊哲学家亚里士多德提出的自由教育的思想。《教育部关于2013年深化教育领域综合改革的意见》提出“鼓励和支持高校结合实际，探索通识教育新模式”。教育的最终目标就在于使受教育者获得完整人格，并发挥其潜能，最终推动社会和个人的发展和进步。

通识教育首先是一种教育理念。不同的时代，不同的国家和地区对其表述不完全相同，但其核心是一致的，那就是通过学习系统的知识培养完整的人格。教育的根本目的是育人，通识教育也不例外。但是，与其他教育理念不同的是，通识教育不是让学生成为样样都知道的“通才”，也不是为学生设计一个提高就业竞争力的知识结构，不是过分追求专业化和技术化。其目的在于培养学生的品格、能力和智慧，使之具备较强的适应能力。学生通过通识教育，了解不同知识的同一性和差别性，了解不同学科的智慧境界和思考方式，掌握研究方法，养成独立思考的习惯，从而达到对自然和社会的更好把握。从某种意义上说，通识教育是一种“以人为本”的教育，强调个人的全面发展，培养全人而不是工具人。

通识教育第一层次的目的是扩大学生的知识面，加强人文渗透、文理渗透，做到科学教育与人文教育相结合，使理工科学生掌握人文知识，文科学生具有科学知识；通识教育第二层次的目的，是帮助学生形成知识的整体观，开发学生个体智慧，培养学生洞察、选择、整合和迁移的能力；通识教育第三层次的目的，是超越功利，弘扬人文精神和科学精神，培养“全人”。通识教育计划不是公共必修课计划，大学的教育理念应该自始至终被贯穿于通识教育计划之中。因此必须让学生明白通识教育的重要性，即从交叉学科的发展趋势和社会市场经济的发展需要出发，使学生放眼未来，树立正确的学习观，以避免知识、能力、思维、情趣上过分“专业化”，从而成为缺乏适应性的“单向度”的人。

（二）高校教学改革的基本原则

有学者提出高校教学改革应始终坚持并遵循立德树人、优化资源、过程管理、促进发展等原则。

1. 立德树人原则

立德树人是引领教学改革的主导思想。党的十八大报告明确提出要把立德树人作为教育的根本任务。这就意味着教育不仅肩负着文化传承创新的任务，还承载着人的德育素质和综合能力的提高、健康人格的塑造的职能。它提示我们，教育的根本对象是“人”、根本任务是育“人”，而不是升学率、不是论文和奖励，以及头衔多少的排名、不是大楼和设备等。这就要求高校教学改革首先要注重师德的培育，把师德的建设作为育人的关键；其次要注重“树人”，把培养学生的公民意识、社会责任感，以及创新意识和创新实践能力作为教学改革的重心。

2. 优化资源原则

优化资源是实现教学改革目标的基础保障。高校资源可分为有形资源和无形资源两种类型。有形资源主要分为人力资源、物力资源和财力资源三种，具体包括经费、教学师资队伍、图书馆、教学辅助资源（包括教材、实验室、自习教室、语音室、多媒体设施、体育场馆等）、校内外实习实训基地等。无形资源则包括师资队伍素质、教育教学理念、校园文化底蕴、电子信息资源、社会捐赠资源，以及学校知名度等。高校教学改革就是对高校的有形资源和无形资源的整合与优化，使高校资源突出向教学改革倾斜，为教学改革服务。只有这样，才能充分发挥教育资源对教学改革的作用，才能保证教学工作的中心地位，才能保持人才培养质量的稳步提升。

3. 过程管理原则

教学管理制度改革是高等教育教学改革的重要内容，对高校提高教学质量和人才培养质量具有重要的现实意义。而加强教学过程管理是管理机制创新的核心内容。这就要求高校教学管理改革在教学管理的顶层设计上，更加注重对人才培养过程（教学过程）的管理，同时还应继续加强对教学质量的监控与管理。因为培养过程管理具有目标的指向性、功能的整合性、结构的科学性、实践的能动性、环境的适应性，以及发展的创新性特征。也就是说，通过教学过程管理机制的创新，使教学管理灵活化、动态化、个性化，为破除现阶段教学管理中存在的教学管理理念落后、教学评价忽视个性特长发展、教学管理缺乏人文关怀、教学考核以科研成果为主等弊端提供新的机制，保证教学质量评估结果更加客观、科学、有效，为教学改革的实现提供良好的外部环境和服务支撑。

4. 促进发展原则

高校教学改革还应始终坚持促进教学持续发展的原则。无论是国家把立德树人作为教育的根本任务，还是高校把有形资源与无形资源进行优化和整合，抑或是加强教学过程管理机制创新，其最终的目的都是为了保障高校教学改革的持续开展、高校办学水平的持续提升、人才培养质量的稳步提高；为了促进高等教育内涵发展，使高校的发展坚持走特色立校、特色兴校、特色办学之路；为了促进高校逐步形成以质量求生存、以服务求支持、以特色求发展的办学理念，从而在高等教育发展领域中占有一席之地，不致被激烈的竞争所淘汰。

（三）高校教学改革的总体思路

1. 明确高校的根本任务

高等学校的根本任务是培养人，中国特色的高等教育必须坚持社会主义办学方向，就是把受教育者培养成为德智体全面发展的社会主义事业建设者和接班人。

当前，我国在人才培养上主要面临着两个方面的严峻挑战。一是科学技术高速发展的挑战。我们应当看到在国际范围内正在出现综合化、一体化、人文化、信息化的趋势。二是意识形态领域的挑战。本土与外来的、东方与西方的、传统与现代的文化的互相冲击和融合，价值取向变得多元化，使得意识形态领域的争夺和渗透更加激烈。为此，我们必须从两个方面对人才提出基本要求：一方面，要懂得马克思列宁主义，毛泽东思想、邓小平理论的基本原理，有比较坚定的社会主义信念，能够比较自觉地坚持党的“一个中心，两个基本点”的基本路线。另一方面，要掌握现代科学技术、文化和管理的专门知识、技能和能力，具有献身改革开放和社会主义现代化建设事业的真实本领。德智体全面发展，是人才培养、成长的普遍规律。把受教育者培养成为社会主义事业的建设者和接班人，才是社会主义教育与资本主义教育的本质区别所在，是我国高等教育工作坚定不移的方向。应当着重指出的是，我们是在改革开放的环境中培养人才，这要求我国高校的思想政治教育应采取相应的对策：一方面，要认真学习，贯彻党的十八大精神，把培育和践行社会主义核心价值观贯穿于人才培养全过程，以立德树人为高等学校的根本任务，充分发挥思想政治理论课的主渠道、主阵地作用；另一方面，要大力加强人文、社会科学教育和校园文明建设，活跃学术氛围，努力提高大学生在未来社会中正确识别、选择文化的能力。

2. 创新高校的人才培养模式

人才培养模式是根据国家的教育方针和社会发展所需要的人才标准，设计的知识、能力、素质结构，以及实现这种结构的方式。改革、构建新的与“两个根本转变”和21世纪相适应的跨世纪人才培养模式，是新形势下深化教学改革的中心环节。以跨世纪人才为目标，改革、构建新的人才培养模式，需要注意坚持以下“四个统一”。

（1）德、智、体全面发展与人的个性化的统一。德、智、体全面发展与人的个性化是统一的，德、智、体全面发展是人才培养的总目标，也是对个体素质的整体要求。但现代社会需要高等教育培养富有主体精神、多样化的人才，学生先天的生理基础和学校的办学目标、条件也有很大差异，这些都是人的个性化的基础。坚持德、智、体全面发展与人的个性化的统一，有利于实现社会发展需要与人的发展需要的辩证统一，也有利于使个性发展达到最佳状态。

（2）人文精神与科学素养的统一。人文精神与科学素养的统一是现代人的基本特征。一个现代的人，应当既有高尚的人文精神，又有精深的科学素养，这应当成为现代高等教育，也是我国高等教育追求的目标。人文精神，泛指“做人”的基本态度，主要是指人对自然、社会、他人，以及自己的基本态度。它不仅要建立在丰富的人文知识的基础上，而且要植根于精深的科学素养中。现代科学技术对人文精神的形成也有深刻的影响。科学素养的内涵不仅是掌握人文社会科学和自然科学的知识、技能和能力，更重要的是在这个基础上养成一种实事求是、追求真理，独立思考，勇于创造的科学精神。坚持人文精神与科学素养的统一，是素质教育的基本要求，体现了“人”与“才”的有机结合。

（3）通识教育与专业教育的统一。在新形势下，时代不仅要求当代大学生有较宽的专业面，以增强对未来社会的适应性，而且要求当代大学生有良好的基本综合素质，以面对时代提出的巨大挑战。因此，当代高等教育不应当仅仅是以培养专门知识、技能、能力为目的的口径较宽的“专业教育”，还应当提供不同专业共同需要的，以提高人的基本综合素质为目的的“通识教育”，从而使当代大学生成为具有良好基本综合素质的专门人才。通识教育与专业教育的统一，说到底是个知识能力结构问题，也是全面提高学生综合素质、实现人文精神与科学素养统一的基础。

（4）文化传递与文化选择、创造的统一。教育活动的基础是文化的传递，但高等教育不是一般文化的传递，而是高深学问的传递。高等教育的主要功能是在传递人类已有的高深学问的基础上进行高深学问的选择和创造。这里有两层意思：第一，高等学校传递的高深学问是经过精心选择和正在探索中的；第二，大学教育的使命之一就是着力培养大学生对高深学问的识别、选择和创造能力。

3. 改革高校的教学体系、内容与方法

教学内容和课程体系的改革是改革、构建新的人才培养模式的主要落脚点，也是新形势下深化教学改革的难点和重点。要认真开展适应新时期教学内容和课程体系的改革试验，力争到21世纪二三十年代使我国一批顶尖大学的教学内容和课程体系建设的水平达到国际一流大学的人才培养要求，并在全国教学改革中担当示范作用。

改革教学方法是实现新时期人才培养目标、落实人才培养模式的重要环节。“发展”和“内化”是搞好素质教育的关键。所谓“发展”，就是使学生由先天生理基础决定的身心潜能得到充分的发展；所谓“内化”，就是把外在的文化和社会规范向个性心理品质内化，形成高尚的人文精神和具有精深的科学素养。当今社会已把人的主体精神和对文化的选择、创造能力提到了前所未有的高度。所有这一切，都对传统的教学方法提出了严峻的挑战。如何在传授知识和发展能力基础上通过“发展”和“内化”形成人的个性心理品质和良好综合素质，是摆在我国高等教育工作者面前的一项新课题。

现代科学技术尤其是信息技术的高速发展，极大地推动了教学技术和手段的现代化，它是高等教育现代化的一个重要标志。积极推进以信息化为主要标志的教学技术和手段的现代化，使现代化教学技术和手段在改革教学方法、提高教学质量中发挥更大的作用，是我们面临的一项重要任务。

4. 完善中国特色的高等学校教学评估质量保障体系

教学评估与质量保障是既互相联系又有质的区别的两个事物。教学评估是根据一定的教育目标和标准，对教育工作作出价值判断并不断改进教育工作的过程，目的是保证和不断提高办学水平和教育质量。而质量保障则是对人才培养全过程实行监控以保证人才培养的质量。但两者之间有着非常密切的内在联系。教学评估是质量保障的基本手段，教学评估的唯一目的就是保证并不断提高办学水平和教育质量。

高等教育的质量保障主要表现在两个方面：一是各级教育行政部门对高等学校的质量监督；二是高等学校内部进行的质量管理。正确认识和处理政府和学校在质量保障中的地位、作用及其相互关系，是在新形势下进一步完善中国特色的教学评估和质量保障体系的关键。当前的主要状况是政府自上而下地进行的质量监督过多过细，绝大多数高等学校还没有建立起内部的教育质量管理系统。当前和今后一个时期我们的一项重要任务，就是在继续加强并改善政府对高等学校质量监督的同时，下大力气尽快地把高等学校内部的教育质量管理系统建立起来，并把它作为中国特色的教学评估和质量保障体系的基础。

正确认识和发挥社会中介组织在我国教学评估和质量保障中的积极作用，也是进一步完善中国特色的教学评估和质量保障体系必须认真研究、解决的重要问题。我国实行的社会主义市场经济体制，其实质是一种政府主导型的市场经济，因而比较忽视社会中介组织的作用。这种状况应当尽快改变。实际上，社会中介组织是调节政府与学校之间矛盾的缓冲器，建立教育评估社会中介组织是符合我国国情的。关键是政府要重视、支持并正确发挥社会组织的中介作用。

高等学校内部教育质量管理系统、教育评估的社会中介组织和政府的教育质量监督是中国特色的教学评估和质量保障体系的三个基本组成部分，应当形成一个相互联系、分工明确、各有特色、密不可分的有机的整体。这是新形势下进一步深化教学改革、培养德智体全面发展的跨世纪人才的有力保证。

当前正在进行的这场教学改革，是一期跨世纪的伟大工程，是中华人民共和国成立以来我国高等教育多次进行教学改革的继续深入和发展，有着深刻的时代背景，是一场深刻的革命。但是必须明确，教学工作需要稳定，教学改革是个渐进过程，切忌折腾和反复。因此，在进行教学改革时，既要坚决，多作试点，勇于创新；又要慎重，由点到面，稳步前进。总之，既要做持久的努力，又要有紧迫感；既要坚定方向，又要从实际出发，区别不同情况，积极推进。

（四）高校教学改革的政策措施建构

高校的一切工作都应围绕教学进行，必须始终保持教学工作的中心地位。具体而言，就是要营造有利于教学改革的政策环境、制定有利于教学改革的规章制度、创立有利于教学改革的激励机制。只有为教学改革提供宽松的外部环境，建立健全教学改革的实施方案，完善相关规章制度，才能保证教学改革的顺利、有序实施。

1. 营造有利于教学改革的政策环境

良好的、宽松的政策环境是保障教学改革顺利进行的重要基础和前提。这就要求国家、地方政府、各高校进行教学改革必须要注重积极营造政策环境，做好教学改革的顶层设计。具体表现在以下几个方面：

（1）广泛开展教育思想大讨论，实现教育思想观念的转变。思想是行动的先导。科学的教育教学改革理念是教学改革成功的保障。因此，国家、地方政府应该高度重视高校的教学改革工作，促进各高等教育教学理念的转变。通过召开全国教学会议、开展本科高校教学评估工作、考察国外先进教学理念、开展专家座谈会、进行大量的实地调查访谈，以及建立教学改革试点区域等方式，验证教学理论的科学性与可行性，为高校顺利进行教学改革提供理论指导与实践经验，营造有利于推进教学改革的社会舆论氛围。而各高校则应当积极响应国家、地方政府的号召，积极邀请全校教职工人员认真学习教学改革精神并加以贯彻落实，切实转变全体教职工落后的教育观念，积极鼓励教职工解放思想、敢于改革、勇于实践，为教学改革的实施做好前期准备工作，消除部分教职工抵制教学改革的情绪与态度。在现阶段高校教学改革过程中，就是要把以人为本的素质教育理念、通识教育理念、立德树人理念，融入全体教职工的观念中去，做到切实为学生的全面自由发展服务。

（2）大学章程的制定应突出教学的中心地位。应当在大学章程中进一步强化教学改革与教学质量管理改革内容。具体而言就是要遵循“以师生为本”的理念及广泛听取各方意见，对现有教学管理制度进行深入分析论证，删除不合要求的内容，修订不尽规范的地方，真正做到教学管理体系的系统化、规范化、科学化，做到高校其他管理制度为教学管理制度服务，为教学质量的稳步提升服务，为人才培养质量的提高服务。

（3）学校领导应重视对教学改革工作的统筹与领导。学校领导要重视教学工作，将其列为学校的经常性中心工作，把教学改革作为各项改革的核心。学校主要领导还应主动带头承担相关教学项目的研究与实践工作；还应定期召开教学工作专题会议，认真听取各个院系教学改革执行与实施的计划和进度，确定下一阶段教学工作的重点，将切实推进各个学科专业教学改革落到实处；还应主动带领相关学科专家进行考察、调研，比如可以通过出国考察，加强校际的交流与合作等方式来论证教学改革方案的科学性与可行性等。

（4）激发全体师生积极参与改革工作的热情。首先，要进行教学改革的思想宣传，为教学改革营造良好的舆论氛围。其次，要从教与学两个方面着手实施。教师方面，可以选派优秀青年教师出国深造，学习国外先进的教学理念、教学方法；可以选派一批教师到其他高校进修，加强校际教师间的交流与合作；同时，对于积极参与改革并取得一定成效的教师，在年底考评及职称评定上予以政策倾斜等。学生学习方面，为了营造有利于学生学习的政策环境，除了保障正常的教学活动外，还应该为学生提供更为多样的学习形式，如可以建造大学生自主学习中心，积极引导学生进行自主学习；通过各种竞赛活动，激发学生课外学习的积极性；积极组织学生开展第二课堂活动，构建更为活泼多样的校园文化氛围等。

2. 制定有利于教学改革的规章制度

科学合理的教学规章制度是保障教学管理制度化、规范化、科学化的基础，是处理教学改革问题的现实依据，是形成教学自我管理、自我发展、自我约束机制的前提。因此，必须完善学校各种教学改革和教学管理的规章制度。

（1）合理制定教学改革规划。合理的教学改革规划是保证教学改革顺利进行的重要前提。教学改革规划主要应由院系进行，因为不同学科专业的教学改革内容的侧重点不同，必须有所侧重，才能突出特色。因此，教学改革规划应当在学校教育发展规划的基础上，制定更为细致、合理的实施细则。首先，教学改革发展规划应当立足于学科专业发展特点与规律，因地制宜，因时制宜，要体现出规划的弹性，灵活性特征；其次，学科专业的教学改革规划必须紧贴地方经济社会发展需要，使教学改革发展为区域经济社会发展服务；最后，教学改革发展规划的制定，还应当在广泛调研、科学论证、多方参与协商的基础上进行，这样才能保证教学改革规划方案的科学性与可行性。

（2）建立教学改革的多方协商制度。目前，教学改革方案的制定并不是多方协商的结果，而多是由教学行政管理人员和少数学科专业带头人共同制定。缺少一线教学教师、学生、社会中介组织的参与。而要形成科学合理而又符合个人全面发展、社会需求的人才培养改革方案，就要逐步建立并完善教学改革的多方协商制度。也就是在进行教学改革方案的制定过程中，充分发扬民主，根据教育教学发展规律、学科专业特点，以社会需求为导向、以个人全面成长为目的，逐步形成一个由学科领域专家学者、教学管理人员、一级教学教师、学生及社会中介组织等多方利益群体共同组成的教学改革方案制定委员会，充分体现教学改革方案制定的民主化、科学化、规范化。

（3）强化教学过程管理制度。加强教学过程管理制度建设，就是对以往注重结果管理的一种创新。变“硬性”的结果管理为“柔性”的过程管理，更有益于学生的全面成长成才。这就需要教学管理部门要根据教学改革的需要，适时调整教学过程管理的目标、内容，做到以服务的理念作为教学管理制度建设的指导理念，以新的教学质量观作为考核教学质量的标准，以柔性灵活的服务理念作为管理学生的主要手段，从而促进学生的个性发展，强化学生自主学习、自主探究、合作学习的意识，不断培养和提升学生的创新意识、创造能力，为多样化人才的培养提供良好的、宽松的制度环境和服务支撑。

（4）建立教学质量保障制度。建立质量保障制度是教学改革的重要目标。教学质量保障制度包括高校内部的管理与社会外部的监控两个方面的内容。这就要求高校应逐步建立以自我评估为基础，政府、学校、专门机构、学生、社会等多元评价主体相结合的教学质量保障体系，逐步形成高校教学质量保障的自我监控、自我发展、自我约束机制。即要加快建立教学质量保障的指标体系，把促进人的全面发展和适应社会需要作为衡量教学质量的根本标准；要逐步建立本科教学质量年度报告发布制度，建立本科教学基本状态数据库采集平台，自觉接受社会监督等。

3. 创立有利于教学改革的激励机制

在教学改革中引入激励机制，有利于提高教学管理水平，激发教师教学的积极性，促进高校教学改革的深入开展。但目前高校教学管理中的以奖励为主、惩罚为辅、较少运用教学岗位退出的机制不利于教学改革的深入开展和人才培养质量的稳步提升。因此，创设并完善有利于教学改革的激励机制是教学改革面临的又一重要课题。

（1）建立教学奖励机制。教学水平与质量的高低，关键在于教师教学的积极性与创造性的发挥程度。完善教师教学奖励机制，是调动教师教学积极性、主动性、创造性的重要措施。高校应当根据自身办学定位，逐步建立并完善本校教学奖励机制。比如，要积极鼓励优秀教师参加国家级、省级、校级等教学成果奖的申报；对于比赛获奖的教师，应当给予一定的奖励，包括物质奖励、年度考评加分、职称评定优先等。学校内部还可以设立优秀课程奖项，通过全体学生共同评价而最终确定。评价的主要内容有课程教学的内容、课程教学的方法、学生对教学效果的满意度等。获奖的教师可以给予岗位津贴补助，以示奖励。学校还可以创造新的教学奖励方式，比如可以组织青年教师进行教学讲课大赛、设立模范教学奖，等等。

（2）重构教师考评机制。高校教学质量的高低与教师考评机制息息相关。教师考评机制是影响教学质量的重要因素。现阶段，由于我国高校教师考评机制过于偏重科研项目与成果，忽视或轻视教学，从而导致了很多教师将时间与精力花费在项目的申报、科研成果的创收上，对教学工作则敷衍了事，忽视了教学质量在人才培养过程中的重要性。因此，只有重构大学教师考评机制，将教学作为考评大学和教师的主要依据，才有望彻底改变这一局面。

（3）构建教学退出机制。教学退出机制是教学岗位退出机制的简称，是指高校教师由于个人的素质问题，不再适合承担教学任务，而需要转向科研、行政管理、后勤等其他岗位，继续从事其他非教学岗位工作的教师管理办法。而实施教学岗位退出机制的前提就是要完善教师教学考评机制，只有采用科学合理的教学考评机制，才能实现教师教学的“优胜劣汰”，才能在教师群体中形成一种教学岗位竞争机制，使全体教师有一种危机意识，使教师更加重视对教学能力的培养与实践。

（4）健全教学惩罚机制。教学惩罚是一把“双刃剑”，处理得当，则有利于优化教师队伍，提高教师教学队伍质量，有利于保障教学质量的稳步提升；惩罚不当，则会影响被惩罚教师的工作积极性，影响教学的有序进行。因此，首先要建立科学合理的教学惩罚标准，让教师在教学过程中明确自己的教学职责，不能越雷池半步。其次要加强全体教师对教学安全、教学质量的认识，让教师在教学过程中始终坚持正确的教育教学理念，通过传授科学的知识来塑造学生健全的人格、促进学生的全面发展。对一些特立独行、忽视教学安全、不配合教学改革的任课教师，应加以引导、规劝，并作出相应的处罚，严重者可以直接解聘。再次，在进行教学惩罚的过程中，要注意惩罚的方法与手段，应以教育、引导、规劝、批评等柔性手段为主，以行政手段为辅。最后，还应做好被惩罚教师的后续管理工作，加强人文关怀力度，不能让教师因为某一次教学工作的失误，而一蹶不振，丧失对教学的信心。

二、人才培养模式改革

《教育部关于进一步深化本科教学改革全面提高教学质量的若干意见》指出，推进人才培养模式和机制改革和着力培养学生创新精神和创新能力要采取各种措施。要通过推进学分制、降低必修课比例、加大选修课比例、减少课堂讲授时数等，增加学生自主学习的时间和空间，拓宽学生知识面，增强学生学习兴趣，完善学生的知识结构，促进学生个性发展；要创造条件组织学生积极开展社会调查、社会实践活动，参与科学研究，进行创新性实验和实践，提升学生创新精神和创新能力；要全面推广和广泛使用“国家精品课程”，积极鼓励高等学校之间的跨校选修课程机制，加强高等学校之间学分互认等，使学生享受更多的优质教学资源，并逐步实现教学资源共享机制稳定化、常规化。应当说，要提高高等教育质量，就必须大力推进人才培养模式改革，着力培养学生的创新创业能力。

（一）人才培养模式改革及其走向

1. 人才培养模式改革的历程回顾

从近代开始，中国的本科人才培养模式经历了从“近代学习欧美模式”到“现代照搬苏联模式”到“当代既受苏联模式影响，又正在向欧美模式回归”三个阶段。

（1）通才教育实践（1898—1949）。“通才教育”作为大学教育的办学宗旨和办学思想，是清末提出的，旨在“开通智慧，振兴实业……端正趋向，造就通才，为全学之纲领”。在培养模式上，既有为职业做准备的成分，也有拓宽知识面、加强文化基础的“通识教育”的成分，并在中学与西学、传统与现代的冲突之间要进行协调。民国时期，大学志在培养学识宽广、深厚且深刻的人。当时的本科教育中既有通识教育的成分，也有专业教育的成分，对人文学科、社会学科、自然学科三方面都有所兼顾，从而使大学生的知识基础和能力不至于过于狭窄。而专业教育的加强也符合科学知识发展的学科分化和国家建成的实际需要。

（2）通才教育转向专才教育（1949—1976）。1949 年中华人民共和国成立以后，高等教育人才培养活动发生了很大的变化。尤其是 20 世纪 50 年代初的院系调整，全面学习和照搬苏联的专业教育模式，逐渐形成了一种与高度集权的计划经济体制相适应的单一封闭的人才培养模式。此模式以专业教育为核心，以培养专才为目标；专业口径很窄，培养规格单一，培养过程整齐划一。这种本科人才培养模式文理分割，重工轻理，重专业教育，轻通识教育，使普通高等教育特别是本科教育带有较强的职业教育的特征。这种高度单一性的模式，过分强调教育的社会本位价值观和共性要求，表现出较为明显的功利主义倾向，使得高等教育人才培养以社会政治、经济、科学文化发展的实际需要来设置专业，以必修课为主，专业课比重最大，基础学科不受重视，教学活动中充斥着急功近利的短期行为，对人的全面发展特别是对人的个性发展和创造性发展极度忽视。从教育指导思想上体现的是西方理性主义和科学主义精神，走进了唯“科学主义”的迷途；从管理思想来看是刚性的科学管理，强调效率化、形式化与标准化，命令与服从关系明确的等级化、可控制化，以及去人性化；等等。但这种模式也确实为国家建设的各个部门迅速培养了大量对口的专业人才，适应了当时国家建设的需要。

（3）注重素质教育，拓宽专业口径（1980 年至今）。20 世纪 80 年代以来，国家对新的本科人才培养模式进行了一系列的改革。

首先，实行大类招生。不按专业而按文理大类招生，就是本科教育按一级学科（群）或二级学科（群）进行招生；学生进校后按院（二级学院）、系统一管理，以学科大类的基础制定教学计划，在学科或学科群范围内实施基础性课程的教学；在前两三年按学科大类打通培养之后，再进行中期专业分流，由学生根据本人意愿、专业兴趣、就业去向，以及社会需求和自主择业的实际情况，选择具体专业方向再攻读一至两年毕业。简言之，大类招生培养实质就是为了淡化专业，加强基础教育，突出强调本科教育的基础地位。如北京大学的“元培计划”、复旦大学的“通才教育，按类教学”。

其次，调整专业教学制度。从四个方面进行了探索，一是拓宽专业口径，扩大专业面向，增强学生的适应性和发展后劲。1998 年教育部对普通高等学校本科进行专业调整，专业总数由改革前的 1343 多种逐步减到 249 种，专业数最多的工科也从 500 多种减到 70 种。2012 年教育部对 1998 年普通高等学校本科专业目录又进行修订，新目录分为基本专业（352 种）和特设专业（154 种），并确定了 62 种专业为国家控制布点专业。二是在宽口径专业内设置柔性的专业方向，即国家颁布引导性专业目录，学校自主确定专业方向，专业在不同的方向上拓展。这样既保持专业的相对稳定，又能够灵活掌握，以适应社会对人才需求的变化，以及学生个人需求的多样化。三是专业定向时间推迟。采取入学后模糊学生的专业，到一定时间后再分流培养的做法，南京大学基础学科强化专业甚至允许学生专业选择分三次到位。四是专业设置空间弹性化。学生可转专业、转系、转院或跨专业、跨系、跨院学习，甚至还允许在本科专业与研究生专业之间打通，很适合复合型人才和贯通型人才的培养需要。

再次，变革课程体系结构，构建“平台 + 模块”的课程结构模式。我国传统本科教育课程设置为“基础课 + 专业基础课 + 专业方向课”。为适应经济社会发展对人才知识、技能的需要，目前高校正在实施“平台+模块”的课程结构模式。它由公共基础平台、学科基础平台、专业基础平台三个层次不同但相互联系的“平台”构成必修课，专业方向模块和任意选修课构成选修课。其中，“平台”是保证人才的基本规格和全面发展的共性要求，体现了学科交叉与综合发展的趋势与要求，体现了人才培养的“宽口径”“厚基础”；“模块”主要是实现不同专业方向人才的分流培养，体现个性，同时满足知识的高度分化与细化及社会对人才专门知识的需求。

最后，教学管理制度的新变革。在教学管理制度上，目前比较多见的是实行弹性学年学分制、双学位制、主辅修制和本硕连读制、硕博连读制、选修制等，允许学生跨校、跨系、跨专业选课，为学生多方面摄取各种知识、发展其多方面的潜力提供良好的制度保障和管理上的便利。最新的教学管理制度改革举措是实行教学计划和导师指导下的自由选课学分制。总之，建立灵活多样的学习制度，试图将学习的选择权和主动权交给学生，提高学生学习的积极性和主动性。

2. 人才培养模式改革走向

（1）未来本科人才培养模式改革将从注重统一到鼓励个性化转变。大学人才培养模式从大类招生、分流培养，到课程结构体系的模块化，再到教学管理制度的弹性学分制等诸多改革尝试，表明大学人才培养模式改革正在或将要从注重统一到鼓励个性、多样化转变。个性化教育是世界高等教育发展的趋势之一，它着重于对学生人格的塑造和综合素质的提高，且强调人的个性优势的发展。具有独特的个性是新世纪人才培养的基本特征和要求。从教育内在规律来看，我们既要注重培养目标上的因材施教，让学生认识自己的个性特征，扬长补短，引导学生朝着最能发挥自己优势的方向发展；又要在教学过程中根据不同学生的个性差异，采用不同的教学方法，实现教学目标，并促使学生通过努力，在构建知识能力结构、发展个性品质等方面达到自己所能达到的水平，获得相对于他自身而言最好的发展。爱因斯坦说过："一个没有个人独创性和个人志愿的规格统一的个人所组成的社会，将是一个没有发展可能的不幸的社会。"从社会要求来看，只有个性化人才方能适应科学技术发展的分化与综合日益加快和市场经济多元化、个性化的发展趋势。而学生个性的养成，取决于教育模式的个性化（多元化）。当前中国高等教育的弊端之一就是共性制约太多，淹没了学生的个性，抹杀了学生各种潜在的创造力。

（2）未来本科人才培养模式的教学管理将从注重教学控制到保障学生的学习自由转变。现行本科教学管理中学习自由体现不足的缺失，归根到底是教学控制与学习自由之间的矛盾失调的反映。控制和自由的矛盾集中反映了大学教学管理中管理者与学生之间的关系。模式改革的未来趋向将从注重控制转变为注重保障学生的学习自由。大学本科教学管理既要强调规范意识，又要体现教学自由的理念。一方面，制度要对教学行为进行必要的规范，以保证教学管理目标的实现；另一方面，制度要体现教学自由的理念，能够激励学生创造性地"学"。换言之，大学教学管理制度建设要坚持以学生为本的理念，在教学控制与教学自由之间寻求适当的平衡点，既要注意发挥教学管理的规范功能，又要注意增加教学管理的弹性，从制度上保障学生学习具有选择性、个性、弹性和开发性。

（3）未来本科人才培养模式的课堂教学，将发生从独白到对话，由封闭到开放课堂教学的转变。这在很大程度上取决于人们的知识观和师生观。当代知识观的基本内涵是：蕴涵内在、开放、动态的知识本质观，高度分化又高度综合的知识发展观，多维互补的知识价值观，积极内化、主动生成与合作构建的知识获得观。新的知识观、学生观，催生师生关系的转变。传统师生观是一种控制与被控制、给予与接受的关系。新的知识观使得师生关系发生根本性的改变：学生是知识的自主建构者、创造者，教师成为学生发展的指导者、促进者、激励者、合作者。师生关系不再是简单的传递—传播—复制的关系，而是成为人与人的深度交流、平等对话的协作关系。教育活动由此转化为师生共同交流、讨论，共同经历知识和人生意义的生成过程。课堂教学将发生由教师本位向学生本位的转变；从以“教”为设计中心转向以“学”为设计中心；由独白向对话的转变；由封闭式向开放式转变。

（4）未来本科人才培养模式的改革将从注重移植到自主创新转变。大学模式移植的现象是很普遍的。如清朝末年移植日本模式、民国时期移植欧美模式、中华人民共和国成立后全面学习和移植苏联模式等。在全球化迅猛发展、高等教育热衷于与国际接轨的今天，在构建未来的人才培养模式时，一方面，我们要正确处理外来模式与已有传统之间的关系，在吸收的同时恪守自身传统。例如19世纪美国移植德国的研究型大学模式、第二次世界大战后日本的大学改革等。但更重要的是，要从注重模式移植转变为注重模式的自主创新。因为与异质异域文化的交流和结合，不是照搬，而是一种选择；不是叠加，而是一种重构；不是焊接，而是一种熔铸；不是同化，而是内化。模式的自主创新要基于人才身心发展的民族特征。培养创新型人才，使培养对象个性化，保障学生的学习自由，有利于有效地指导实践并取得良好效果。作为民族文化创新的重要组成部分，模式的自主创新对于全球化时代凸现中华民族特色、体现中华民族文化的主体意识、反对文化殖民来说具有深远意义。

（二）人才培养体制改革的基本思路

1. 改革高等学校治理结构的配置

当前高校的治理结构基本上实行以行政为主，教学为辅的运营模式。这与现代大学制度所倡导的办学宗旨是相悖的。教师在高校决策上的话语权的缺失完全违背了高等教育的办学宗旨，出现了管与教的割裂，所以教授治校的高等学校治理结构将会成为最为合理的资源配置模式。

第一，要实行以教授为主、行政为辅的治理结构。当前，高等学校被定义为“事业单位”，教师相当于“公务员”，但并不能以公务员的治理方式去经营高校。高等学校与政府机构在管理上存在着本质上的区别：政府机关通过各项方针政策的制定与实行为社会服务，其产出品是政策、方针；高等学校则是培养人才，以为社会输出人才为目的，其产出品是人才。而人才的培养具有特殊性。其培养者需要具有专业的学术知识、优良的道德风范、较高的社会责任感。一线教师知道学生有哪些需求，又该如何满足他们的需求，所以教师直接决定人才这个产品的质量与发展动向。高等学校人才培养质量的核心是一线教师，他们应该有话语权。而高等学校的行政人员仅仅负责人才这个产品的辅助工作，作为满足人才需求、决定人才质量的一线教师应该处于高等学校治理结构的最顶层。教授应该有如下权利：决策权、知情权、否决权。

第二，要实行以教学为主、科研为辅的方针。近几年，高等学校似乎成了一个多功能的“怪物”，既要从事教学，又要完成科研任务，同时还要迎接评估、负责盈利等之类的工作。高等学校已经在市场经济的冲击之下迷失了自己的方向，所以人才培养质量受影响在所难免。高等学校办学的主要目标应该是教学，因为高等学校是培养人才的唯一场所。而对于科研而言，社会上诸多的研究所、研究机构同样也能进行科研。对于盈利，凡是有商品需求的地方都存在着盈利的机会，高等学校不必与企业“分一杯羹”。对此有以下一些解决办法可以参考：①高等学校成立专门的科研机构；②对一线教师的教与研在时间上进行界定；③设立教学、科研秘书，把教师从行政事务中解放出来。另外，对于评职称，高校教师在每年的上半年都要有国家和省级的多个项目需要申报，这样教学质量就会受影响。所以应该把教师从行政事务和繁重的科研任务中解放出来，用更多的时间去钻研教学、探讨教学。

2. 改革高等教育人才培养目标

高等教育人才的培养应该建立一套系统化的考核、评价标准。学习成绩仅仅是学生的考核标准之一，同时应该有其他的考核标准。如社会责任、实践能力、创新能力等也应成为重要考核内容。我国当前的高等教育已经成为独生子女的高等教育，社会责任感的培养将是高等学校无法回避的重大责任与重大课题。建立多元化的培养目标应该从以下几方面入手：

①学业评价；②公德评价；③家庭责任感评价；④创新能力评价；⑤实践能力评价；⑥人际关系评价；⑦教师评价。

上述目标既兼顾了学业的评价，同时还综合了一些重要的指标，这样高校培养的学生才会是综合素质较高的人才。

3. 改革高等教育人才培养方法

世界各国的教育者都有这样一个共识：当今高校学生的质量与素质正处于倒退的阶段。课堂教育在先进的网络面前已经暴露出了严重的弊端，基础教育与实践教育的结合已经成为高校培养应用型人才的当务之急。可以做好如下几个结合：一要做好网络教育与课堂教育的结合，二要做好实习课程与基础课程的结合，三要做好实验课程与基础课程的结合。

4. 改革高等教育的课程设置

高等学校的课程设置应该既要注重基础理论的培养，又要注重实务的学习。大学课程设置应以年为变动周期，避免课程设置多年不变的现象，调整课程设置与社会需求的严重脱节。一二年级的课程设置应该以基础课程学习为主，不受专业限制，进行多学科交叉学习。三四年级的课程设置应与所学专业紧密结合，大三课程中加大实践课设置，大四课程中做好实习课程与基础课程的结合。可以把毕业生的实习报告与毕业论文合并统一，杜绝学生的假实习现象，增加学生就业寻找时间。这对学生的培养质量与就业率都会大有好处。

(三) 人才培养模式改革中的重点

将人文素质教育和科学素质教育融合起来是提高教育教学质量和人才培养质量的必然要求。人文素质与科学素质教育融合是本科教育教学改革的重点。高等教育的改革应从以下几方面入手。

1. 重建现代大学教育理念

实践的进步需要理念先行。思想先行，人文素质教育和科学素质教育的融合，离不开通才的人才培养理念。《国家中长期教育改革和发展规划纲要（2010—2020 年)》强调，高等教育承担着培养“信念执着、品德优良、知识丰富、本领过硬的高素质专门人才和拔尖创新人才”的重大任务。在我国传统的本科教育中，出现过两种本科教育极端模式：一是忽视对学生科学精神和科学方法的培养，不注重人文素质的养成，只注重“制器”，忘记了“育人”；二是以知识传授为己任，进行分科教育，知识面狭窄，只知闭门造车，看不到现实的社会需求，更谈不上创新。显然，这两种模式都与现代大学理念格格不入。高校要在人才培养上树立通才教育理念，以学生知识的全面发展为导向，注重对理科学生的文史哲和艺术等人文知识的教育，对文科学生加强科学知识和科学精神的教育。在融合人文素质和科学素质教育的过程中，要重视对学科基础知识的学习。扎实的基础是深入学习的保证，也是引起学生兴趣的重要因素，更是确保“本领过硬”的前提。另外，教育的首要任务是“育人”，要加强思想道德建设，重视对学生道德品质的培养，特别是高度的社会责任感的培养。

2. 推进本科人才培养模式改革

一方面，本科院校要继续调整学科专业设置，改变原来专业设置过细而导致的学生知识面太窄的现状，淡化学科专业界限，扩大专业面。1998年原国家教委颁布的《关于加强大学生文化素质教育的若干意见》建议要把人文素质教育和科学素质教育内容渗透到专业课程教育中去。这种变化对培养宽口径、厚基础的人才有积极作用。除了专业的调整，高校还要设置文理渗透的专业，使文科生在科学素质方面得到提高，理科生也受到人文素质方面的教育。并继续尝试以通识教育为特点的院系设置，学生在本科的前两年不分专业，进行综合的文理基础教育，后两年再根据学生的兴趣和特点自主选择专业。

另一方面，课程体系是专业的重要体现，因此高校的专业调整最终还要落实到具体的课程建设上来。学分制和选修课制是进行文理交融的重要途径。学分制可以突破专业限制，让文理科学生分别修习一定数量的理工类或者人文社科类学分，最大限度地改变知识面过窄的现实；选修课则通过提供广泛的课程种类，特别是文化素质选修课的设置，可以让学生在更广的范围内选择学习课程，弥补知识不足和满足自己的学习兴趣。近年来我国学分制教育已经有了很大的进步。但是各高校还要注意充实课程内容，宁缺毋滥，保证课程质量；在学生选课过程中要安排指导教师，指导学生科学合理地选课。

此外，大学丰富多彩的校园生活是学校重要的培养资源。学生除了通过系统的课程教育提高素质以外，还广泛接触各类专题讲座、社团活动、文艺汇演等第二课堂。文艺汇演、体育活动可以提高学生的创造能力、组织能力，培养学生团队协作精神和独立思考习惯；通过社团活动，引导学生进行自我管理、自我教育、自我发展，从而发展学生的主体意识。学校举办各种高质量的科技或人文知识讲座、报告会，可以开阔学生的知识面，使学生接受人文和科学熏陶，提高科学和人文素质。学校要重视第二课堂建设，以充分发挥这一隐形教育资源的作用。

3. 提高教师文化素质

就理工科教师来说，具有较高人文素质的教师一般都具有较高的人格魅力，能用丰富的人文知识、人文精神吸引学生。所以人文素养不仅可以提高授课水平，更有助于教师本身和学生科学精神的养成。受市场经济冲击和长期的文理分科影响，目前高校教师的科学素养和人文素养都亟须提高。学校应该通过加强物质和精神的激励，调动教师主动参与人文素质和科学素质教育的热情。应适当安排教师接受跨专业跨学科的进修，以提高教师的综合素质。教师除了要熟练掌握本专业知识外，更有责任自觉地提高自身的道德修养、审美情操、爱国情怀，养成良好的行为习惯、端正的治学态度、严谨的思维方式、务实的科学精神。

4. 营造学校育人环境

马克思说：“人创造环境，同样环境也创造人。”可见，环境对人的行为的作用是巨大的。因此，学校应积极营造良好的文化氛围，积极促进科学素质与人文素质的交融。优美的生态环境能陶冶学生的情操，净化学生的身心，唤醒学生对自然和对生活的热爱。学校的建筑物是学校的标志，高雅的建筑环境能提高学生的审美素质，也能激起学生对学校的热爱。因此学校需要重视对校园景观环境的建设和维护，发挥好这一无形教育资源的作用。

三、教学及管理信息化

随着现代信息技术的飞速发展，计算机和信息技术已广泛应用于社会各领域，这给我国的高等教育带来了巨大的挑战，提出了更高的要求。当今我国高等教育教学改革不断深入，传统的高校教学管理模式面临着新的机遇和挑战。如何有效运用现代信息技术改进和提高教学管理水平和管理效益，是当前摆在高校教学管理工作者面前的一个重要课题。高等院校教学管理工作的信息化建设对有效提高教学管理效率及教学改革的不断深化有着积极的作用。

（一）教学及管理信息化的概念

党和国家及教育主管部门也相继制定了一系列推进教育信息化的相关政策与规划，国务院于 1999 年颁布的《关于深化教育改革全面推进素质教育的决定》明确提出要大力提高教育技术手段的现代化水平和教育信息化程度。

从教学管理内容看，信息化涉及教学计划管理、教学过程的组织与管理、教学质量管理、教学行政管理和学科建设、专业建设、课程建设、教学队伍建设、教学管理制度等方面的工作；从教学管理手段看，信息化就是信息技术、网络技术在教学管理活动中的广泛应用。因此，在高等院校的教学管理中应用信息管理系统，既是提升高校管理水平的必然要求，又是高校教学管理发展与完善的必然趋势。

（二）全面推动高校教学管理信息化改革

1. 教学及管理信息化现状

进入 21 世纪以后，我国明显加快了信息化建设的进程，电子商务、电子政务等发展迅速，教育信息化也得到了广泛的开展。国家及省级教育主管部门都相继推出了教育信息化的建设规划和实施方案，各高校纷纷投资兴建校园网，设立信息中心。根据各信息系统的技术实现方式，可以将现有的教学管理信息系统划分为以下四种不同系统模式。

（1）单机管理系统。这种系统只能单机运行，功能单一，软件简单，主要是进行学生学籍和成绩方面的管理，有些甚至只能在 DOS 环境下运行。系统功能落后，软件性能差，数据不统一，容错性、兼容性差，无法适应大批量数据处理的需要，已成为阻碍教学管理现代化的瓶颈。

（2）局域网管理系统。在教学管理各部门之间，通过集线器，将若干台计算机联网组成一个内部的计算机网络，实现初步的数据交换和共享，对本部门的信息管理起到一定的作用。但由于网络规模过小、网络技术水平较低，同时各个部门的内部网络无法连接，不能互相交换数据，难以真正实现资源共享，无法组建全校性的教学管理信息系统。

（3）基于校园网的教学管理信息系统。这个系统根据各部门的使用要求和应用目的，强化了教学管理信息系统的功能，适应了各部门的使用要求，起到了数据交流、资源共享的作用。但由于带宽窄，信息传送速度慢，系统功能较弱，仍不能满足现代教学管理的需要。

（4）基于 Internet 的教学管理信息系统。该系统是在校园网的基础上，充分利用了网络技术，扩大了信息服务的范围，可在任意一个能与 Internet 连接的地方，根据用户的权限，实现有效的访问，为教学管理信息系统的应用提供了广阔的前景。

目前，高校教学管理信息系统的建设处于一个关键的转换阶段。一方面，原有的“单机”系统的运行处于边运行边完善的状态，勉强应付日常教学管理工作。但由于系统最初的需求定位与现在的实际工作需求存在较大差距，系统已经很难满足教学管理工作的实际需要。另一方面，基于网络环境的各类教学管理信息系统不断涌现，它们有的来自各大院校，有的来自软件开发公司，这为高校的教学管理信息系统建设提供了比较大的选择空间。

2. 全面推动高校教学管理信息化改革的措施

（1）树立全面的信息化教学管理观。推进教学管理信息化必须确立以现代教育理论为指导的教学管理创新理念，探索与知识经济时代教育改革发展相适应的教学管理新思路。具体体现在：第一，在人才培养模式上，应注重培养学生获取、分析和处理信息的能力，以及创造新信息的能力，努力培养学生的实践能力和终身学习能力；第二，在学科专业建设上，需与信息技术发展相适应，根据信息技术发展的最新状态，适时地调整、合并原有学科和专业设置，开设与现代信息教育相适应的新学科、新专业；第三，在教学过程组织与管理上，要努力体现以信息资源为基础的改革思想；第四，在教学质量管理上，要建立和完善教学质量管理信息化体系，实行全方位、全过程的教学质量管理；第五，在教学行政管理上，要理顺教学行政管理运行机制，建立畅通的信息渠道，把信息技术与信息服务有机地结合起来，实现技术创新和服务创新，提高教学行政管理效率。

（2）切实完善教学管理信息系统。教学管理信息系统的建设涉及信息技术和信息资源两方面的建设问题，是信息技术与信息资源两大要素的有机结合。首先，从信息技术来看，要让信息网络技术广泛渗透到教学管理的全过程，充分利用现代信息技术建立起先进、可靠、完善的技术平台，为实现教学管理的网络化和信息处理的智能化提供有力的技术支撑。其次，就信息资源而言，其开发与建设是教学管理信息化的核心内容，也是教学管理信息化建设的基础。教学管理的信息资源主要有课程信息、学生信息、教师信息、教学条件信息、教学档案信息等。教学信息资源的建设必须以现代教育思想为指导，合理规划、统筹安排，做好教学信息的采集和管理软件的开发工作。

（3）有效加强教学管理队伍建设。信息化的教学管理环境对教学管理队伍的综合素质提出了更高的要求。教学管理人员必须懂得现代教育学思想，掌握管理科学和信息科学知识，具有管理经验，熟练掌握基于网络技术的教学管理信息。因此，教学管理队伍建设要坚持引进与培养相结合。

一方面，要引进具有较高信息素养和信息能力的人才，充实教学管理队伍；另一方面，要着重培养现有教学管理人员的信息能力，可通过培训提高其现代信息素养及应用和开发信息技术的能力。其中，至少要培养出三个队伍：一是信息化管理队伍，参与教育管理的人员要掌握现代信息技术，提高工作效率；二是信息化技术维护队伍，保证信息化基础设施的正常运行；三是信息化理论研究队伍，对教学管理信息化建设中出现的新情况、新问题进行总结、研究、探索，为教学管理信息化建设提供理论上的支撑和指导。此外，还必须建立科学的信息管理规范，加强规范化管理制度的建设。

第八章　高校的创新策略与创新人才培养

党的十八大报告提出“推动高等教育内涵式发展”，是高校全面提高教育质量、全面科学发展的重要指导方针政策。当前我国高等教育进入了内涵式发展阶段，怎样走可持续发展道路，怎样让高校在诸多竞争中脱颖而出，是每一所高校发展的重要课题。高等教育作为科技的第一生产力和人才资源的“摇篮”，在教育改革中明确自己的发展方向，开拓新的发展“疆域”的责任重大。只有坚持内涵式发展审视自身，在坚持高校自身特色基础上去开拓与创新，在不断的实践中发现自身问题，通过不断改革、解决矛盾，高等教育才能在改革的洪流中攻坚克难，完成自己的历史使命。

第一节　高校的创新与实践

进入新时代，新思想、新模式、新教育将引导和影响未来高等教育的整体和长远发展，人才培养将迎来全新的革命性变化。但基于短期利益的考虑，不仅仅是政府和企业，甚至高校都更倾向于引进较为成熟的创新型人才，而不是积极投身于培养潜在创新型人才的长期工程。缺乏强烈的内生动力，或许就是我国无法解答“钱学森之问”的深层次原因。为此，高校要更新教育理念，创新教育模式，加大教育投入力度，集中优势资源，培育具有原创思想的创新型人才，为创新型人才的成长提供宽松舒适的环境，为国家创新驱动发展战略的实施提供强大的人才支撑。当前，建立世界一流大学已经成为全球性的竞争。因此，在“双一流”建设中，作为高校提升人才培养质量的重要指标和抓手，培养“创新型人才”成为高校发展之本。

一、高校实践教学的现状

高校实践教学建设内容涉及教学计划、课程设置、教学管理、师资队伍建设、实验室建设等方面。其核心是提高学生的综合素质，培养学生的创新意识和创新能力，提升学生的社会适应能力和就业竞争力。然而，当前大学生呈现实践能力较弱、创新精神不足的现象，阻碍了实践教学内涵式发展，如何破解值得审视与探索。实践教学的传统基于创新创业教育的实践教学内涵式发展探索模式成为其发展的瓶颈，主要体现在以下三个方面。

（一）传统实践教学缺乏独立性

传统实践教学作为理论教学的补充与延续，以理论课内容为主体，实验内容以验证理论课的知识为目的，通常采用理论课的思维方式开展实践课的思维培训。但是理论课程是培养理论性概括的演绎思维，而实践课是训练经验性概括的归纳思维。可见这种传统模式导致了实践课枯燥、缺乏活力，学生缺乏对问题的质疑精神和独立的探索精神。

（二）传统实践教学缺乏综合性

传统实践教学缺乏两方面的综合性：一方面表现在实践内容，往往根据单一课程、单一技能开展实践教学，课程与课程之间未体现实践教学的科学性、系统性和综合性。另一方面表现在实践方式，往往以验证性实验为主，缺乏综合性、设计性、探究性实验。这种模式导致学生缺乏解决实际问题的综合实践能力和应用创新能力。

（三）传统实践教学缺乏整体性

传统实践教学往往注重第一课堂，教学课时有限，一般只向学生讲授该课程的基本理论、基本知识和基本技能。第一课堂以教师为主导，学生缺乏自主性，自觉培养实践技能意识薄弱。第二课堂的活动带有竞赛性质，有助于激发学生勤奋学习，产生激励作用；但第二课堂与专业教学融合较少，往往缺少专业特点和内涵；专业教师对第二课堂活动的指导，一般是临时性参与，导致第二课堂作用不能充分发挥。这种模式缺乏第一第二课堂相互融合、相互渗透的整体性。然而，将课堂教学这一组织形式逐步渗透到学生自主活动、社会实践活动、科学研究活动等，已经成为世界高等教育的一大趋势。

二、高校发展方向的定位

（一）高校办学指导思想的定位

创新型学校的建设要与国家中长期教育改革与发展规划纲要相一致，以“三个面向”理论为指导，以党和国家的有关政策法规为依据，结合学校的实际，全面贯彻党的教育方针，全面实施素质教育；要面向全体学生，以提高学生创新精神和实践能力为目的，积极探索教育个性化规律，将“终身学习”能力作为现代人生存的基础和价值取向的逻辑起点；要打造学校的办学特色，争当教育现代化、信息化、国际化的示范学校。

（二）高校办学理念的定位

要建设创新型学校，学校要树立“办学方向正确，教育质量优良，管理水平一流，学校特色鲜明”的管理理念。全体教职工应树立“优质教育资源靠我创造，课堂教学质量由我提高，每个学生进步是我追求，优良业绩支撑我的岗位”的工作理念。建立高效能的学校组织结构，是学校成为创新型组织的重要条件。创新型学校的组织设计要有利于创新、学习、互动，以及组织内外的有效沟通，因此学校组织结构应该是扁平化结构。扁平化组织结构不仅能够提高信息传递的效率，也便于组织成员之间的研讨和激发组织成员的创意，还有利于在教育教学与学校管理实践中形成诸多富有创造性和创新力的团队，如创新型年级组、创新型学科组或创新型班集体等。从一定意义上讲，这些团队建设的成功与否将直接影响学校组织创新目标能否达成。

（三）发展特色的定位

创新型学校要创造以学生发展为本的“课程素质化”特色，旨在将显性课程（正式的教学和教育内容）和隐性课程（蕴含在教材、教学、班风、环境、人际关系的文化价值中）有机结合起来，全方位地唤起学生学习的主体意识，给予个体以“个别化”指导，创造人尽其才的优质教育，使每个人的潜能得到充分发挥。高校应完善现有的德育、科研、科技、体育特色，把效益准确定位到特色成果与教育教学质量提升的统一性上来，将“借鉴”的研究向创造适合学生特点的“教育教学方法”的研究方向转移。

三、高校领导创新理念的引领

（一）高校领导创新理念的作用

关于高校领导在高校中的作用，顾明远教授曾经这样说过：“校长之于学校，犹如灵魂之于躯体。”因此，要创建创新型学校必须培养创新型的高校领导。高校领导办学要有自己的教育理念。思想决定行动，理念引领实践。高校领导对学校的工作部署首先是高校领导教育思想的引领。

（二）创新型高校领导的素质

高校领导既是学校组织结构、政策、策略的设计者，也是学校员工形成共同教育价值观的启发者。一所学校能否具有良好的教育创新环境，在很大程度上取决于高校领导是否具有创新素质。只有在创新型高校领导的带动下，教师和学生的创新素质才能得到最大限度的发挥，从而使学校成为真正的创新型组织。可见，创新型高校领导不能是事必躬亲的事务主义者，而应当是教育创新的先行者与引路人，是学校组织创新的倡导者、拥护者、监督者和领导者。

（三）高校领导创新思想的形成

高校领导应在学习实践的过程中，通过多种有效的途径和形式，调动学校领导干部和广大教职员工、学生、家长的积极性、创造性和主动性，深入社区、机关、企事业单位，广泛听取和征求意见、建议，在此基础上，整合形成高校领导的办学思想、教育理念。所以，高校领导的教育思想一定要来源于集体中，来源于群众的实践中，是集体智慧的结晶。有创新思想的高校领导，要更新传统的观念、行为和方法，具有强烈的进取心和雄心，有勇于探索、敢于冒险的胆识，要正视学校生存和发展所面临的巨大威胁，具有忧患和竞争的意识，不怕挫折，敢于在工作上超越前人，有所作为。

四、教师创新素质的推动

习近平同志强调指出，“教师队伍素质直接决定着大学办学能力和水平”。要引导广大高校教师以德立身、以德立学、以德施教，努力成为先进思想文化的传播者、党执政的坚定支持者、学生健康成长的指导者和引路人。一是坚持正确的政治方向。高校教师应牢固树立“四个意识”，不断增强“四个自信”，恪守“学术无禁区、讲台有纪律”，在教书育人实践中坚决贯彻党的基本理论、基本路线、基本方略。二是强化政治理论学习阐释。不管从事何种专业教学，高校教师都要做理论学习的先遣队和政治上的明白人，自觉抵制“去政治化”倾向，强化“课程思政”“专业思政”。要真学、真信马克思主义理论和习近平新时代中国特色社会主义思想，树立正确的历史观、民族观、国家观、文化观，切实增强教书育人的使命感、责任感。三是积极培育践行社会主义核心价值观。高校教师应增强价值判断、选择、塑造能力，争做社会主义核心价值观的坚定信仰者、积极传播者、模范践行者，让健康向上的价值理念在青年学生心中生根发芽。

（一）教师人格素质的作用

当前社会应试教育大行其道，在某种程度上教育已经严重脱离其初衷和意义。从某种意义上说，教师的人格是时代发展的巨大动力，培养教师的人格素质，对推动教育创新具有重要作用。学高为师，身正为范，是对教师人格塑造的总体要求。教师是人类灵魂的工程师，教师人格应该是全社会的表率。

（二）教师人格素质的发挥

崇高的教师人格，对于学生的心灵来说，是任何东西都不能代替的。中国伟大的教育家孔子，是最早把率先垂范、为人师表作为教师人格的人。孔子说：“君子耻其言而过其行。”又说：“子师以正，孰敢不正?”因此他指出：“其身正，不令而行；其身不正，虽令不从。”教师要严格要求自己，做事真诚，表里如一，言行统一，这样才能在学生身上产生潜移默化的作用，才能引起良好的共鸣和效仿。

（三）教师能力素质的提升

教师，不但要熟悉本专业知识技能，而且要能熟练地驾驭优化的教学手段，能灵活综合地运用教育学、心理学的知识，更有效地引导学生快速高效地学习。创新型教师要自觉树立终身学习的思想，学会自主学习，不断优化自身的知识和能力结构，提升自身的创新素养。

总之，创新型学校建设，离不开教育理念的创新，离不开学校重新定位的创新，更离不开学校领导者和教师的创新。创新型学校的建设，值得教育工作者深入思考与研究。

五、创新的激励制度

高校教师管理中不同程度存在“重引进、轻服务，重激励、轻约束，重称号、轻使用，重增量、轻存量，重单个、轻团队”等问题，须进一步深化改革，破除束缚高校教师发展的体制机制障碍。

（一）高校教职工的激励制度改革

要展开高校教职工的岗位聘任改革、教职工的考核改革，以及与之相应的薪酬改革等。岗位聘任方面，要坚持德才兼备的用人标准，切实落实各类岗位的聘任制度。无论是实行专业技术职务聘任制的教师及其他专业技术人员还是实行职员聘任制的管理人员，甚至实行劳动合同制的工勤服务人员，均应打破“铁饭碗”“终身制”，实行竞聘上岗与合同化管理，彻底实行教师队伍、管理队伍、工勤队伍等各类人员的新的用人机制。尤其是教师岗位，要打破专业技术职务评审、聘任方面事实上存在的终身制，实行平等竞争、择优上岗，实现师资管理的动态化，以优化师资的配置。在教职工的考核方面，必须紧紧围绕高校的办学目标，制定既有统一行动又体现灵活性的考核准则，而评价体系必须明确、可量化、易操作。在分配制度改革上，要遵循“按劳分配、效率优先、兼顾公平、优劳优酬”的分配原则，积极引入激励竞争机制，搞活校内分配制度，积极推行工资、津贴与绩效挂钩的校内分配制度。

（二）合理运用薪酬激励

高校薪酬体系设置的目的与效果应包含实现稳定队伍、激励两个方面。所以，我们可以将薪酬分为保障性薪酬、激励性薪酬和差别化福利。高校在薪酬设计上需要保持保障性薪酬体系的相对稳定，薪酬的整体水平应具有一定的市场竞争力，以在外部人力资源市场吸引优秀人才为组织服务，并增加内部员工工作的安全感，保证现有员工队伍的稳定和工作的开展。应加大激励性薪酬的力度，以职务分析为基础，拉开职务之间的激励性薪酬差距，以利于吸引和稳定优秀人才，淘汰不适应高校需要的员工，促进员工的合理流动，优化人力资源配置，提高工作效率，开发员工潜能，培养员工的主动性和积极性。设计具有差别化的激励性福利项目。根据教职工个人所需，由教职工自主选择福利项目。薪酬计酬方法可针对不同岗位适当区别。在薪酬设计上要注意设计团队薪酬。理论研究证明，薪酬分配为团队合作精神的培养途径之一。因此，在个人薪酬之外，高等学校可从团队建设的实际出发，围绕团队目标设置团队薪酬。其薪酬分配可按团队目标的实现程度确定相应的薪酬标准，团队中个人取酬部分可以自己对团队的贡献为标准。这样，可激励教职工与团队的发展融为一体，亦可引导教职工在学校发展中求得自身的发展。

（三）环境激励

环境激励是指高校根据学校内设的不同岗位与教职工个人的不同情况，不断创造适应岗位或自身发展需要的各种条件，引导其为学校发展多做贡献。工作实践中，可从如下两个方面入手：首先，对不同岗位的人员进行环境激励。全体教职工可分为管理岗、辅导员岗、后勤岗、教师岗几种类型，管理岗中又可分为处级、非处级两类，教师岗又可分为讲师、副高及以上两类。高校可根据这几类岗位的共性要求为其设置相应的工作环境等。其次，高校可根据同一岗位人员结构进行环境激励。如同为教师岗中的讲师，有的单位年轻人多，有的单位女同志多，有的单位“海归”多，有的单位学历高者多，等等。高校可根据上述人员结构的不同采取相应的环境激励方法。很多高校的实践说明，吸引人才的因素有很多，如包括福利在内的高薪、事业发展的平台、家属随迁、工作环境等。其中，工作环境不仅包括大楼、实验室之类的硬环境，人文环境、学术氛围等软环境更容易吸引他们。因此，学校必须对自身软、硬环境的提升和改造给予足够的重视，尤其是软环境的提升。高校的发展，绝不仅仅是靠大楼，也绝不仅仅是靠几个高水平的优秀人才甚至大师，更为重要的是严谨的学风和良好的学术氛围。高薪留人、事业留人、感情留人都重要，环境留人更为重要。在社会发展的大环境中，高等学校更应重视小环境的改善，为吸引更多高层次的人才与教职工的工作和成长创造宽松、和谐、竞争、向上的环境和氛围。

（四）校园文化激励

包含校风、教风、学风在内的校园文化有助于教职工思想的统一。文化激励在各种激励措施中虽然是隐性的，但发挥着越来越重要的作用。具有自身特色的校园文化是任何一所高校必不可少的精神支柱。从学校的发展来看，在给予物质激励足够重视的同时，高校更应该注重校园文化的建设，把校园文化建设作为一项系统工程，以调动各类岗位教职工的积极性为目的，弘扬高尚、进取、奉献的风气，逐步凝聚成一种内在的激励作用。

第二节　高校的创新人才培养

所谓内涵式发展，是指“与传统的以规模扩大为主导的外延式发展不同，主要着眼于一种精神力量，即高校软实力的提升，具体包括形成办学理念和特色、明确发展战略、优化资源配置和教育结构、改革完善管理体制机制、形成良好的学校传统和学习氛围，以及打造名校声誉和品牌等”。高校内涵式发展的重点在于通过高校的软实力建设不断提升人才培养的质量，实现人才培养与经济需求相匹配。新形势下经济的发展离不开创新，创新驱动发展已成为时代发展的重要共识。高校在人才培养中要实现与经济发展相契合，就必须将创新创业教育纳入高校人才培养体系中，通过课程设计、师资队伍建设、创新氛围营造等方式，切实提升高校大学生的创新创业能力，使其毕业后能够迅速适应经济社会发展的需要。因而，高校开展大学生创新创业教育不仅是提升高校毕业生的就业竞争力，也是高校提升人才培养质量、坚持内涵式发展的应有之义。人才培养是高校内涵式建设的重要表现，人才培养的质量不仅代表了高校的发展水平，也是社会对高校评价的重要指标。因而，高校的人才培养工作成为高校取得社会声誉和品牌的重要因素。

随着市场对高校毕业生创新创业能力的需求不断提升，开展大学生创新创业教育成为高校人才培养的重点，也成为高校内涵式建设的重要突破口。因而，大学生创新创业教育是完成高校转型发展的必然选择。

如何培养高校创新型人才？在创意、创新、创业成为全球性话题的大背景下，高校更应该着眼“创意”、重视“创新”、推动“创业”，充分发挥高校的人力资源优势、科技创新平台优势和高水平创新成果优势，为新时代培养更多的创新型人才。谋“创意”，加快转变人才培养目标理念。创意是创新的起点，是创新型人才培养的着力点。创意的培养，完全基于学生的“学”，包括探究式学习、合作性学习和实践性学习。学生在学习的过程中，大量吸收知识储备；在思考的过程中，逐步转化为个人的想象力和批判性思维能力。爱因斯坦在 1921 年第一次访美时说过，大学本科教育的价值，不在于了解多少事实，而是训练大脑去思考，“想象力比知识重要”。世界的变化日新月异，技术和知识更新换代的频率越来越高，某一项技术和某个领域的知识从长远来看都是有限的。技术落伍、知识过时的速度不断加快。没有对创意的培养，就永远只能是复制别人的创新成果。而好奇心、想象力和批判性思维都是超越“知识”本身的。

内涵式发展是高校生存与发展的内在要求，是高校服务经济社会的迫切需要。可以说，内涵式发展作为以提升质量为核心的高校发展模式，是我国高等工程教育发展的必然选择，更是地方工科院校可持续发展的必由之路。坚持内涵式发展道路，要以社会需求为导向，调整学科专业结构，改革人才培养模式，提高科研创新水平，增强社会服务能力，着重提高人才培养质量。同时，更要进一步明确应用型人才的培养目标，使人才培养真正回归工程实践；要抢抓机遇，在教育教学改革基础上，积极探索出适合自身特色的内涵式突破发展之路。加强学生工程实践创新能力培养是我国高等工程教育改革和发展的一个重要方向，更是高校发展的内在要求。基于内涵式发展模式，如何培养创新型人才，更好地为地方经济服务，可以根据以下几点。

一、更新教育理念

在我国高等教育高速发展的历程中，诸多高校都迈入了综合性大学的行列，使原本鲜明的特色变得模糊，人才培养目标偏离了特色技术人才的培养，迷失了工程教育的方向。因此，高校必须增强办学理念的创新意识，增强观念更新的能力，不断地与时俱进，以教育变革为先导，打破之前狭隘的教育观，树立创新教育理念，积极探索符合自身办学特色的教育培养模式。首先必须改革教学方法。当前的教育管理中倡导的启发式教学，是生成性、开放式的，主要是为学生探究性和合作性的学习服务的。应完全尊重学生成长发展的规律，尤其是创新型人才成长的规律，通过把握学生发展的多方面需求，研究他们学习的特点，来充分调动学生自主发展的积极性。其次必须实施导师制。创新不是一个人能完成的，必须高度重视与导师的“人际互动”。导师制是培养创新型人才的基本条件。导师是学生探究性学习和启发式教学改革的实施主体。高校创新人才培养能真正“落地生根”，关键就在于改革要获得导师的认可，要符合其信念、价值和利益诉求，以实现导师对学生定期、持续、多方面的个性化教育指导。最后要助“创业”，探索实施人才培养实践协同。创新归根结底是一个实践问题，实践是检验创新人才培养质量的重要指标。国外的创业教育大多是通过建立产学研合作机制，对接行业需求，为社会培养大批创新创业人才，从而实现创新型人才培养的目标。“企业是创新的主体，是推动创新创造的生力军。”

恩格斯曾经说过：“社会一旦有技术上的需要，则这种需要就会比十所大学更能把科学推向前进”。产学研合作是实现高等教育内涵式发展、提升人才创新创业能力的有效手段，也是高等教育创新型人才培养模式、全面提高创新型人才培养质量的重要举措。2014 年起，“大众创业、万众创新”在中国大地上掀起热浪。党和国家领导人对创新创业的高度重视，增强了高校探索创新创业人才培养的动力、决心和信心。

二、创新人才培养模式

人才培养模式作为教育教学改革的核心问题，是人才培养的顶层设计，是办学指导思想和教育目标的具体体现。人才培养模式主要涉及培养什么人和怎样培养人的两大关键问题。因此，高校必须要依据自身特色学科的教育培养标准，重新审视人才培养模式这一最根本的问题。人才培养模式的设计首先要遵循高等教育规律，主动适应地方经济、社会和科学技术发展的需要，构建应用型人才的培养体系；其次，鉴于人才培养目标是人才培养模式构建的出发点，要根据学校自身办学传统、学科优势、专业特色、科研能力等，确立高校自身特色优势鲜明的人才培养目标；最后要优化人才培养方案。人才培养方案作为人才培养模式最直接的体现，是高校培养人才的核心教学文件，是实现专业培养目标和基本规格要求的总体实施方案。优化人才培养方案就必须要在课程体系的整体优化、多样化的人才培养模式构建、学科平台的拓宽、实践创新能力的培养和加强等方面下功夫。

三、深化实践教学改革

实践教学是地方工科院校人才培养中至关重要的环节。地方工科院校教育教学改革的着力点和重点，便在于突出实践教学体系在整个人才培养中的重要性，不断改革实践教学体系和教学内容，培养学生的创新精神，提升学生的实践能力，把强化实践教学环节作为实现目标最直接的途径。因此，地方工科院校应进一步深化实践教学改革，坚持“实践育人”理念，以提高学生工程实践和创新能力为宗旨，以大学生实践创新能力培养为核心，以实习基地建设为依托，以大学生创新性实验和学科竞赛为载体，完善实践教学体系，从而确保人才培养质量的提高。首先，要做好实践教学顶层设计，以培养学生应用能力为主线设计人才培养计划。人才培养计划的修订和完善要坚持学生实践创新能力培养四年不断线、主次分明、重点突出的原则。其次，要着力构建开放式创新实验教学体系，把实验教学改革作为研究探索型教学，综合设计创新教学改革的突破口，立足于让学生尽早进入实验室，构建课内开设基于学科综合的实验研讨课，课程教学与实验教学结合，实验室与课堂不分家等实验教学体系。

四、搭建实践创新平台

目前，高校尤其是地方工科院校实践创新平台建设还比较薄弱，与工程实际相结合的综合型和创新型的实验内容相对比较缺乏，不利于学生综合能力和创新能力的提高与培养。由此，地方工科院校必须在搭建实践创新平台上下功夫。首先要加强实验室建设。实验室是实践教学的主战场，是人才培养、科学研究的重要保证。要着力通过改善各类实验室设施设备，为学生实践创新能力培养搭建最基础的平台。其次，要加强实习基地建设。实习基地是联系学校和社会的桥梁，是培养学生综合运用所学知识去解决实际问题能力的纽带，也是培养学生动手能力和创新意识的场所。高校尤其是地方工科院校要根据各相关专业的特点，本着“互惠互利、优势互补”的原则，依托行业办学，结合“卓越工程师教育培养计划”的要求，多渠道、广泛地联系企业，签订合作协议，共建实践教学基地。最后，地方工科院校应结合自身特点，搭建良好的科研项目训练平台和学科竞赛训练平台。学科竞赛作为面向大学生的群众性科技活动，有助于培养学生的实践创新意识、团队协作精神和工程实践能力。由此，地方工科院校应建立开放式的综合工程训练中心，整合学校现有的实验实践平台资源，实现资源优化配置。同时要配置较好的实验仪器设备，为不同类的学科竞赛和科研项目提供开放的培训和比赛平台，使全校不同学科学生在开放的实践平台上尽显风采，在实践中不断提高实践创新能力。

五、强化实践教学质量监控

强化实践教学质量监控、保障实践教学效果是高校尤其是地方工科院校培养高质量应用型人才的关键。同理论课程教学相比，实践教学类别多样、教学内容复杂、教学要求不同，对教学场地和教学设施的要求也各不相同。实践教学本身具有的这种特殊性和灵活性对实践教学质量监控提出了极大的挑战，使得相当一部分高校的实践教学质量监控制度缺失，监控效果欠佳，甚至形同虚设。由此，地方工科院校必须勇于面对挑战，结合学校自身实际和不同实践教学环节的特点，有针对性地制定和实施实践教学质量监控办法。首先，必须制定和完善相关实践教学环节的规章制度。这是引导和规范实践教学环节、保障实践教学质量的顶层设计。实践教学质量监控所涉及的人员职责、工作流程、实践环节、奖惩措施等都必须有明确的规定，真正做到有章可循。其次，要有专门的实践教学督察组。除了要充分发挥学校、院系两级教学督导的作用外，还要成立专门的实践教学督察组，主要对集中安排的实践环节尤其是校外的实习、实训等进行不定期的督促和指导。实践教学督察组的成员除了相应院系的专业指导教师外，还必须吸纳教学、财务、科研、学生等部门的管理人员，真正从教学、经费、场地、学生反映、效果等多个视角来审视实践教学。再次，要调动全员参与实践教学质量监控的积极性。要充分发挥学校、院系督导，教师和学生的作用，尤其是要最大限度地调动学生信息员的积极性。要通过多种激励手段，及时了解和掌握实践教学过程中学生亟待解决的问题，以及学生对实践教学质量提高所提出的好的建议。最后，要加强实践教学过程监控力度。通过不定期的抽查实践教学教案、学生实验实习报告、现场观摩，以及定期的中期检查、召开座谈会、过程考核、汇报总结等多种形式，对实践教学实施全程监控。此外，利用教学网络系统，将过程信息及材料予以发布，接受全校师生、实习单位乃至全社会的监督，以确保实践教学质量的提高及成效。

第九章　高校绩效制度建设策略

在激烈的高等教育竞争中，新建本科院校在办学指导思想、办学定位、人才培养模式及学校管理等方面明显存在不足。新建本科院校已经认识到这一问题，并逐步确定了内涵发展的道路。培育办学特色、提高人才质量和核心竞争力成为共识。

为了考核高校的办学质量，评价高校的发展状况与经营能力，必须实施一种科学、有效的方法，由此产生了对高校评估绩效考核的制度。高校评价是保证高校办学质量、提高高校办学效益的重要手段，对促进高校发展具有重要意义。高校绩效评价是运用一定的评价方法和标准，对高校利用办学资源实现其职能和效益进行综合性评价。

高校办学质量评估专家指出：国家“双一流”高校建设要突出绩效导向，明确在公平竞争中体现扶优扶强扶持，动态调整支持力度，增强建设的有效性。国家以绩效为导向支持“双一流”建设的方针政策，代表广大高校和全社会的共同心声。大家希望看到国家的财政投入得到切实、高效的使用，高校建设能收到预期成效，人民群众对优质高等教育的需求得到更大满足。换言之，高校如何更新理念、精心布局、优化结构、提高质量、增强实力、结出硕果，这些更是学界和社会关注的重点。

高校重视内涵式发展，用实际成果交出建设的满意答卷，在当今我国高等教育发展背景下极具现实意义。

一、坚守国家“双一流”建设工程目标

长期以来，高校和学界把争取到国家教育工程看作是对学校的认可、

荣誉及能获得更多的国家财政投入。事实上，国家设立教育工程的初衷、目标都是希望入选高校意识到肩负的责任和要拿出实际的建设成果。回顾过往，进入“211”“985”工程的高校都获得了国家高额财政补贴。而且身份固化、利益固化，客观上也存在社会上对高校“211”“985”身份的关注超过了对其建设成效关注的现象。现在强调高校“双一流”建设的内涵式发展，就是要从根本上扭转对国家教育工程的“占到位子就能得利”的不当观念。

二、促使高校制定切实可行的建设方案

不可否认，在国家教育项目的申报和管理中存在一定的重申报、轻验收现象，高校中也存在对建设项目的预期成果论证较为粗糙、随意的问题。一旦学校申报的项目获批，就认为万事大吉了，至于后期建设、成果验收等环节，往往敷衍了事。把重心落到成果上，严格对预设目标进行评审，将有助于高校充分重视“双一流”建设方案的论证和实施。高校加强内涵建设，说到底，就是要保证高校把心思和精力放在建设上，拿出实际成果对国家财政投入负责，对自己的承诺负责。

三、为高校专心治学减少不必要的活动

国家相关文件多次明确政府简政放权，扩大高校办学自主权。过多的外部行政会议、庆典活动等，会耗费学校领导相当的时间和精力，使其“无法分身”于学校内部学术、行政管理事务。同时过多的行政检查、汇报等事务也会令学校干部与教师疲于招架。这些都会影响高校办学治学应有的沉静和专注。为此，要最大限度地给予高校依法自主办学和治学的时间和空间，静候高校亮出建设成果。政府部门和全社会把注意力放到高校建设成果上，这是最简洁、明了和高效的管理和监督手段。

四、提供让“黑马”脱颖而出的公平竞争环境

随着国力强盛和教育投入增加，中国建设成若干世界一流大学和一流

学科是早晚的事。应该说，今天财政问题已不再是影响中国高校建设的绝对条件，而且各路社会资金也还在不断投向教育领域。由此，公平公正的竞争环境无疑是中国高校建设早日实现突破的必然土壤。

五、吸引社会各界监督和支持高校建设

中华民族历来重视教育，实现一流教育强国梦想更是世代仁人志士生生不息的追求。今天国家提出建设“双一流”高校重大战略，正是国强民富的体现。高校有必要向社会公开建设成果，接受社会大众监督和评议，获得更广泛的建设资源。以人才培养为例，学校应公布在学生培养方面的经费投入、预设的培养目标及相应的课程，明确通过学习每门课程学生能学到什么知识和技能、毕业后能做些什么等关键问题，也要分析实际取得的课程效果和在校学生及毕业生的实际状况等。高校亮出建设成果，是对高校“双一流”内涵式建设最有效的自我问责和外部监督机制。

扎根中国大地建设“双一流”高校，重视高校内涵式发展，既有助于调动高校全体师生员工的积极性、主动性和创造性，又有助于“双一流”建设遵循教育科学规律推进，扎扎实实以成果绩效赢得认可和荣誉。

绩效考核是企业实现关键目标的有效工具，又是促进激励效果的重要杠杆。将企业运营的这种绩效考核的观念替换到高校建设当中，是审视高校自身发展的行之有效的方法。绩效，又称业绩，是一个多维建构，测量的因素不同，其结果也会不同。一般地，绩效包括组织绩效和员工个人绩效两个层面，不同层面的绩效所包含的内容、影响因素及测量方法也不相同。就员工个人层面来说，对绩效的定义主要有两种观点：绩效是结果和绩效是行为。结果观认为绩效就是一定时期内工作活动的产出记录，这种绩效考核的指标就通常表现为生产率、销售量等定量指标，定义明确、客观具体。

高校的绩效考核的根本目的是帮助高校领导总结在自身发展的一定时期内的成绩与不足，使高校教师对自己的职业生涯有一个比较清晰的蓝

图，并最终促进高校在办学的诸多方面的进步，包括高校在教学、科研、基础设施建设等发展的各个方面。当然，这些都必须是建立在绩效考核公平公正的基础上。其中，客观、全面的考核内容是保证这种公平公正性的重要前提。因此，高校的绩效考核中必须重视考核内容的制定环节，以使绩效考核从一开始就建立在客观、公正的基础之上。

高校的绩效考核，首先要有自己的一套考核的战略目标。战略目标是基于高校内涵式发展的基础上的，根据分阶段（长期目标、中期目标、短期目标等）、分层次（管理层目标、教师目标、行政人员目标等）的目标划定。在确定目标后，再根据不同对象、不同职能细分绩效考核的方式和标准。

绩效考核的标准：①评估标准是基于工作而非基于工作者；②绩效标准是可以达到的；③绩效标准是人人知晓的；④绩效标准是经过协商而制定的；⑤绩效标准要尽可能具体可衡量，“凡是无法衡量的就无法控制”；⑥绩效标准要有时间限制；⑦绩效标准应符合组织目标；⑧绩效标准应是可以改变的。

绩效评估标准的总原则：①有助于个人工作成果最大化；②有助于组织效率的提高。

高校的绩效考核可以采用的方法是定性考核和定量考核相结合。定性考核是指采用经验判断和观察的方法，侧重于从行为的性质方面对人员进行考核，反映的只是被考核人员的性质特点。定量考核是指采用量化的方法，侧重于从行为的数量特点对人员进行考核，反映的仅仅是被考核人员工作完成的数量，从而忽视其质量特征。绩效考核的整体规划如下：

（一）绩效计划

绩效计划是绩效管理的第一个环节，它是绩效管理的开始，也是绩效管理的关键。高校要实现自己的办学目标，落实本校发展战略，必须先将战略分解为具体的任务或目标，落实到各个岗位，特别是教师岗位上。制定教师绩效管理体系应该认真分析本校的实际情况，针对学校的类型、所处发展阶段、学科的性质、岗位的特性来区别对待，然后根据学校发展的需要和对教师的要求来进行。

（二）绩效辅导

这个过程是绩效实施与管理的过程，主要包括两个方面的内容：绩效沟通和教师资料的搜集和分析。通过沟通，教师能够了解学校希望自己做什么、怎么做、做到什么程度、做不好的后果等，同时也有助于帮助学校了解工作的进展和教师的工作表现、存在的困难等。通过这个过程，管理者和被管理者能够形成良好的协作关系，形成积极向上的凝聚力，从而提升整个学校的执行能力。绩效辅导最大的作用就是可以避免学校和教师走进各自的认识和能动性误区，避免不必要的误解和对抗。

（三）绩效评估

绩效评估是绩效管理中至关重要的一个节点，合理有效的绩效评估可以起到正激励的作用，使达到绩效目标的优秀教师体验到成就感，进而提高工作积极性。同时绩效评估也是进行惩戒的依据，督促未能实现绩效目标的教师认识自身不足，进行弥补，从而提高自己的绩效。好的绩效评估要做到以下几点。

1. 科学设计绩效指标

制定科学、具体的考核指标，统一量化考核标准，构建学校教师考核指标体系，是科学考核的基础。考核指标的科学性具体表现为指标的准确性、可靠性和灵敏性。科学的绩效指标应能具体、明确指出考核内容，不能过于笼统。另外各考核指标应相互衔接、彼此一致，不能相互矛盾，还要避免出现同一绩效的重复衡量现象。各考核指标还要体现出被考核者的绩效差异，对学校所关注的差异能作出灵敏反应。

2. 合理选择绩效考核方法

绩效考核的方法有很多，但对于高校教师这个岗位来说，难以进行量化评估，可以采用描述性评价法。如书面评估报告和关键事件法（KPI）、360 度全方位评估法等。目前高校中对教师进行考核较多地是采用成果考核法，这种方法的重点在于描述教师的工作行为和工作贡献，如教学成果、论文成果、项目成果等，而不是教师本身，因而易于被接受。该方法并不仅能考评教师的工作行为，还能考核教师为高校发展所做的贡献。此外，该方法的优点是能避免考评者主观判断对考评准确度的影响。但该方法也存在局限性，如没有为人们提供对教师进行相互比较的可能，其次并不是所有的成果都可以衡量，另外有些教师的工作成果往往不是一个人的贡献。

3. 明确考核结果和考核期限

在进行绩效考核时，要依据考核项目的分值和各层次教师岗位人员在各个项目的权重，求出其评分，按比例进行分等定级。在教师职务评聘中，应实行师德考核一票否决制和教学效果考核一票否决制。在确定绩效考核期限时，要分为不定期考核与定期考核，以及考核对象所要求的考核内容及期限。

（四）绩效反馈

绩效反馈是绩效考核中不可缺少的环节，也是实现考核激励的一项重要工作。考核结果的反馈直接影响到院系下一个阶段绩效计划的修正和实施，同时也可以认识到下一阶段努力的方向。同样院系必须将考核结果反馈给教师，在肯定成绩的同时，也使教师明确自身不足，从而重新确定其努力方向，激发教职工的上进心与进取心。

（五）绩效结果的应用

绩效管理的目的不仅是要把考核结果作为教师的薪酬、奖惩、职务升降的标准，更是要带动教师能力的不断提高及其绩效的改进和发展。应该把绩效考核的结果与其他环节衔接起来，在薪酬方面要增强薪酬的激励作用。通过绩效结果，①能发现教师的适应性问题，可以据此对其进行调岗或增加其工作职责；②还可以帮助学校发现在人力资源配置上的问题，促进人力资源开发；③还能帮助个人改进绩效，发展教师个人的职业生涯。绩效结果还可以用来验证招聘甄选及培训的有效性。如果选拔出来或经过培训的人才绩效考评结果非常好，就说明招聘或培训是非常有效的。高校应尽力采取措施创造有利于教师绩效管理工作开展的内部环境，使教师积极主动地参与和支持绩效管理工作，从而实现教师素质不断提高，引领学校教学科研工作良性发展的双赢局面。

第一节　高校建设绩效评估

随着高等教育规模的逐步扩大，我国步入了高等教育大众化发展阶段。为确保高等学校的教学质量和人才培养质量，教育部全面启动实施了周期为五年的首轮本科教学工作水平评估。历经此次评估洗礼，高校牢固树立起质量意识，通过建立内部教学评估长效机制，积极主动地开展种类不同、形式多样的自我评估，逐步推动、强化教学管理，增强改革发展动力，提升办学水平，提高了教育教学质量。

一、高校评估绩效整体规划

为了完善高校的资源配置，构建高校的绩效综合评价体系，我们要从以下几方面进行调整和规划。

（一）加强顶层设计，全面系统规划

为实现创建“中国特色、世界一流、国际知名、高水平”大学的战略发展目标，为进一步深化校院两级管理体制改革，要以加强顶层设计、优化资源配置、强化目标导向和宏观调控为核心，以提高建设效益为目标，积极支持并引导学院、科研机构进行重点建设，产出更多重大原创性成果，迅速提升学校核心竞争力和可持续发展能力。高校要从三方面入手，构建全面系统的综合评价体系，以明确学校建设和投入的重点，实现资源的科学合理配置。主要包括以下几方面。

（1）建立着眼于长期规划、夯实发展基础、提供不竭发展动力的重点建设资源的配置和绩效管理机制。

（2）建立重在激发科研热情、提升科研水平的高水平科研成果激励机制。

（3）建立促进学科建设、人才培养、队伍建设和国际化等全面发展的综合建设激励机制。同时，根据不同的发展目标和重点，结合不同的考核内容完善和细化相应的综合评价体系。

（二）协调统筹管理，分层推进实施

1. 重点建设资源配置与绩效管理

要坚持以发展为基础、以效益为导向，遵循导向激励、分类指导、统筹兼顾和规范易行的原则，统筹配置包括建设世界一流大学和特色发展引导专项、国家重点实验室、基本科研、修购等专项，以及人才培养、队伍建设和条件建设有关资源。

要根据校内单位建设任务指标配置相应的各类资源，并对建设期内取得的绩效和目标任务完成情况展开评估，以评估结果为依据进行绩效奖励。绩效评估的内容主要包括：重点学科建设、创新人才培养、师资队伍建设、科学研究、社会服务、国际交流与合作等方面的标志性成果产出。绩效评估指标体系由学校会同第三方评估机构制定，并委托第三方独立评估机构实施。根据建设规划任务和评价结果按照学校战略发展、学院综合发展及绩效配置资源。

2. 高水平科研成果奖励绩效

为加强对科研的规模和质量的引导作用，学校要分别设立高水平论文奖、重大成果奖和社会服务成果奖等。重在鼓励科研工作者在国际、国内高水平学术期刊上发表研究论文；激励科研工作者争取获得国家及省部级科技奖；获得国家及省部级人文社科优秀成果奖；鼓励科研工作者将研究成果服务社会。同时，学校应对获得以上奖励的个人所在单位按照不低于1:1 的标准给予经费配套，用于支持学院的建设和发展。

3. 综合事业发展建设绩效

应根据学校各单位在学科建设、人才培养、科学研究、队伍建设，以

及国际化交流等方面做出的突出业绩和贡献给予绩效奖励，以促进学校整体办学水平和质量的提高，实现学校事业科学快速发展。

（三）细化评价指标体系，强化指引作用为实现资源科学合理配置

应根据不同的建设内容、考核内容，在统筹协调、广泛调研和全面综合的基础上，分类别、分层次全面梳理并细化相应的指标体系。部分绩效评估采取二维的指标评价体系，如重点建设绩效评估体系首先从 4 个方面确定考核类别，在此基础上从多方面明确项目对相应类别进行细化，对应的每个项目确定评估指标和具体分值；同时，在上述基础上分别对考核类别和项目确定一至三级的考核级次指标。从而从制度设计上保证了评估的全面系统和考察深度，强化了导向和指引作用。

二、高校教学绩效评估的意义与作用

（一）为教学及管理工作的开展提供检验与指导

目前，绝大多数高校实行校院两级管理，管理重心的下移迫切需要学校对其所属二级学院的各项工作加强宏观指导与调控，同时也迫切需要作为教学管理和运行承担主体的二级学院提升自身的管理能力。因此，开展学院本科教学绩效评估工作，对教学质量的主要影响因素进行周期性考核，一方面可充分发挥评估的检验和诊断功能，及时、系统地总结工作成果，发现问题所在，使校领导与教学管理部门对各学院、各学院对自身的实际情况均有全面详细的了解与认知，为工作规划的制定作出正确的判断与决策；另一方面可通过适时调整评估指标体系，将高等教育发展的新思想、新方法和新要求植入其中，不断丰富、发展学院本科教学绩效评估指标的内涵，推动学院各项工作朝着制度化、规范化、系统化方向发展，切实起到导向的作用。

（二）为教育教学质量保障机制的构建提供途径

教学质量的保证有赖于完整的教学质量保障及运行机制。一般而言，

高等教育教学质量保障机制主要由两部分构成：质量监控和教学评估。作为自我评价的一种，学院本科教学绩效评估工作的有效开展是建立与完善高校内部教学质量监控体系、构建教育教学质量保障机制的重要途径。它通过对高校教学和管理工作状态与绩效实施的质和量的价值判断，能够及时发现并分析、反馈影响教学质量和人才培养质量的关键问题，从而推动教学管理部门与相关学院作出相应的调整改进，健全教学规章制度，更新教学管理手段，加强教学基本建设，深化教育教学改革，促使教学及管理等各项工作的运行日渐科学、有序、规范和完善，确保教学质量稳步提高。

（三）为办学水平及教学质量的提升提供内驱力

对高校定期开展本科教学绩效评估工作，并按评估结果进行学院排名，不仅是一个帮助学院加强自我认知、发现问题、解决问题的过程，而且是一个对各学院教学工作总体成效、业绩等综合办学情况进行横向比较的过程。如此一来，原本独立共存的兄弟学院之间形成了竞争。而竞争关系的存在使得学院上下加深了对本科教学的重视程度，显著增强了质量意识、责任意识和危机意识。工作有了压力，改革便有了动力。“干与不干”“干好干坏”的区别对待逐步促进了“你追我赶、争先创优”良好氛围的形成。因此，学院本科教学绩效评估是提高二级学院工作积极性的内在驱动力，能够使各学院在评估过程中得到鼓励与鞭策，不断促进自身发展，从而推动学院自身乃至学校整体办学水平和教学质量的稳步提升。

三、高校教学绩效评估的实施要点

（一）转变思想观念，牢固树立本科教学中心地位

制度欲出，观念先行。正确的思想观念是学院实施本科教学绩效评估的前提和基础。然而，很多高校的相关负责人对院校内部教学评估缺乏正确的理解与认识，工作态度消极，有抵触情绪，这使得评估工作流于形式，直接导致内部教学评估工作收效甚微。因此，相关负责人要加强对教

学评估理论的学习，提高对学院本科教学评估的认识，积极转变思想观念与工作思路。

围绕提高教学和管理工作水平、促进学院及学校发展建设这一共同目标，高校需要不断探索能够自我调节、自我发展、自我完善的长效机制，变被动的“要我评估”为主动的“我要评估”，从而在学院本科教学绩效评估实践中能够做到上下联动、密切配合，充分发挥积极、主动、自觉的主体作用。

（二）全面量化考核，科学构建绩效评估指标体系

评估指标是评估工作开展的主要依据。科学、合理地构建绩效评估指标体系是学院本科教学绩效评估实施的核心和关键。高校需要结合自身特点和各学院教学工作的实际状况，在充分调研和征求各方意见的基础上，经过反复论证，制定本科教学绩效评估实施方案、绩效评估指标及评价标准。该指标体系涉及教学管理、教学成果、教学效果、培养效果、专项检查等方面。

对教育教学活动的关键因素进行评价，要重点检查学院“软件建设”情况，突出对过程管理细节和教学绩效的考核。应将绩效评估指标体系中的各项观测点全部量化，每项指标都有相应的评分标准和分值，将评价项目满分设为100分。评估分数的核算采取得分与扣分相结合的方式，体现学院本科教学和管理工作状态及效果的部分指标采取封顶核算，超出上限的分值按30%计入该项总分，以激发教职工的工作积极性。同时，部分指标应将副高职称以上教职工人数和学生人数作为影响因素进行考量，以确保指标研制的科学合理及评估结果的公平公正。学校应结合各分项指标得分情况计算各学院总分数，据此进行绩效评估综合排名，从而清晰反映各学院的整体办学状况及其存在的优势与不足，为学院及学校制定下一步工作计划，加快教学改革步伐，进一步提高教学质量和教学水平提供有价值的参考与指导。

（三）用数据说话，确保评估结果的公平公正

学院本科教学绩效评估每学年应开展一次，通过对教学环节重点内容的考核，检测在既有条件下高校开展教学工作的情况。评估中要坚持“用常态数据说话”的原则，即评估指标的设置中要摒弃评估者观察分析评估对象的表现状态后得出的印象指标和评估者依靠知识、经验、判断直接对评估对象作出定性价值判断的定性指标。绩效评估指标体系中应全部使用能够用学院本科教学状态数据予以体现的定量指标，全部数据均应为学院日常教学情况、教学质量和工作成果的客观真实反映，与学校的初始投入及“硬件建设”情况无关。绩效评估期间无须学院撰写任何综述性评估材料，数据要以学校相关职能部门提供的常态数据为主，参评学院填报的数据为辅，部分指标数据由学校评估工作主管部门根据参评学院填报的数据报表和提交的支撑材料进行审核认定。

如此举措有三点好处：其一，可大大减轻学院的工作压力和负担，显著提高绩效评估工作的效率；其二，有助于避免由于人为因素干扰或主观判断不同而造成的评价差异，增强评价结果的客观性、标准性和精确性；其三，能够促进相关职能部门和各学院加强对日常工作积累的重视，便于其对自身工作总体情况进行剖析，从而扬长避短，加强建设。

（四）奖评机制联动，合理运用教学绩效评估结论

若要教学评估具有权威性，评估结果与政策保证就要有机结合。除了评估本身要科学、客观、准确，学校还应该对先进者给予精神上的鼓励和必要的物质奖励，对其实行优惠政策并重点扶持。鉴于此，学院本科教学绩效评估实践中应合理运用评估结论，健全激励手段与政策，建立“以奖促评，以奖促建”的奖评联动机制，从而有力保障教学绩效评估工作的有效实施和持续开展。高校应从“公”“私”两个角度采取措施，将绩效评估结果与相关主体的切身利益有机结合，以鼓励先进、鞭策后进。于“公”方面，学校应将评估结果作为追加教学经费、增补实验教学仪器设备的主要依据，排名前三位的学院在学校上一年度下拨的教学经费基础

上，能够以20%、15%、10%的比例获得学校的经费追加。同时，学校应将“教学工作水平标兵单位”奖项的评选与评估结果直接挂钩，作为评奖的硬性指标，只有绩效评估排名前三位的学院才有资格参评上述奖项。于“私”方面，学校应将评估结果作为学院领导干部年终工作业绩考核的重要依据，直接与其奖惩挂钩，并约谈排名靠后的学院领导班子，以起到警示作用。得益于一整套学院本科教学绩效评估与激励机制的建立与运行，各学院自觉地将绩效评估工作作为良好的发展契机，在公平竞争的氛围里积极开展教学与管理工作，并坚持常抓不懈。

（五）重视整改落实，持续推进教育教学改革建设

通过评估工作的开展，督促和鞭策各学院对本科教学工作给予充分的重视，清醒地认识自身的实际办学状况，明确今后的工作方向，这才是学院本科教学绩效评估的目的。因此，教学绩效评估工作的重点不是通过评价去定论，而是通过评价去改进。重视评估后的整改落实，持续推进教育教学改革与建设，才是学院本科教学绩效评估的实际意义所在。学院应对绩效评估结论进行全面系统的梳理，一方面肯定办学过程中取得的成绩，总结自身的优势及主要经验，不断巩固评估工作成果；另一方面查找存在的问题与不足，理性分析，及时提出整改方案并认真加以落实。在实施整改过程中，各学院要注重良好群众基础的积累，学院领导要清晰、明确地向全院师生传达绩效评估结论及整改建设意见，以便大家形成共识，凝聚力量；同时，要注重整改建设工作的定期检查，追踪工作进展情况，以便及时解决出现的新情况和新问题，确保整改达到预期效果。唯有对整改工作加大重视力度，按照“评—改—建”的模式主动开展行之有效的工作，学院才能保证本科教学绩效评估的良性运转，形成学院本科教学绩效评估长效机制，从而不断提高教学和管理工作水平，提高教学质量和人才培养质量。

四、完善高校内部资源配置的绩效评价体系

近年来，学校在构建绩效综合评价体系，完善资源配置机制上做了大

胆的尝试，取得一定成效，综合实力明显提升，财务状况也得到有效改善。但仍有诸多方面有待我们去思索和完善。

（1）现有绩效评估主要还是基于历史基础条件下创造的绩效，没有充分考虑到校内不同单位的历史投入和条件差异，存在一定的不公平性。绩效评价考核的初期，不宜“一刀切”，应对基础薄弱学院有相应的培育和扶持期，确需支持发展的在培育和扶持期过渡阶段可适当予以倾斜。

（2）根据绩效评价体系实行资源配置，打破以往大锅饭和“简单基数加增长”的资源分配模式，势必会造成资源的不均衡，也极有可能导致强者更强，部分弱势学科领域的生存空间被进一步压缩。在高校既有退出机制不完善和健全的情况下，必须处理好绩效和谐发展的关系。

（3）高校建设发展的过程在一定程度上尚具有阶段性和渐进性，必须在不同的发展阶段实行绩效评价体系和指标的动态调整。高校既不能完全基于现状，淡化引导作用，束缚发展手脚；亦不能好高骛远，不切实际，导致依托绩效的资源配置缺乏基础。高校必须着眼实际，放眼长远，结合国家的高等教育发展战略，适应综合的建设和发展形势。科学合理和适应发展需求的绩效评价体系，能够明确发展目标、促进规范管理，很好地引导我国高等教育事业的发展。与此同时，高等学校也必须结合自身目标定位和实际情况，将绩效评价和考核贯彻到教学管理、科研服务、社会服务和文化传承等工作的各个方面和环节，以实现有限资源的合理配置，继而充分发挥其效能。

第二节 教师绩效评估

教学工作是高等学校的日常中心工作。提高教育质量是高等院校时刻谨记的使命。曾任哈佛大学校长的科南特曾经说过：“大学的荣誉不在于其校舍而在于一代代教师的质量”。20 世纪 80 年代以后，教育质量成为国内外教育领域广泛关注的问题。在对影响教育质量的因素进行剖析的过程中，政府、家长、学生及社会大众最终把关注的焦点落在教师的教学工作质量上。在我国高等教育事业由“精英式教育”转变为“大众化教育”的背景下，教师作为高等教育活动的主要承担者，教学工作是教师的首要职责，在高等教育质量提高过程中起着核心作用。

在高等教育评价中，高校教师绩效考核评价是其中的一项重要指标，这对于推动教育事业的发展，改善教学质量都具有重要意义。合理的高校教师绩效评价体系，能够激发教师的工作潜能，大力发扬教师创新精神，以更加饱满的热情投入到教育事业中去。但要注意的是，关于我国当前的高校教师考核评价体系，存在很多不足之处。如何健全丰富考核评价内容，如何搭建科学有效的考核评价体系，这对于推进教育事业发展、加强师资队伍建设都至关重要。

教师的教学绩效考核成为教育行政机构了解教师工作状况、监控教师工作过程的重要手段，也是教师晋升、加薪的主要依据。教师教学绩效考核是高校按照学校发展的战略目标，对教师在教学工作过程中所取得的效果进行考察和评价的过程。良好的教师教学绩效评价方法能及时调整教师工作中遇到的问题，从而改善组织的反馈机能，提高教师的教学工作效率，促进教师的专业成长，进而提高学校整体的教育质量。

一、高校教师教学绩效考核理论基础

从管理学角度对“绩效”概念进行界定：在特定时间、特定范围内，特定工作职能所涉及生产出的过程和结果。组织总体绩效建立在个体绩效基础之上：组织战略目标通过组织层级层层分解到每一个组织成员个体，成员个体完成绩效是组织整体战略目标实现的保证。组织绩效的实现有赖于每一个成员个体绩效的完成。没有组织成员的努力，组织战略目标将无从实现，组织将无从生存和发展。

高校教师绩效是高校发展战略目标的具体化。高校教师在从事教学和科研的过程中，通过自身知识的不断更新和创造来实现学校的发展战略目标。因此，可将教师绩效定义为教师在教育教学科研过程中表现出来的与教育教学科研目标相一致的行为，应将教师的行为作为绩效评价的核心内容。并且，高校教师绩效评价是绩效评价理论在高校教师这一特殊对象中的具体应用。鉴于高校教师职业劳动的特殊性，并且相对于单纯的传统意义上的绩效评价而言，高校教师绩效评价是一个复杂的系统和繁杂的过程，它涵盖了高校工作的方方面面，渗透到高校教师管理的各个环节，体现了高校的办学理念和战略发展目标。高校教师绩效评价是一个特殊的人力资源绩效评估，是对教师在高校劳动过程中表现出来的内在要素如品德境界、职业道德、人生品位等和在一定条件下作出的实际成绩进行的客观描述和合理评价。高校教师绩效的好坏不是由单一的因素决定的，现代管理学和心理学的研究表明：影响工作绩效的因素是三个：个人因素、组织因素、工作因素。具体用公式表示就是 $P=f(I, O, T)$，式中：I（individual），O（organize），T（task）。这个公式表明：高校教师绩效是教师个人、高校、工作这三个变量相互作用的函数，正是这三个变量之间相对独立又相互影响、相互作用产生了员工的工作绩效。

教学绩效仅指教师在教学育人方面的绩效。教学绩效考核是对教师的教学工作及其结果进行价值判断的过程。学校在一定时期内，对教师进行教学绩效评价应包括两方面，即对教师的教学工作表现和教学结果都要进行价值判断。教师工作的复杂性、长期性决定了对教师教学绩效的评价应该是一个定性评价与定量评价相结合的过程。因此，对教师进行教学绩效评价不仅要评定教师的教学结果，还要考察教师的工作表现。注重结果与过程，将两种绩效都纳入评价的范畴，才能真正发挥评价的应有功能。

考核（appraisal）即考评（evaluation）、评价（assessment），是指对被评价者完成岗位工作的结果及工作过程进行考量与评价，包括完成工作的数量、质量、经济效益和社会效益、对组织发展的影响和贡献，还包括员工的责任心、职业素养、发展潜力等。它根据事先确定的工作目标，选取相应指标，采取科学合理的评价方法，考评被评价者完成工作情况及潜在的发展情况。

二、国内外高校教师教学绩效考核

（一）国外高校教师教学绩效考核

20 世纪前，世界各国的教师评价基本属于自发性质。20 世纪 30 年代后期，具有奖惩性质的教师评价在英国、美国开始实施，国外教师教学评价大致经历了三个阶段：初步形成阶段、惩罚性评价阶段、发展性评价阶段。

教师绩效考核这个概念最初起源于 20 世纪 50 年代的美国大规模教育改革运动。当时的教育政策决策者明确强调要以人才培养为目标，并根据这一目标进行系统的教育规划，积极引导各州政府建立相应的绩效责任法。从 1963 年到 1974 年，美国制定了 70 多项类似法律，一些学者也已经开始提倡建立有效的教育绩效评估的方法。70 年代中期，教学改革把重点放在基础教育上，强调要提高教育质量，而衡量的重要标准就是绩效。有美国学者认为，整个 70 年代，大量的立法和管理行动的主题就是为教育和教育责任者确立“绩效责任”。80 年代初期，美国国家高质量教育委员会发表了《国家在危机中》的报告，引起了全美对绩效标准的关注。从此以后，美国所有的教育改革计划都围绕着教育绩效而展开。80 年代之后，美国多数院校都建立了较为完善的绩效考核体系。为了保证考核的客观性、全面性，学校一般同时采用多种评价方法。根据评价主体的不同，这些评价方法主要包括系主任评价、学生评价、同行评价和自我评价；根据评价手段的不同，这些评价方法主要有听课、教学档案袋等。

20 世纪 90 年代以后，国外教师评价发生了深刻变化，开始推行、倡导发展性评价制度，形成了奖惩性评价与发展性评价并存的局面。在美国，教育管理家波依尔和莱斯提出应当修正教师奖罚系统，以体现教师在各个方面对学生、专业学科和社会所做出的付出和贡献并建议根据教师本人的才能、爱好及所在院校的中心使命，使教师在工作中可专注于创新发现、知识整合、应用，或使教师在教学中的一项或多项学术活动。可以获得同等的承认和回报。作为波依尔报告的续篇，卡耐基基金会在另一份研究高校教师绩效评价中的有关教学和科研的关系报告中指出，教师对本科教学没有给予足够的重视，在追逐深奥研究时将自己远离了大学的中心使命，并提出改革教师绩效评价体系以提高教师对教学、应用整合学术活动参与的积极性。90 年代后随着教育责任制在美国各州的推广，美国的教师考核制度得到了进一步完善。考核体系变得更加多元化，主要形成了以学系考核、同行考核、学生考核为主体的三大考核体系和以教学、科研和社会服务为考核内容的三大模块。考核类别主要分为年度考核、晋升考核、终身聘任考核。美国高校对在职教师实施的教学考核主要内容是指教师本年度的授课门数、课堂学生数量、所授课程的学生考核、课程进行时间，以及教师在教材和教法上的改进与创新。总之，在美国高校中，考核、晋升和终身聘任考核始终贯穿于教师的整个职业生涯，时刻提醒着教师在享受学术自由权力的同时，必须要承担起一定的学术责任，即进行教学、人才的培养，从事科学研究、创造或发现知识，积极服务、回报社会。

20 世纪 80 年代，英国大学教师的评价工作在政府的关注和推动下得到了快速的发展和进步。英国政府针对高等教育的时代特征制定了一系列的教育评价指导文件，包括 1983 年的《教学质量》和 1985 年的《把学校办得更好》等文件，从政策层面鼓励高校教师评价制度从奖惩性评价向发展性教师评价制度转变。这些制度不仅关注教师的绩效管理，而且更加重视教师的自我管理和职业发展需要。之后，各国政府纷纷学习和仿效英国政府的做法，结合各国的教育现状，制定相应的教师管理评价制度。发展性教师评价源于英国，其理论依据源于道格拉斯·麦格雷戈提出的“理论”，评价模式是以促进教师个体发展和学校整体发展为主要目的，立足于教师的发展与未来，突出教师在评价中的主体地位，强调教师自我评价，鼓励教师积极参与评价并在评价中体现教师的个体差异。以面谈为主的无奖惩、注重发展的高校教师考核方式被大多数英国教师看成是一种

“享受”，更注重与教师的信息沟通与专业培训，从而使考核过程更具有建设性。

当前，国外高校教师教学评价制度较多采用发展性评价和奖惩性评价相结合的制度。

（二）国内高校教师绩效考核研究

我国高校教师教学评价始于20世纪80年代中期，其发展也可以分为三个阶段。

1984—1990年是我国高校教师教学评价的起步阶段。此时的教师教学评价的特点是：以课程评估为主，教师教学质量评价为辅，评价内容都是依据高校教学管理人员的教学管理经验确定。

1991—1995年是我国高校教师教学评价的正规化开展阶段。1991年6月25日，“中国高等教育评估协作组”成立。在这样的背景下，各高校的教师教学评价活动得到蓬勃发展。作为原国家教委“八五”重点研究课题“高校教学评价的理论和实践研究”组长单位的北京师范大学，于1991年最早在国内提出通过实证研究确定教学效果好的教师的行为特征，并以此作为教师教学评价的指标。为此，他们从全面提高教师的素质出发，把重点放在研究教师的有效教学行为上。他们通过对国内外已有的研究文献的内容分析，根据教师的心理行为结构及教学心理学的基本原理，并综合大量研究结果和专家调查意见，编制了《大学教师行为特征调查问卷》。并分别于1991年和1992年对近千名理、工、师范、综合类院校的学生和近200名学术造诣较深的教师进行调查测试，确定了五大方面教师的教学技能，教师所教学科知识的深度、广度，教学中的教风，教师的积极向上的个性心理特征，师生之间的交流共30多个项目的教师行为特征作为教师教学评价的指标体系。对这些特征进行进一步的研究分析表明，这些项目具有较高的区分度，是教学效果好的教师应具备的而教学效果差的教师不具备的行为特征；对这些行为特征的差异考验表明，这些特征是文、理、工科教学效果好的教师所共同具有的特征。此外，他们对教师教学评价的各种信息来源的可靠性进行了分析研究，并着重对学生评价教师教学的可靠性和有效性及其影响因素进行了考察。在理论研究的基础上，北京师范大学的研究者提出了开展教师教学评价的正规化实践程序：①确定教师教学评价的目的；②制定科学的具有鲜明导向性的指标体系；③确定评价的信息来源并依据信息来源设计相应的评价量表；④按规定程序组织实施评价，尽量减少评价过程中可能出现的误差；⑤分析处理与反馈利用评价结果。北京师范大学的教师教学评价很快在国内得到推广运用。很多高校直接采用其评价表及评价程序或根据本校特点对之加以改进，制定出适合本校的评价指标。

1994 年 1 月，“中国高等教育学会高等教育研究评估会”的成立，为全国进行教学评价研究和实践提供了组织保证。到 1995 年，国内大多数高校均开展了不同程度的教师教学评价工作。同时，在此阶段，研究者们对高校教学评价中许多理论问题进行了分析探讨，这些研究包括教学评价的本质及其功能作用。

1996 年至今，我国高校教师教学评价进入深入开展阶段。展开了教学评价的标准、教学评价的程序模式、教学评价的主要信息来源及收集信息的方法、教学评价在改善教学系统中的作用、教学评价的哲学方法论问题、教学评价的教学论基础和心理学基础、中外高校教学评价的比较研究等的探索。在此阶段，研究者们对教学评价的本质及其功能、教学评价的标准、教学评价的程序模式、教学评价的主要信息来源及收集信息的方法、教学评价在改进教学系统中的作用等理论问题进行了分析探讨。此阶段我国高校教师教学评价的特点是：理论研究与评价实践并重，各高校开始以教师教学的有效行为特征作为评价指标进行正规化的教师教学评价工作。20 世纪 90 年代中期后，北京大学、中国人民大学、北京师范大学先后在其学校内公布学生评价教师教学的结果，高校教师教学评价进一步系列化、规范化、公开化。2001 年教育部印发的《关于加强高等学校本科教学工作提高教学质量的若干意见》提出，各高校要把教学工作作为教师职务聘任的重要标准，建立健全教学质量监测和保障体系。为此，许多高校都开展了教师教学评价活动。许多学者对大学生评价教学的信度、效度及评价标准的建立等进行了大量的实证分析和理论研究。在此阶段，我国高校教师教学评价的理论研究和评价实践都得到了深入开展，教师教学评价进一步走向科学化。在追求教师评价科学化的同时，许多学者开始关注教师教学评价结果的合理使用。

二、高校教师绩效考核评价面临问题

关于我国当前的高校教师考核评价体系，存在很多不足之处。健全丰富考核评价内容，搭建科学有效的高校内涵式发展考核评价体系，对于推进教育事业发展、加强师资队伍建设都至关重要。

高校教师绩效考核评价是结合教师队伍，规定设计好教师绩效标准，对教师教学、科研工作等方面进行综合考量，完成对教师个人的评定分析。高校教师绩效考核属于人事管理工作中的一项内容，涵盖了多个方面的细则。对高校教师进行绩效考核评价，是在为教师创建公平竞争的和谐气氛的基础上，改善教学质量、推动学校发展。

高校教师的职务是烦琐复杂的，具有长期性、复杂性等特点，也难以划分具体的评价内容和评价标准。当前，我国很多高校暂时还没有健全科学有效、合理公正的考核评价体系，也没有具体的考核实施方法。一般情况下，高校都是以调查问卷的方式对教师进行考量，过于单一化和形式化。考核方式过于大众化，没有考虑到不同专业、不同学科之间的差异化。

绩效考核评价是高校发挥引导作用，帮助教师实现教学目标、符合高校发展前景的一项内容。规划考核评价的具体细则时，要明确高校的发展的总目标和各个阶段时期明确规定的指标。但很多高校难以明晰自身的职责，难以树立长期目标和短期目标，尤其是在对教师的考核上，单纯地对其个人进行评定，也就滞后了学校的发展进程。

高校的教师岗位呈现多样化局面，如教学岗、管理岗和工勤岗等。每个岗位内容不同、分工不同、职责不同，这就要求对这些岗位人员进行考核评价时，要结合实际情况、具体问题具体分析。但是许多高校只是一味地“一刀切”，不懂得维护师资队伍的个性化发展。

随着高等教育大众化时代来临，高等教育质量问题备受关注。“双一流”高校建设进程的持续加快与推进，迫使高校不断提升教师绩效管理水平。纵观近年来高校教师绩效评估的一些制度，也存在不足之处，主要表现在以下几个方面。

（一）行政权力与学术权力主体关系处理不当

高校绩效评估长期存在着严重的行政权力主导倾向。评估工作是教育行政部门和高校管理者的权力，是一种自上而下响应国家教育政策法规的活动。由于高校是以学术价值为旨趣的组织，高校教师是彰显学术价值的载体，理应被纳入参与绩效评估方案制定与实施过程中。然而，在现行绩效评估体系下，大多数高校教师在评估工作中处于被动地位，只是绩效评估制度的服从者，对评估标准的把握、评估指标的设置、评估程序的运作、评估结果的解释缺乏必要的话语权，导致教师无法主动参与对自身工作业绩与能力的评估，严重影响了教师对绩效评估工作的认同感与支持度。在高校教师绩效评估活动中，行政人员管理权力不断增强，高校教师主体地位进而下降，这种“自上而下”的管理方式与现代民主管理的基本原则不符，又阻碍了高校战略目标的实现力度。因此，确保高校教师在绩效评估中的主体地位，合理处理行政权力与学术权力的关系，有助于促进教师职业发展，实现高校学术组织的战略目标。

（二）教师绩效评估指标设置可操作性较差

尽管高校教师绩效评估涵盖内容广泛，主要考察教师教育教学业绩、职业道德、专业技能与思想政治导向，但各评估维度指标设置笼统模糊，缺乏具体、明确的指标权导向，可操作性较差。目前，大多数高校实施教师绩效评估活动时，对教师学科背景、专业层次、岗位职称、教学时间长短不加以区分，都采取整齐划一的评估指标，或生搬硬套一流大学、重点院校的评估指标体系，而没有充分考虑到教师发展的个体差异性。这种考核指标趋同、缺乏针对性，评估标准“一刀切”的考核办法，往往使教师绩效评估达不到预期效果，不利于高校内涵式发展战略进程的大力推进。因此，高校应该充分考虑自身办学定位与教师职业发展需求，根据教师的学科、专业选择等实际情况对评估内容加以判断，避免采用同质性的评估指标。

（三）过程性评估与结果性评估难以兼顾

当前，我国高校教师绩效评估主要是结果性评估，即单纯地将绩效界定为结果，只是在教学活动发生后对教师教学工作和科研成果进行判断，而忽视了绩效评估过程。高校教师作为高等院校的重要组成部分，其本职工作主要体现于教学与科研过程中。但高校教师绩效评估却主要以教学过程中所完成的课程任务量、参加学术会议次数、承担科研项目数、发表学术论文数量，以及所获相关奖励的数量化结果为基础。事实上，高校教师的教育教学与科学研究过程是脑力与体力劳动相结合的工作过程，是以脑力劳动为主的专业性较强的工作过程。而教师绩效评估的指标未能对教师教学准备、科学研究能力与思维过程进行合理考虑与评判，极大地降低了绩效评估的专业性。这种片面强调结果性评估的方式忽视了教学活动的长期性、复杂性、不确定性与效益滞后性，导致部分高校教师难以潜心投入教学与科研活动过程中，甚至会滋生学术腐败现象，直接影响高等教育事业的质量、教师学术声誉和社会地位，最终与高校内涵式发展建设、打造高等教育强国的远大目标背道而驰。

（四）教师绩效评估未能突出发展性功能

大多数高校对“绩效考核”和“绩效评估”的本质认识不清。“绩效考核”是将教师工作考核结果与教师晋升、奖惩直接挂钩，片面强调绩效结果对物质激励的实用主义导向；而“绩效评估”是重视绩效考核结果对高校教师的指导性作用，符合教师专业技能培养与长远发展。但高校教师绩效评估的指导性作用并没有完全发挥。一方面，高校教师绩效评估没有考虑到评估数据结果的真实性与有效性，使教师产出一些并无多大实际学术价值和应用价值的科研项目。甚至一些高校教师用同一个评估项目参与不同的考核以谋取利益，违背绩效评估活动初衷。另一方面，高校教师绩效评估仅仅是遵循学校行政程序的“走过场”活动，绩效评估结果由行政管理人员封闭起来，既不与教师进行交流沟通，又不对评估结果进行任何有效反馈，导致教师对评估情况缺乏知情权与建议权，难以明确自身教育教学与科研工作中的不足之处与改进方向。高校教师绩效评估未能发挥预期的激励性、指导性与发展性功能，既不利于教师专业技能迅速提升，还会导致教师工作业绩“不升反降”；也不利于高校办学水平与核心竞争力提高，进而导致与高校战略目标脱节。

（五）教师绩效评估人员的专业化程度不高

目前，教师绩效评估团队主要成员为高校校长、各学院院长，以及相关职能部门领导，其中大多数人是教学和行政职能“双肩挑”的教授或是专职行政管理人员，他们并未接受过系统化的绩效评估培训，对绩效评估工作的本质与目的认识不清，在实际教师绩效评估过程中带有较为浓厚的主观判断，难以保证对每位教职员工公平看待，导致教师绩效评估结果产生偏差，使一些教师产生“领导说你行，你就行，不行也行”的错觉。实际上，将高校领导作为绩效评估团队的主要成员，可能会使整个评估过程缺乏有效监督，造成高校内部出现腐败问题，影响教师选聘机制的合理性，极大削弱绩效评估在高校内涵式发展建设中应起到的积极作用。

三、高校教师绩效考核评价体系搭建思路

（一）绩效考核评价科学公正、便于操作

在对高校教师进行绩效考核评价的过程中，要遵循“按劳分配、实施绩效、科学合理、公平公正”的方针，要以教师的业绩和专业能力为评价方向，要以实现具体的绩效目标为重点，健全高校教师考核评价体系。同

时，也可将高校的办学宗旨、学校特色、科研成果等归纳到绩效考核评价中。关于绩效考核评价体系，除了强调先进教师个人外，也要注重对教师队伍的培养，考察师资队伍的团队合作能力。

（二）绩效考核要分层分类

关于对高校教师绩效的考核，要合理采用分层分类的方法，要注重教师队伍的个性差异，要结合不同岗位的特殊性，要结合主客观环境，对不同岗位、不同分工、不同职责的教师人员进行分层分类的考核。这对于发挥教师的主观能动性、发扬教师创新精神十分关键。

（三）重视反馈结果、形成正面引导

在高校教师中实施绩效考核评价，主要是为了调动教师的积极性，让其以更加饱满的热情投入到教学工作和科研事业中去。对此，高校要重视绩效考核后的结果，要及时得到教师人员对考核评价的反馈，从而形成正面引导。与此同时，高校也要听取教师的合理化建议，对于不足之处予以及时改正，从而完善绩效考核评价体系，保障绩效考核评价实现事半功倍的效果。

（四）构建具有科学性、针对性和可行性的教师评估指标

高校内涵式发展战略需要重视绩效评估的导向功能。设定和选取科学、合理的绩效评估指标对高校教师专业化水平和质量的提升具有重要的指导意义。由于高校教师绩效具有多因性、多维性、变动性、复杂性等特质，不同管理对象的绩效评估指标体系构建应具有差异性和多样化，才能确保绩效评估的准确性与合法性。首先，高校教师绩效评估应对反映教师工作业绩的各项指标进行综合考虑，既要评估教师的职业道德素质、教育教学技能、科学研究工作，又要考核教师的社会服务能力，建立综合素质指标、教学科研指标、社会服务指标“三位一体”的全面评估指标体系；其次，高校教师绩效评估应平衡教学活动和科学研究的比重，将教学活动作为高校教师工作的重点与核心，结合自身发展和教师工作规律对教学指

标作出适当调整；最后，高校教师绩效评估指标应具有针对性和可行性。由于不同学科、不同专业、不同级别的教师岗位职责与工作重点有所差异，高校应充分考虑教师的学科性质、专业背景、职称岗位、聘任期限，层层细化和分解教学和科研评估指标，使其精确到不可再分，并赋以指标不同的权重，避免出现评估标准“一刀切”的现象。指标设置需要遵循SMART原则，即要求各项评估指标均具备具体性、可度量、可实现性、现实性、时限性等特征。这样可以避免教师绩效评估中的主观随意性，提高评估科学性和可行性。

总之，只有深刻理解评估指标的内涵，切实结合高校自身内外部条件，才能构建符合高校内涵式发展战略的特色化评估指标。

第三节　行政人员绩效评估

随着全球化与改革开放的深入发展，我国经济政治文化各方面与国际接轨的程度得到了提高，国内的高等教育教学方面更是发展快速，高校的教学制度和教学管理等方面也引进了国外先进的管理机制。这对高校的行政管理人员的职业素养与管理方法有了更高层面的要求。高校的行政管理人员不同于高校的普通教师员工，他们也是高校师资力量的重要组成部分，对整个高等教育都起着举足轻重的作用。

一、我国高校行政人员绩效评估体系的设计原则

对高校行政人员的绩效评估应遵守以下原则：第一，客观性原则。这一原则是评估的根本原则，绩效评估对于过程的真实性和公平性，是以客观真实的方式对业绩进行评价，并尽量保证评估流程的秩序。第二，可操作性原则。评估标准系统、评估方式、评估过程的有效、准确是保证评价结果科学的重要因素。然而，有效、准确不仅仅是指烦琐冗杂，依照现实的层面找到有效方便的方式途径，能够保证考核宗旨的达成，并全面衡量

评估过程中的难点和重点，确保评估顺利进行。第三，系统性原则。绩效评估是对规定时间内完成任务成果的一种系统性评价。第四，互动性原则。绩效评估一直处于不断变化中，并且人与人之间存在着较大的沟通，只有保障了互动沟通的机制，才能保证绩效的有效性。

高校绩效指标的设计原则与绩效指标的合理性、有效性，以及在促进组织绩效方面所发挥的实际效果息息相关。

（一）客观性原则

绩效评估指标作为绩效评估的基础和依据，其设定是否科学、全面、有效直接关系到绩效评估结果的客观性和公正性。一方面，在考核标准上对同一岗位的职工要使用相同的考评标准，一视同仁；另一方面要客观地区分不同岗位职工在工作对象和工作内容上的差异。对差异性的尊重也是一种客观性的体现。在衡量不同的评价对象时要避免使用统一、泛泛的标准来进行，应当从客观实际出发，注重共性与个性的结合。在设计评价指标时，针对不同部门和人员，也应该有个性和不同的侧重，依据不同部门各项指标重要程度的不同而设置不同的权重。

（二）可操作性原则

高校行政管理人员绩效评估体系构建中要求绩效评估的操作尽可能规范，信息的获取、量化，评估方式、方法及技术的使用都要求便于取得、获得数据，同时易于测算和统计。因此，操作性强是保证绩效评估结果的重中之重。诚然，在绩效评估的指标设计中要尽可能采取定量指标，运用定量的方法分析和归纳数据。但是高校是一个特殊性与复杂性相结合的公共服务组织，要对高效的行政工作信息做到全部量化在技术上几乎是不可能的。而一些定性的方法对评价仍然非常必要，因此定量评估与定性评估相结合能够使评价结果真正做到可靠与有效。但在定性评价上，应当避免领导一人做主和“大民主”的操作方法。由于信息的不对称性，或是对被评估者工作情况的不了解，在绩效评估中对定性指标的选取一定要审慎。从这个角度来看，体现可操作性原则应该推崇专家基于科学的绩效管理理论的管理而不是单纯的民主管理。

（三）系统性原则

绩效评估工作的一个重要特点就是它是一个完备的管理系统，而不是孤立的环节和一蹴而就的管理行为。一些组织在绩效评估工作中将绝大部分的工作重点都放在绩效评估的具体评估环节上，过于重视过程而忽略了初期的绩效评估方案的具体确立和绩效评估指标的完善，轻视了后期的评估结果反馈及考核结果的应用，最终导致绩效评估结果难以真正发挥作用。同时在具体考评方面要注重动态考核。所谓动态考核，就是要在绩效评估中进行纵向与横向的比较，不仅要全面考察行政人员在过去基础上的进步与发展幅度，同时要比较横向不同部门行政人员绩效的差异情况，这样才能够对绩效评估结果有更深层次的认识和理解。

（四）互动性原则

互动性原则是基于高校行政人员绩效评估的发展历程及未来发展趋势提出的。绩效评估不再是单向的一项管理活动，而是通过评估者与被评估者的不断互动得以实现的。为保证绩效评估的权威性，在制定了行政人员的绩效指标后，应保持其内容和考核标准在一个或几个考核周期内不发生变化，以避免被评估者由于考核指标变化而发生无所适从的情况。所以，绩效评估指标必须得到被评估者的认同。在绩效评估之初，要通过会议等形式使全体行政人员了解绩效评估的标准、程序、方法和周期等相关事宜。同时被评估者有权提出异议，有权对指标体系提出更符合自身工作特点的修改意见以供评估者讨论修改，有权参与到制定本岗位考核标准的过程中。在绩效评估的过程中，评估者和被评估者也要积极真诚地进行有效的沟通与交流，被评估者应当将实际工作中的困境与障碍向评估者反馈并要求解决，评估者也要在沟通过程中收集实际评估信息，增强评估结果的准确性和客观性。同时被评估者有进行自我评价、获知上级评价意见和时改正工作行为的权利。最后，绩效评估的结果要及时反馈给被考核者，绩效评估的程序和具体操作内容都应该体现公平性和公开性，始终保持良性互动的状态。

二、高校行政管理人员绩效评估存在的问题

（一）参与评估人员训练不充分

某些从事评价工作的人员在实际工作过程中，希望可以尽可能规避和下属之前的冲突。在此基础上，也就会对本部门的人一个比较高的分数。但另外一些从事评价工作的人员在评价工作过程中可能会因为一些私人原因而将分数压在比较低的水平上。所以，在绩效评价工作正式开展之前，需要针对从事绩效评价工作的人员开展全面的培训工作，从而可以有效控制评价误差问题的形成。培训内容中，一般包含针对绩效评价体系展开的讲解工作、较为准确的评价绩效信息等。但很多评估人员没有经过专业和大量的培训，评估过程中缺乏既定的标准，且评估人员对其职位的情况和绩效准则等不够了解。这些问题很容易导致分数的评定出现问题或者不属实，造成行政管理人员之间出现矛盾的概率增加，也无法保证评估过程的公正化和透明化，更无法保证评估结果的真实性和准确性。

（二）对绩效评估的监督力度不足

不同的主客观因素会在很大程度上影响绩效评估的开展和进行，在开展评估前很容易导致争议的发生。因此应在第一时间将出现的问题解决。然而现在的绩效评估整体上会出现一些过度关注评估规则的问题，导致忽略对评估的监督；出现过度关注评估结果的应用，导致对争议和申诉的处置或整个过程虚化、轻视监控效果的公布与申诉者资料保护等一系列问题。如果对评估过程的监督力度不充分会致使结果与事实不符合，申诉成为众矢之的，无法保证绩效评估的顺利开展。

（三）绩效评估结果缺乏反馈制度

如今绩效评估结果缺乏反馈制度，主要是由于绩效评估结果的沟通反馈水平较为低下，在实际应用的过程中也难以发挥出应有的性能，并且反

馈程序也不是十分规范。在绩效评估结果反馈滞后性强的基础上，使评估工作末期被评估人和评价人员之间的沟通变得不是十分密切。与此同时，也会使在结果反馈到工作目标编制、工作计划制定，以及提升师生满意度等领域中发挥出来的作用被忽视掉。在此基础上，有可能从直接的层面上影响绩效评估工作得到的结果，从而阻碍我国高校行政管理人员绩效评估改革工作的过程。

三、高校绩效评估机制健全完善策略

（一）充分重视绩效评估机制的建立、保证考核过程认真严谨

要想在高校中建立健全完善的绩效评估机制，首先就要从意识方面对行政管理人员的绩效评估机制予以足够的重视。只有管理阶层意识到绩效评估机制建立的重要性，才会引起各层的执行部门重视。第一步必须让各部门的行政管理人员明确自己的职责和具体负责的各项工作，让他们对自己的工作有一个清晰而明确的了解和界定；然后要针对各部门的行政管理人员的具体工作情况安排具体的绩效评估和考核标准，让考核双方在工作目标、考核目标，以及工作水平和考核水平上达到一致，从而进一步实现考核评估的公正性、合理性和有效性，充分发挥绩效考核机制的作用，切实提高行政管理人员的工作积极性。

（二）建立健全完整的符合实际的绩效评估机制、加强考核监督

完整健全的绩效评估机制除了要制定具体的考核标准之外，还要建立有效的考核监督机制，并在日常工作中进行监督。监督工作并不是只集中在某一时间和方面的考核，而是贯穿在整个绩效考核过程之中。加强绩效评估的监督，有利于监督行政管理人员的日常工作，帮助他们树立对绩效评估机制的重视和正确态度；更能够保证绩效评估过程的真实有效性，打破绩效评估人员对评估信息的垄断，真正地促进绩效评估政策的完整有效实行。只有在依据自身实际情况建立起完整的、健全的绩效评估机制的同时，建立有效的评估考核监督机制，才有可能充分保证绩效评估活动的高

效进行，才能起到提高行政管理人员工作积极性与工作水平的目的和要求。

（三）完善绩效评估指标

要防止评价人员出现的主观制造错误而影响绩效评估成绩，需要加强对绩效评估指标的改进，其主要的实施过程包括以下几点：一是建立评估制度，设计相关评估规范，按照一定的形式对绩效评估管理加以限制和束缚。二是明确评价人员。绩效评估的重要计划、管理、开展小组是人事部门，也是确定评价人员的重要部门，通常由职位所属的部门管理人员和职位被服务主体等人员担任。如对其中一个专业的行政管理人员评估，可以确定评价者为专业领导、师生代表和主任等。三是设计绩效评估人员的训练方案。能够科学运用绩效评估的标准和数值，通过选择对训练有需求的人员，在每次的评估开启时，需要制定相关的训练方案。

高校管理人员绩效评估指标的确定应当依据不同岗位和不同工作类别、工作人员的特性，制定科学的绩效评估指标；应当根据不同层次的行政人员花费时间和精力投入工作的实际差异，调整评估指标的权重和分值时应有所区别。行政人员必须对本岗位、本部门的各项工作有清晰认识，了解职责所在和具体负责的工作范围，这样才能使行政人员在工作过程中有的放矢，认同绩效评估体系。对于绩效评估指标来说，首先要坚持考核目标难度适当原则。以往的绩效评估工作往往被评估者分数都很高，这是绩效评估指标存在的问题。正确的有导向型的绩效评估指标应当既要有挑战性，也要符合实际情况，每次都要有梯次地提高难度，这样才符合高校不断发展的客观趋势，也能不断地促使行政管理人员提高综合素质和工作效率。其次，绩效评估指标的确定必须体现高校的整体性和局部性要求。具体来说，绩效评估指标必须符合学校和各部门的战略目标和大方向，但同时也必须能够体现不同岗位、不同工作内容的工作人员的发展需求。这就要求绩效评估指标的确立必须源自明确的岗位说明书。岗位说明书不仅对具体的工作岗位所承担的工作职责、工作任务，以及与其他岗位之间的关系进行了细化和对比，并且从工作经验、学历、能力特征等方面的不同需要对该岗位的任职者任职资格进行了明确规定。在制定绩效评估指标时可以以岗位说明书为蓝本，将管理层级和关联人员转化为考核人，也可以将工作目的、职责、任务等设定为关键绩效指标。

（四）重视监督绩效评估

监督绩效评估的监督对象是对过程安排和能够发生的争议加以监控，应该在第一时间解决存在的不足。科学的监督需要创建一个交流顺利的申诉流程。绩效评估结果出现时，一旦出现被评估人对自己的结果不满意，即可立刻采用申诉手段。如当有行政人员采用申诉手段时，需要集合不同行政人员和相关评估人员的建议，结合其观点进行综合评价，掌握职位相关状况和行政人员的业绩。如教师采取申诉方式时，相关评价人员及相关组织会举办讲座，汲取不同员工的建议，并制定科学策略以保证被评估人在依照绩效评估成绩获取的薪资报酬、晋升等被保护。为了保证申诉能够发挥出其功效，可以制定对应的宣传与维护程序。定期检查监督成果，以发现不完善和有待改进的地方，结合高校特点制定行政管理新对策和科学的绩效评估体系。

（五）制定绩效评估反馈制度

绩效评估实施过程中，需要对绩效评估结果的反馈加以关注。反馈制度需要根据不同的要求制定，不仅需要关注评估人与被评估人的秘密，还要发挥绩效评估的作用。全面的反馈系统是设定在被评估目标人群、当事人及相关行政人员的评价基础上，需要真实反馈现实工作状况，以保证信息的真实可靠。反馈制度能够在一定程度上节约支出和加快效率。普通员工能够获取上级领导的关注和重视，有助于其得到晋升职位的机会；行政人员对自身的评价可以得到改善，并树立正确的职业观，及时发现问题。反馈结果可应用到奖惩、升职中。并通过对全部职位反馈结果加以总结归纳研究，为顺利展开训练和组织学习奠定基础。应建立绩效评估总则，明确评估意义。高校应定时对行政管理人员的绩效进行评估，整体掌握管理人员完成任务的状况，以期能够找到问题加以改正。绩效评估的意义主要是了解评价行政管理人员的岗位胜任能力和工作能力，依据标准的评估内容，综合评价管理人员的专业技能、工作态度和工作成果。绩效评估掌握管理人员和所担任的职位等级对应的经验和能力，并以此规划扬长避短。

绩效评估的结果并不一定能够提高行政效能，即便得到一个最公正的评估结果也并不是绩效评估的目的所在，是要根据考核结果进行绩效评估诊断和绩效反馈，帮助被评估者找到存在的问题、问题出现的原因并且有针对性地寻求改进策略。相应地可能会出现以下结果。首先，如果影响绩效的主要因素来源于行政人员的个人问题，如工作能力、实际经验，以及专业知识的欠缺等，那么在评估的实际操作过程中应该及时与评估对象进行沟通，并以被评估者能够并乐于接受的方式将考核结果予以反馈。同时，应当选取双向的、互动的反馈形式，尽量避免只采用宽泛的总结会的形式，而尽量选用诊断式点评，即努力做到具体人员具体分析，并能够提供确切的评估依据，以增强评估针对性，从而更好地帮助行政人员克服弱点，注意需要加强和改进的内容，切实提高绩效。其次，如果是由于绩效评估指标体系设计不科学、绩效评估方法缺乏操作性等而影响了绩效管理实效的发挥，那么应当及时地通过对整个评估制度进行反思和调整，不断提高绩效评估指标的科学性、客观性和评估方法、评估手段的可操作性。要增强考核结果的权威性。尽管目前我国诸多高校已经开始将行政人员的绩效评估结果与职位调整任聘结合起来，起到了一定的绩效改进作用，但员工自我完善、自我发展的意识仍然不完善，自我学习的动力仍然明显不足，对待培训的观念也仍然落后且被动。因此，要不断改善行政人员对绩效评估工作的认同感，并且要强调考核结果的权威性，才能使绩效评估活动收到良好的效果。

高校人事部门通过绩效评估能够为管理层提供组织内人员在实际绩效、存在问题等方面的匹配信息，有利于为高校寻找人力资源的相对薄弱环节，以便有重点、有针对性地制定高校长期的人事发展计划，进而有针对性地制定培训课程。而这种量身定制的培训课程对于行政工作人员来说能够有效地弥补他们在能力、素质和经验等方面存在的欠缺。这样不仅从长远来看促进了高校的长远发展，又可以使员工自身能力得到丰富，对组织的长远发展和个人的职业生涯规划来说都是大有裨益的。

参考文献

[1]王秀彦,高春娣. 高等教育内涵式发展背景下的高校学风建设研究[M]. 北京:科学出版社,2016.

[2]董刚. 高等职业教育内涵式发展研究[M]. 北京:高等教育出版社,2014.

[3]杨素琴. 创新教育:学校内涵发展探索[M]. 杭州:浙江大学出版社,2012.

[4]刘理,董垌希. 高校评估政策伦理分析:以我国首轮本科教学评估为例[M]. 南京:南京大学出版社,2015.

[5]张晶. 评估视域下高校教学建设与发展[M]. 合肥:安徽大学出版社,2017.

[6]黄绍栋. 创新型学校发展的三大要素[J]. 中国管理信息化,2012,15(23):118.

[7]石朋飞. 内涵式发展视域下大学生创新创业教育的探索与实践[J]. 实验技术与管理,2016,33(9):204 - 207.

[8]陈江风,张东初,王红利. 地方工科院校内涵式发展之学生实践创新能力培养[J]. 中国轻工教育,2012(6):3 - 4.

[9]宋旭璞. 关于高校绩效评估方法与实践的思考[J]. 上海教育评估研究,2016,8(4):34 - 37.

[10]蔡冲,朱诚,黄丽红. 基于创新创业教育的实践教学内涵式发展探索:以行业特色型大学生物技术专业为例[J]. 高校生物学教学研究,2018,8(3):39 - 43.

[11]徐润."双一流"背景下高校教师绩效评估的问题探析与优化策略[J]. 安康学院学报,2018,30(2):113 - 117.

[12]黄群娇. 高校行政管理人员绩效评估研究[J]. 管理观察,2015(12):110 - 111.

[13]丁超豪. 浅谈完善我国高校行政人员绩效评估体系的对策[J]. 现代交际,2016(6):189 - 190.